山东工商学院特色著作出版资助项目

新商科文库

Bachelor's Degree Program in Charity Management
Talent Training and Curriculum System

——

慈善管理本科专业
人才培养与课程体系

武　幺　于秀琴　王　鑫／著

经济管理出版社
ECONOMY & MANAGEMENT PUBLISHING HOUSE

图书在版编目（CIP）数据

慈善管理本科专业人才培养与课程体系 ／ 武幺，于秀琴，
王鑫著. -- 北京：经济管理出版社，2024.
ISBN 978-7-5096-9802-0

Ⅰ．D632.1

中国国家版本馆 CIP 数据核字第 2024LT4480 号

组稿编辑：赵天宇
责任编辑：董杉珊
责任印制：许　艳
责任校对：陈　颖

出版发行：经济管理出版社
　　　　　（北京市海淀区北蜂窝 8 号中雅大厦 A 座 11 层　100038）
网　　址：www. E-mp. com. cn
电　　话：（010）51915602
印　　刷：唐山玺诚印务有限公司
经　　销：新华书店
开　　本：720mm×1000mm/16
印　　张：17
字　　数：343 千字
版　　次：2024 年 10 月第 1 版　　2024 年 10 月第 1 次印刷
书　　号：ISBN 978-7-5096-9802-0
定　　价：88.00 元

"新时代财富管理研究文库"总序

我国经济持续快速发展，社会财富实现巨量积累，财富管理需求旺盛，财富管理机构、产品和服务日渐丰富，财富管理行业发展迅速。财富管理实践既为理论研究提供了丰富的研究素材，同时也越发需要理论的指导。

现代意义上的财富管理研究越来越具有综合性、跨学科特征。从其研究对象和研究领域看，财富管理研究可分为微观、中观、宏观三个层面。微观层面，主要包括财富管理客户需求与行为特征、财富管理产品的创设运行、财富管理机构的经营管理等。中观层面，主要包括财富管理行业的整体性研究、基于财富管理视角的产业金融和区域金融研究等。宏观层面，主要包括基于财富管理视角的社会融资规模研究、对财富管理体系的宏观审慎监管及相关政策法律体系研究，以及国家财富安全、全球视域的财富管理研究等。可以说，财富管理研究纵贯社会财富的生产、分配、消费和传承等各个环节，横跨个人、家庭、企业、各类社会组织、国家等不同层面主体的财富管理、风险防控，展现了广阔的发展空间和强大的生命力。在国家提出推动共同富裕取得更为明显的实质性进展的历史大背景下，财富管理研究凸显出更加重要的学术价值和现实意义。"新时代财富管理研究文库"的推出意在跟踪新时代下我国财富管理实践发展，推进财富管理关键问题研究，为我国财富管理理论创新贡献一份力量。

山东工商学院是一所以经济、管理、信息学科见长，经济学、管理学、理学、工学、文学、法学多学科协调发展的财经类高校。学校自 2018 年第三次党代会以来，立足办学特点与优势，紧密对接国家战略和经济社会发展需求，聚焦财商教育办学特色和财富管理学科特色，推进"学科+财富管理"融合发展，构建"素质+专业+创新创业+财商教育"的复合型人才培养模式，成立财富管理学院、公益慈善学院等特色学院和中国第三次分配研究院、共同富裕研究院、中国艺术财富高等研究院、黄金财富研究院等特色研究机构，获批慈善管理本科专业，深入推进财富管理方向研究生培养，在人才培养、平台搭建、科学研究等方面有了一定的积累，为本文库的出版奠定了基础。

未来，山东工商学院将密切跟踪我国财富管理实践发展，不断丰富选题，提高质量，持续产出财富管理和财商教育方面的教学科研成果，把"新时代财富管理研究文库"和学校 2020 年推出的"新时代财商教育系列教材"一起打造成为姊妹品牌和精品项目，为中国特色财富管理事业持续健康发展做出贡献。

前　言

现代慈善事业是中国特色社会主义事业的重要组成部分。党的十八大以来，以习近平同志为核心的党中央高度重视慈善事业，习近平总书记多次就发展慈善事业、发挥慈善作用作出重要指示批示。党的二十大报告中强调，要引导、支持有意愿有能力的企业、社会组织和个人积极参与公益慈善事业。习近平总书记的一系列重要论述和党中央重要决策部署，为做好新时代慈善工作、发展慈善事业指明了方向、提供了遵循。

慈善事业作为社会进步和人类文明的重要组成部分，扮演着促进社会公平、改善弱势群体生活质量的重要角色。近年来，慈善事业的发展日益迅猛，对于慈善管理专业人才的需求也日益增长。专业人才的培养和课程体系的建设对于人才培养和慈善事业的可持续发展至关重要。慈善事业的发展离不开学科的建设与人才的培养。慈善管理专业如何构建慈善学科？如何培养慈善事业领域的人才？什么是现代慈善教育？学界与实务界见仁见智，和而不同。

经过长期积累，山东工商学院在慈善管理科研与教学方面具备了较为成熟的经验，在科研水平、师资力量、培养教学方面都拥有良好的基础。山东工商学院于 2018 年 7 月 14 日成立了公益慈善学院，挂靠公共管理学院，并宣布成立我国公立高校中第一个慈善管理方向实验班，力争在慈善管理人才培养方面走出自己的创新探索之路。同年 9 月，实验班第一批本科新生进校，由此开始了山东工商学院公益慈善学院慈善管理专业人才的培养之路。

山东工商学院基于长期耕耘在教学科研第一线、在公益慈善领域具有重要影响力的资深专家对本领域知识体系的深刻认识和丰富教学经验，形成了具有山东工商学院风格的慈善管理专业培养方案和教学计划，一经出台便颇受关注。

本书旨在探讨慈善管理本科专业的发展现状，并以山东工商学院为案例，分享其人才培养模式和课程体系。

首先，本书将介绍慈善管理本科专业的发展现状、人才培养成果及慈善管理专业人才的社会需求现状。随着慈善事业的不断壮大，对于专业人才的需求也日益增加。本书将通过介绍慈善管理专业的发展历程和成就，向读者展示慈善管理本科专业的重要性和前景。

其次，本书将详细介绍山东工商学院慈善管理本科专业人才培养方案的设计与修订。此部分内容将从修订历程、修订依据和培养方案三个方面阐述，以展示山东工商学院在慈善管理人才培养方面的独特经验和成功做法。

最后，本书将重点介绍山东工商学院慈善管理本科专业的课程体系。此部分将详细介绍学科基础课程、核心课程与选修课程的设置。通过理论与实践相结合的方式，培养学生的慈善管理能力和实践能力，使他们能够胜任慈善组织的管理工作，更好地适应和应对工作和社会的挑战。

本书的编写旨在为慈善管理本科专业人才培养和课程体系建设提供具体案例和实践经验。希望本书的出版能够帮助其他高校和慈善组织了解山东工商学院的成功经验，借鉴其人才培养模式和课程体系，推动慈善事业的可持续发展。

参与本书编写工作的成员包括：王鑫、窦程强（第一章），于秀琴（第二章），王帝钧（第三章），郑潇、武幺（第四章），赵书亮（第五章），宫权（第六章）。各课程的任课教师提供了教学大纲，各章编写人员对课程资料进行了收集、整理和加工。研究生董子琳、韩爱玲参与了全书的汇总整理工作。我们要衷心感谢山东工商学院及其相关部门和教师团队的支持与配合，他们的努力和贡献使本书的编写成为可能。同时，我们也要感谢所有为本书的编写和出版做出贡献的专家、学者和编辑们。希望本书能够成为慈善管理人才培养的重要参考资料，为培养优秀的慈善管理人才做出贡献。感谢您的阅读和支持，希望本书能够对您在慈善管理本科专业人才培养和课程体系建设方面的学习和研究有所帮助。

祝愿您阅读愉快，收获满满！

目 录

第一章　慈善管理本科专业的发展现状 ……………………………………… 1

　第一节　国外慈善管理本科专业的发展现状 ……………………………… 1

　　一、国外慈善管理本科专业的现状概述 ………………………………… 1

　　二、国外不同地区高校慈善管理本科专业的发展现状 ………………… 4

　第二节　国内慈善管理本科专业的发展现状 ……………………………… 8

　　一、历程回顾 ………………………………………………………………… 8

　　二、培养目标 ……………………………………………………………… 10

　　三、招生与生源 …………………………………………………………… 11

　　四、课程设置 ……………………………………………………………… 11

　　五、师资 …………………………………………………………………… 12

　　六、学生主观评价 ………………………………………………………… 13

　第三节　国内慈善管理本科人才的社会需求研究 ……………………… 14

　　一、国内慈善管理本科人才社会需求现状 ……………………………… 14

　　二、国内慈善管理本科人才社会需求面临的问题 ……………………… 15

　　三、国内慈善管理本科人才社会需求问题的对策 ……………………… 18

　第四节　慈善管理本科人才培养成果介绍 ……………………………… 20

　　一、南京工业大学浦江学院慈善管理本科专业人才培养项目 ……… 21

　　二、山东工商学院公益慈善学院慈善管理本科专业人才培养项目 … 22

　　三、浙江工商大学英贤慈善学院慈善管理本科专业人才培养项目 … 24

　　四、慈善管理本科人才培养成果总结 …………………………………… 26

第二章　山东工商学院公益慈善学院慈善管理本科专业人才培养方案设计 …… 27

　第一节　慈善管理本科专业人才培养方案的修订历程（大事记）……… 27

　第二节　山东工商学院慈善管理本科专业人才培养方案的设计依据 …… 34

　第三节　山东工商学院慈善管理本科专业人才培养方案的设计 ……… 44

慈善管理本科专业人才培养与课程体系

第三章　山东工商学院慈善管理专业公共基础类课程教学大纲 ……… 59

第一节　公共基础课程体系设计依据 ……… 59
第二节　财商素养课程教学大纲 ……… 60
　　慈善管理学 ……… 60
第三节　文化语言类课程教学大纲 ……… 65
　　一、中国文化经典导修 ……… 65
　　二、公益慈善文化概论 ……… 69
　　三、公益慈善经典原著选读（双语） ……… 74
第四节　创新创业教育课程教学大纲 ……… 79
　　大创训练与学科竞赛 ……… 79
第五节　劳动教育类课程 ……… 83
　　劳动教育（理论） ……… 83

第四章　山东工商学院慈善管理学科基础课程教学大纲 ……… 86

第一节　学科基础课程体系设计的依据 ……… 86
第二节　管理学类课程教学大纲 ……… 87
　　一、管理学 ……… 87
　　二、公共管理导论（双语） ……… 98
　　三、公共政策学 ……… 116
　　四、社会保障概论 ……… 121
　　五、行政管理学 ……… 125
第三节　经济学类课程教学大纲 ……… 131
　　一、微观经济学 ……… 131
　　二、公共经济学 ……… 135
　　三、财政学 ……… 139
第四节　哲学与法学类课程教学大纲 ……… 144
　　一、公共伦理学 ……… 144
　　二、社会心理学 ……… 148
　　三、社会学 ……… 152
　　四、政治学 ……… 158
　　五、社会工作概论 ……… 162
第五节　研究方法类课程教学大纲 ……… 168
　　社会科学研究方法 ……… 168

第五章　山东工商学院慈善管理专业核心课程体系设计 ……………… 175

第一节　山东工商学院慈善管理专业核心课程体系设计依据 ………… 175
第二节　慈善管理专业核心课程教学大纲 ……………………………… 176
一、慈善政策与法规 ……………………………………………… 176
二、非营利组织管理 ……………………………………………… 180
三、慈善项目管理 ………………………………………………… 185
四、慈善组织人力资源管理 ……………………………………… 190
五、慈善筹资原理与技巧 ………………………………………… 193
六、慈善信托管理 ………………………………………………… 198
七、投资学 ………………………………………………………… 202
八、社会营销 ……………………………………………………… 207
九、公益慈善公关与传播 ………………………………………… 211
十、非营利组织会计学 …………………………………………… 216
十一、慈善管理案例分析 ………………………………………… 221

第六章　山东工商学院慈善管理专业拓展课程体系设计 ……………… 226

第一节　慈善管理专业拓展课程体系设计依据 ………………………… 226
第二节　慈善管理专业拓展课程教学大纲 ……………………………… 227
一、志愿服务管理 ………………………………………………… 227
二、社会问题 ……………………………………………………… 233
三、社会企业管理 ………………………………………………… 239
四、申论与公文写作 ……………………………………………… 244
五、社区社会工作 ………………………………………………… 249
六、女性学 ………………………………………………………… 254
七、组织社会学 …………………………………………………… 258

第一章　慈善管理本科专业的发展现状

第一节　国外慈善管理本科专业的发展现状

一、国外慈善管理本科专业的现状概述

当今社会，慈善事业在全球范围内日益崛起，在社会发展的过程中正在发挥重要作用。作为支持和促进慈善事业发展的关键领域，慈善管理在国内外备受关注。随着慈善事业的快速发展，对于慈善管理专业的人才培养需求也在逐渐增长。与国内相比，国外的慈善管理本科专业的发展已处于较为成熟的阶段。国外慈善管理教育的历史可以追溯到 19 世纪末，当时慈善事业的发展导致专业人才需求的上升。最早的慈善管理课程出现在美国的一些大学中，如哈佛大学、斯坦福大学等。这些课程主要关注慈善组织的运营管理和筹款技巧。20 世纪以来，随着慈善事业的不断发展和专业化程度的提高，国外慈善管理本科专业逐渐兴起。许多大学开始设置慈善管理专业，并为学生提供相关的教育和培训。这些专业课程涵盖了慈善管理的基本原理、筹款技巧和项目执行等方面，目的是培养学生成为具备专业知识和管理能力的慈善管理人才。

目前，国外慈善管理本科专业的发展呈现出以下几个特点：首先，课程的内容更加细化和多元化，涵盖了更广泛的管理知识和技能培养；其次，学生培养模式从传统的理论学习转变为注重理论与实践的结合，以提高学生的实际操作能力。此外，一些大学还与慈善组织合作，为学生提供实习项目的机会，以加强他们的实践经验。

总体而言，国外慈善管理本科专业的发展呈现出逐步完善和专业化的趋势。这为慈善事业的可持续发展提供了有力的人力资源支持，并促进了慈善组织的管理水平的提高。未来，随着社会对慈善事业重视程度的不断提高，国外慈善管理本科专业将继续发展壮大，为慈善事业的发展做出更大的贡献。

（一）国外慈善管理本科专业的课程设置和教学方式

1. 主要课程和目标

在国外，慈善管理本科专业的主要课程内容和目标是为学生提供全面的慈善管理知识和技能。这些课程通常包括以下几个方面：

（1）基础课程。基础课程旨在使学生熟悉慈善管理领域的基本概念和理论，其中包括慈善组织管理、慈善法律与伦理、慈善财务管理等内容。学生通过学习这些课程，可以了解慈善行业的运作机制和专业知识。

（2）专业课程。专业课程旨在培养学生在慈善管理领域的专业技能和能力，其中包括慈善筹款与资源开发、项目管理与评估、慈善传播与公关等内容。通过学习这些课程，学生能够掌握慈善管理的各个环节，并为将来的职业生涯做好准备。

2. 教学方法和实践培训

为了更好地培养学生的实际操作能力和解决问题的能力，国外慈善管理本科专业采用了多种教学方法和实践培训措施。

（1）案例研究。通过案例研究，学生可以学习和分析真实或虚拟的慈善管理案例。他们将在各种情境中应用所学的理论知识，并从中获得解决问题的经验。案例研究不仅提供了理论与实践相结合的学习机会，还培养了学生的分析思维和决策能力。

（2）团队合作。团队合作是慈善管理专业中的重要教学方式。学生通过小组项目和团队作业，学会协作、沟通和领导能力。这种教学方法有助于培养学生的团队合作精神和组织管理能力，使他们更好地适应将来的工作环境。

（3）以案例研究和团队合作为基础的教学模式。以案例研究和团队合作为基础的教学模式是国外慈善管理本科专业中常见的教学模式。该模式通过将理论知识与实践案例相结合，促使学生主动参与到学习过程中去，并培养他们的实际操作能力和团队合作能力。

通过案例研究，学生可以探索并解决真实慈善管理领域的问题，提高应用理论知识解决实际问题的能力。团队合作则强调学生之间的协作和沟通，培养学生的团队合作意识和组织管理能力。

综上所述，国外慈善管理本科专业的课程设置和教学方式注重理论与实践相结合。通过主要课程内容和目标的设置，学生可以获得全面的慈善管理知识和技能；通过案例研究和团队合作，培养学生的实际操作能力和解决问题的能力，为他们未来的职业发展打下坚实基础。

（二）国外慈善管理本科专业的师资团队和教育资源

1. 师资力量的组成和特点

在国外慈善管理本科专业中，师资力量是关键因素之一。这些师资团队通常由慈善管理领域的专家、学者和从业者组成。他们拥有丰富的慈善管理经验和知识，能够为学生提供全面的指导和教育。这些教师在慈善管理领域内拥有广泛的人脉和深厚的专业背景，能够为学生提供与业界的联系和实践经验。

2. 教育资源和学术交流平台

国外慈善管理本科专业通常拥有丰富的教育资源和学术交流平台。这些资源包括专门的教室、实验室和图书馆等设施，为学生提供良好的学习和研究环境。同时，学校还会与相关的学术机构、慈善组织和行业从业者建立紧密的合作关系，为学生提供实践和就业机会。学术交流平台也是学生与行业专家和学者分享经验和观点的重要途径，能够促进学生的学术提升和专业发展。

3. 学生实习和实践机会

为了提高学生的实践能力和就业竞争力，国外慈善管理本科专业通常会提供学生实习和实践机会。学生可以在课程中参与实践项目或受邀参观慈善组织，接触和了解实际的慈善管理工作。学校还会与慈善组织、非营利组织或社会企业等建立合作关系，为学生提供实习和实践机会，以便他们在真实的工作环境中应用所学的知识和技能。①

（三）国外慈善管理本科专业的就业前景和影响

在国外，慈善管理本科专业的发展取得了显著的发展，这引起了广泛的关注。本部分将着重探讨国外慈善管理本科专业的就业前景和影响。

1. 就业前景和需求

慈善管理本科专业的就业前景在国外是相当广阔的。随着慈善行业的快速发展，对于慈善管理专业人才的需求也在不断增加。许多非营利组织、慈善基金会、社会企业等机构积极招聘慈善管理专业的毕业生，以处理日益复杂的慈善项目和筹款活动。

2. 毕业生的职业发展路径

慈善管理本科专业的毕业生有多种职业发展路径可选择。首先，他们可以选择在非营利组织中担任管理职位，如慈善基金会的项目经理、筹款经理或运营主管。其次，他们也可以在社会企业中发挥作用，管理社会企业的运作和筹资活动。此外，慈善咨询公司、政府机构、国际组织等也是慈善管理专业毕业生的就

---

① 余蓝，翟月. 美国非营利管理教育本科课程体系研究——以亚利桑那州立大学"非营利组织领导与管理"项目为例［J］. 国家教育行政学院学报，2022（6）：87-95.

业领域。

3. 对慈善管理领域的影响与贡献

慈善管理本科专业的发展对慈善管理领域产生了积极的影响和贡献。慈善管理专业的学生在学习过程中获得了广泛的知识和技能，包括慈善项目管理、筹款策划、社会企业管理等方面的知识。他们的专业能力和知识使他们能够更好地协助慈善机构实现其使命和目标。同时，慈善管理专业的毕业生还具备良好的社会责任感和道德感，能够有效地推动慈善事业的发展和社会的进步。

（四）总结

首先，国外的慈善管理本科专业在过去几年中取得了显著的发展。国外许多大学和学院纷纷开设了该专业，培养了一批批具备专业知识和技能的慈善管理人才。这些专业课程涵盖了慈善组织运营管理、筹款技巧、慈善法规以及慈善经济等多个方面。此外，国外慈善管理本科专业注重实践教学，通过实训、实习等方式为学生提供实践机会，加强他们的实际操作能力。

其次，国外的慈善管理本科专业注重与慈善行业的紧密合作。许多校外机构和慈善组织与国外大学和学院建立了合作关系，为学生提供实践实习机会和职业发展支持，使学生能够更好地了解慈善行业的运作机制。

最后，国外的慈善管理本科专业面临一些挑战，其中包括慈善行业的不稳定性、公众对慈善组织透明度和效率的要求以及专业师资队伍的培养等方面的问题。因此，国外的慈善管理本科专业需要不断更新课程内容、加强实践教学和与慈善行业的合作，以适应不断变化的慈善环境。

二、国外不同地区高校慈善管理本科专业的发展现状

（一）美洲①

以美国为例，美国是高校公益慈善教育发展最早、最成体系的国家，其公益慈善教育主要以高校为基础，其主流教育理念是"非营利管理教育"（Nonprofit Management Education，NME），并围绕 NME 形成了一个细分的教育研究网络和学者群体，相关行业支持上也相对完备。时至今日，根据 Mirabella 团队的数据，美国有 338 个高等院校提供 NME 相关课程，其中本科项目院校 144 个，这些教育项目大部分依托于公共管理学院、商学院、社会工作学院或文理学院。

2000 年以后，美国非营利管理的本科教育开始迅速发展，1996 年有 66 所高校在本科开展 NME 相关课程，到现在已经拓展到 144 所学校。美国 NME 本科教育的重要推动者是 American Humanics（AH）。American Humanics 是一家成立于

---

① 《中国公益慈善学历教育发展报告》，2019 年。

1948 年的机构，其早在 20 世纪 70 年代就开始联合相关大学开展青年服务、社会服务相关的教育。2003 年，American Humanics 更名为非营利领导力联盟（Non-profit Leadership Alliance，NLA），并联合高校和用人单位开始对非营利管理的本科教育进行证书项目认证。目前，美国多数以非营利部门从业者培养为目的的 NME 本科项目依托于 NLA 的认证体系。此外，NME 在大学的非学位项目、继续教育、在线教育等多种形式也在 2000 年以后开始快速发展。

美国 NME 的本科教育存在两个重要特征：一是围绕 American Humanic 组织起来的认证模式；二是对服务学习及实验课程的强调。

AH 计划的主要目标是为有意在非营利领域就业的本科生提供教育。AH 教育主要以胜任力（Competence）为重点，试图培养优秀的专业人士。AH 计划毕业生的胜任力与有 18~24 个月工作经历的人相当。为了获得 AH 项目的认证，学生必须完成以非营利组织胜任力为核心的一系列课程，参加非营利组织的实习，参加一年一度 AH 管理学院的活动，并要完成自己的本科学位学习。

AH 认证项目在美国大学的开办大体上包括证书项目、辅修、主修、混合四种模式。

（1）证书项目模式。约半数的 AH 项目并不单设专业，而仅有一两门课是专门的非营利管理课程，其余是依托学生主修专业或所设定的胜任力领域，如心理学、工商管理、传媒、社会工作等领域的一系列选修课。例如，路易斯安那州立大学从 1995 年开始提供 AH 证书项目，学生可以在修本专业的同时选择进修该项目。这个项目在通识教育和社会学专业的学生中最受欢迎，此外还有来自管理学、心理学和生物学等不同专业的学生。

（2）辅修模式。这种模式所面向的群体为各专业的本科生，但会设计针对非营利部门的一系列专门课程。例如，南加利福尼亚大学的非营利、慈善与志愿（Minor in Nonprofits，Philanthropy and Volunteerism）辅修项目对所面向的群体的描述为："希望到非营利部门工作的同学；希望能够终身参与到志愿活动的同学；希望从事服务领域研究的同学。"

（3）主修模式。例如，亚利桑那州立大学（ASU）在长期开设 AH 认证项目的基础上，于 2006 年开设了专门的非营利管理与领导力本科学位项目。该项目由社区资源与发展学院（CRD）管理，相应地，某个社区委员会持续协助社区关系和筹款。ASU 的非营利性领导与管理中心（CNLM）为 AH 认证项目提供了智力支持和实践环节的协调。

（4）混合模式。例如，私立大学林登伍德大学，自 1996 年起便提供非营利管理方面的本科主修、辅修项目，校内将这一大类项目称为"人类服务机构管理"。

由于 AH 认证强调胜任力和为非营利部门的合作伙伴培养从业人员，因此非常注重实践相关的服务学习和实地考察内容。结合实践内容，提升学生在对非营利部门的理解、道德规范、青年发展和指导、志愿者管理和董事会发展、筹款和资源开发、财务管理、营销和技术等方面的胜任力，从而掌握非营利部门从业者所需的知识和技能。

近十年来，美国 NME 本科教育也有一些新的变化，包括：①项目内容的多元化。AH 认证项目的高校合作伙伴进一步减少到 40 个，且侧重于青年服务和人类服务领域，而一些本科项目增加了社会企业、社会创新类课程并结合非营利部门的发展，有不同于 AH 的人才培养定位。②慈善实验课程的拓展。这种课程并不侧重于非营利组织管理，而更多的是一种科学慈善的意识教育。例如，从 2011 年至今，旧时光基金会（Once Upon a Time Foundation①）的慈善实验室和它的捐赠伙伴已经捐赠了 840 万美元，用于在全美 27 所大学开展以实验学习为主的慈善教育，以及提供小额基金让参加学习的本科生来做慈善捐赠或设计慈善项目，超过 2500 名学生参加了慈善实验室的慈善课程。

（二）欧洲②

由于欧洲的差异性，尤其英国、中南欧、北欧、东欧的差异如此之大，以至于很难对欧洲的公益慈善教育进行一个统一的描述。从公益慈善本身的历史变迁角度来看，欧洲大体上经历了慈善的世俗化、现代化的进程。然而这一世俗化过程在欧洲不同部分的展现程度不一，再加上近现代以来政治与社会运动的影响和欧洲各国发展道路的差异，欧洲各国公益慈善部门本身的发展呈现出巨大的差异，因此各国对公益慈善教育呈现出不同的需求和观点。

鉴于发展水平和观点的差异性，相关数据也很难统计。到目前为止，仅有 Mirabella 在 2007 年发表的一项国际非营利教育普查和 2014 年 Charles K.、Tobias J.、Cathy P. 等进行的一项欧洲慈善教育报告的数据可供参考。而这两项研究在观点和研究对象范围界定上还存在差异：前者是相对宽泛意义上的非营利管理教育，更具管理主义色彩；后者则是相对狭义的慈善教育（Philanthropy Education），侧重于捐赠和资助（Grant Making）行为的慈善家或基金会视角，更具人文主义色彩。总体来说，欧洲的非营利和公益慈善教育并不像 20 世纪后半期以来的美国那样，建立在坚实的制度基础和历史框架之上，其主要存在以下特点：

（1）尽管欧洲第三部门发展程度较高，但欧洲高校公益慈善教育发展水平参差不齐，并主要集中在研究生教育。

---

① 此为笔者所译。
② 《中国公益慈善学历教育发展报告》，2019 年。

（2）公益慈善教育项目学科背景分散、观点多元、标准化不足。

（3）管理学，尤其是工商管理的话语权相对强势，管理主义和市场化倾向比较突出。

值得一提的是，英国非营利管理本科教育项目相对较少。英国在本科的公益慈善教育几乎都是通识型的，不以实践型就业人才培养为目的，所以英国本科相关课程集中在志愿活动、社会企业、公民参与等方面，其中社会企业课程比较突出，通常是融入商科的本科教育中，作为商业伦理、商业与社会这类课程模块的内容之一。

（三）非洲①

非洲在大学内的慈善教育、提供的学位、课程内容等的目标完全不同于西方，如美国、英国等国家。在西方模式中，课程的重点是"良好管理"的发展技能，而在非洲的经验中，重点似乎根本不是"管理"；相反，它可以概括为一个词——发展。

图1-1详细说明了非洲院校的非营利项目的机构位置。约58%的发展学科项目是由人文和社会科学学院提供的；第二大的项目群体约为16%，由其他学院或学校提供，包括研究生院、健康科学学院或扩展教育学院；公共管理学院和商业学院提供的课程数量相同，约占8%；只有两个发展研究项目是由社会工作学院和跨学科学院提供的。

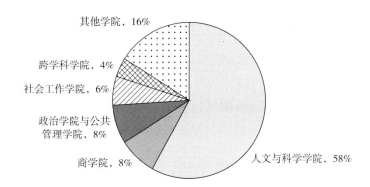

图1-1 非洲非营利项目的学科属性

资料来源：Mirabella 等（2007）。

---

① Mirabella, R. M., Gemelli, G., Malcolm, M. J., & Berger, G.. Nonprofit and philanthropic studies: International overview of the field in Africa, Canada, Latin America, Asia, the Pacific, and Europe [J]. Nonprofit and Voluntary Sector Quarterly, 2007, 36（4_suppl）: 110S-135S.

（四）亚洲①

总体来看，亚洲公益慈善教育的发展还相对滞后，但在社区发展等领域有其侧重和特色，相关教育项目的学科、学院背景体现出分散性和多样性。

在日本，公益慈善教育一般被称为"NPO 教育"。从 20 世纪 80 年代开始，以市民活动团体为核心的 NPO 部门逐渐成为日本公共服务供给的新角色。2000 年前后，以大阪大学教授山内直人为核心的研究团队对日本 77 所大学所开展的 NPO 教育进行了问卷调研。调查结果显示，这些 NPO 课程所涉及的内容以"NPO 概论""志愿活动""公民参与/公民社会"为主，其中 57.1% 的课程被定位为"本科生专业课程"。近年来，日本不少高校正在尝试建立校际合作以强化高校之间有关 NPO 教育的经验交流和资源共享，同时通过非常勤讲师、应邀演讲人以及任期制教员等制度，积极主动地邀请或聘用 NPO 实务家和主管 NPO 事务的政府官员前来授课。另外，日本许多高校正努力与本土的非营利组织建立合作伙伴关系，尝试建立实习生制度、教育合作项目以及研究合作项目等新型制度。

在韩国本科阶段，只有四所大学提供非营利组织（NPO）/非政府组织（NGO）专业或相关专业，这些大学分别是庆熙大学（Kyung Hee Cyber University）、韩国圣公会大学（Sung Kong Hoe University）、韩一长神大学（Hanil University）和梨花女子大学（Ewha Womans University）。同时，超过 30 所大学提供本科阶段的 NPO/NGO 通识课程，包括韩国大学（Korea University）、首尔国立大学（Seoul National University）、成均馆大学（Sungkyunkwan University）、延世大学（Yonsei University）、梨花女子大学（Ewha Womans University）、汉阳大学（Hanyang University）等。

第二节　国内慈善管理本科专业的发展现状

一、历程回顾

自 1998 年清华大学成立非政府组织（NGO）研究中心以来，我国高校公益慈善教育的发展历程大体上可以划分为以下三个阶段：

第一阶段是萌芽期（1998—2011 年）。1998 年，清华大学成立了 NGO 研究中心，该中心是我国第一个专门研究非营利组织的高校研究机构。之后部分高校

---

① 《中国公益慈善学历教育发展报告》，2019 年。

也陆续成立非营利组织、公益慈善相关研究机构，并开设相关课程。2002年，清华大学王名教授主编的《非营利组织管理概论》由中国人民大学出版社正式出版，该教材是国内第一本非营利组织管理方面的高校教材。2004年，中山大学通过开设公共选修课"公民社会与公益慈善"和"公民、社会与发展"进行公益慈善通识教育的早期尝试。2006年，湖南大学成立国内第一个以"公益创业"命名的学生社团——滴水恩公益创业协会，率先推动公益创业教育。2009年，北京师范大学社会发展与公共政策学院率先在公共管理硕士项目中开设非营利组织管理方向。2011年，中国人民大学开设国内第一个公共管理硕士（MPA）项目非营利方向——非营利管理方向双证MPA。

第二阶段是起步期（2012—2018年）。在这一阶段，众多高校开展了多种模式的公益慈善教育探索。2012年，北京师范大学珠海分校在国内成立了第一个有明确行业人才培养目标的本科辅修/双学位项目，该项目为公益慈善行业直接输送了大量专业人才，受到业内的广泛认可。同年，中国人民大学非营利组织研究所启动了中国人民大学"百人计划"双学位项目，率先招收非营利管理方向的公共管理硕士（MPA）。2013年，中山大学公益慈善研究院开设民族学（公益慈善方向）硕士研究生课程进修班。2014年，南京工业大学浦江学院率先开设公益慈善管理方向四年制本科专业，并进行招生；同年，北京大学光华管理学院率先招收公益慈善方向的工商管理硕士（MBA）——北大光华公益硕士；而这一年，首都经贸大学劳动经济学院已招收公益慈善方向的社会工作硕士（MSW）。2017年，北京社会管理职业学院开设第一个公益慈善事业管理专科专业。2018年，山东工商学院公益慈善学院正式挂牌成立，同时在社会工作本科专业下招收公益慈善方向本科生。

第三阶段是加速期（2019年至今）。2019年，敦和基金会发起"敦和·菡萏行动"和"敦和·善识计划"，在全国多所高校推广公益慈善通识教育，计划通过三年的时间形成一种可持续、可推广的慈善通识教育模式。同年，苏州大学红十字国际学院成立，该学院成为红十字人才培养和人道文化传播的基地。2020年，山东工商学院以"公益慈善管理"这个名称首次申报本科新专业。遗憾的是这次申请未能成功，但这次申请为第二年申请积累了相关经验。同年，北京师范大学珠海分校宣布不再开设公益慈善管理方向辅修专业，并不再招收学生，这引起了行业内部基金会、公益慈善教育者和从业者等的广泛关注。2021年，山东工商学院和浙江工商大学同时申请"慈善管理"这个本科新专业，并于次年成功获批。此次新专业的获批，标志着中国慈善管理本科人才培养开启了一个新纪元、进入了一个新阶段。山东工商学院和浙江工商大学也成为全国首批开设慈善管理本科专业的两所高校。此外，2021年，浙江工商大学成功申报慈善管理二级学科硕博点，并在 2022 年招收多名慈善管理专业的硕士和博士研究生，成为国内首家系统培养本、硕、博慈善管理人才的学校。

"第三次分配"① 和公益慈善事业受到社会各界的广泛关注，2021 年，民政部和国家发展和改革委员会联合制定的《"十四五"民政事业发展规划》指出，积极发挥慈善在"第三次分配"中的重要作用，并配合全国人大常委会开展《中华人民共和国慈善法》的修改工作，出台关于发挥第三次分配作用、进一步促进慈善事业健康发展的政策措施。民政部在《"十四五"社会组织发展规划》中指出，"加强与教育部门沟通协调，鼓励支持有条件的院校举办社会组织管理与服务专业"。可见，未来公益慈善教育必将在祖国大地上迎来发展的新机遇。

目前，我国仅有南京工业大学浦江学院、山东工商学院和浙江工商大学三所高校开设慈善管理全日制四年本科专业，其基本情况如表 1-1 所示。

表 1-1　慈善管理本科专业高校的基本情况

院校	学制	学位	开设时间	发起方
南京工业大学浦江学院公益慈善管理学院	全日制四年本科专业（民办）	公共事业管理专业（公益慈善管理方向）	2014 年	中国华侨公益基金会、南京工业大学浦江学院
山东工商学院公益慈善学院	全日制四年本科专业（公办）	慈善管理专业	2018 年	山东工商学院
浙江工商大学英贤慈善学院	全日制四年本科专业（公办）	慈善管理专业	2022 年	浙江工商大学

注：山东工商学院早期是在社会工作专业（公益慈善事业管理方向）和行政管理专业（公益慈善管理方向）下招收学生。

资料来源：《中国公益慈善学历教育发展报告》，2019 年；浙江工商大学英贤慈善学院官网。

二、培养目标

南京工业大学浦江学院以探索行业人才培养为办学动机，其在公共管理下开设公益慈善方向；而山东工商学院和浙江工商学院则以拓展专业方向、打造特色专业为办学动机，直接开设慈善管理专业。不同的办学动机导致三所高校在人才培养目标上也存在一定差异。高校慈善管理专业的人才培养目标如表 1-2 所示。

---

① "第三次分配"这个概念由著名经济学家厉以宁提出。其中，第一次分配是由市场按照效率原则进行的分配；第二次分配由政府按照兼顾公平和效率的原则、侧重公平的原则，通过税收、社会保障支出所进行的再分配；而第三次分配则是在道德力量的推动下，通过个人自愿捐赠而进行的分配。

表1-2　高校慈善管理专业的人才培养目标

院校	人才培养目标
南京工业大学浦江学院公益慈善管理学院	本专业以公益慈善行业对专业人才的需求为导向，培养具有强烈的社会责任感、先进的公益慈善理念、系统的公益慈善管理知识和扎实的岗位实操技能，能够在公益慈善组织、企业社会责任部门、相关政府部门等机构从事项目管理、资金筹集、公关传播和行政管理等工作的应用型、复合型专门人才
山东工商学院公益慈善学院	本专业旨在培养学生具有良好的人文素养、科学精神、社会责任、财商素养和创新创业意识，具备扎实的管理学、经济学、政治学、法学等多学科理论基础，掌握现代化社会科学方法与信息化技术，通晓慈善管理的专业知识，具有较强的慈善法律政策咨询与服务能力、慈善组织管理与沟通协调能力、慈善项目管理与评估分析能力、慈善资金募集与信托管理能力、社会营销与传播能力等；能为慈善组织、企事业单位、党政机关等提供国际化高素质复合型、创新应用型专业人才
浙江工商大学英贤慈善学院	本专业旨在培养具有坚实的慈善品质、先进的慈善理念、突出的专业能力和远大慈善事业抱负，面向我国现代慈善转型升级的应用型、复合型卓越慈善管理人才。慈善管理专业目前设立全球慈善、慈善组织、企业慈善和慈善金融四个主要培养方向

资料来源：南京工业大学浦江学院公益慈善管理学院官网、山东工商学院2023年慈善管理专业人才培养方案、浙江工商大学英贤慈善学院官网。

三、招生与生源

三所全日制本科高校均通过高考从高中毕业生中直接招生，这种招生方式高度依赖于学生家长或亲属、学生等对公益慈善管理专业的认知和了解，生源质量主要取决于学校专业的声誉，招生主要依靠社会宣传和学校内部的专业调剂。高校慈善管理专业的招生与生源情况如表1-3所示。

表1-3　高校慈善管理专业的招生与生源情况

院校	生源
南京工业大学浦江学院公益慈善管理学院	高考统招
山东工商学院公益慈善学院	高考统招
浙江工商大学英贤慈善学院	高考统招

资料来源：《中国公益慈善学历教育发展报告》，2019年。

四、课程设置

山东工商学院、浙江工商大学和南京工业大学浦江学院均以培养公益慈善行业从业者为目标，其课程设置较为全面，以管理类和技能类课程为主，理论和实践课程比较平衡，同时还兼修公共管理学科基础课，课程大致可以分成以下三类：第一类是学科基础课，以公共管理类课程为主，兼顾社会学类相关课程等，如管理学、社会学、经济学等。第二类是专业核心课程，根据公益慈善机构部门的职能设置相关课程，包括慈善项目管理、慈善筹资管理、慈善组织人力资源管理和慈善政策法规等。第三类是实践课程，包括实习、行业赛事、实验实训和案例分析等。山东工商学院慈善管理专业的课程设置情况如表1-4所示。

表1-4　山东工商学院慈善管理专业的课程设置情况

学科基础课	管理学、公共管理导论（双语）、公共政策学、公共伦理学、微观经济学、公共经济学、财政学、社会保障概论、政治学、社会学、社会心理学、行政管理学、统计学、社会科学研究方法
专业核心课程	慈善政策与法规、非营利组织管理、慈善项目管理（"双创"）、慈善组织人力资源管理、慈善筹资原理与技巧、慈善信托管理、投资学、慈善信息管理、社会营销、非营利组织会计学、公益慈善公关与传播、慈善管理案例分析
实践课程	慈善项目管理、慈善组织人力资源管理、慈善筹资原理与技巧、慈善信息管理实训、公益慈善公关与传播、慈善管理案例分析、虚拟组织运行仿真实验、组织资源规划模拟、组织协调与沟通实验、公共部门绩效管理、社会工作实务、大创训练与学科竞赛、高级办公软件应用实训、办公行政管理及高级软件实训、行政职业能力开发与测评、社会保险经办管理、文献信息资源开发、文献综述写作、社会科学研究方法、社会调查、认识实习、毕业实习和毕业论文等

资料来源：山东工商学院2023年慈善管理专业人才培养方案。

五、师资

高校慈善管理专业的师资情况呈现两个特点：①校内校外相结合，校内教师负责理论教学，校外教师负责实践教学；②不同专业相结合，教师多毕业于社会学、管理学和经济学等专业，专业学科背景多元。目前，高校慈善管理专业背景教师以及青年教师还较为缺乏。高校慈善管理专业的师资情况如表1-5所示。

表1-5　高校慈善管理专业的师资情况

院校	理论	实践
南京工业大学浦江学院公益慈善管理学院	校内专任老师	邀请行业专家进行案例化和项目化教学，并建立实习实践基地
山东工商学院公益慈善学院	校内专任教师	邀请实务专家讲授实务课程或举办讲座，并在政府部门、基金会中建立实习实践基地

续表

院校	理论	实践
浙江工商大学英贤慈善学院	校内专任教师	聘请实务专家讲授实务课程，并在基金会中建立实习实践基地

资料来源：《中国公益慈善学历教育发展报告》，2019 年；南京工业大学浦江学院公益慈善管理学院官网；山东工商学院公益慈善学院官网；浙江工商大学英贤慈善学院官网。

六、学生主观评价

为了解学生对慈善管理专业的主观评价，对山东工商学院公益慈善学院学生进行了问卷调查，共计回收 45 份有效问卷，其中 2020 级学生 18 份，2021 级学生 27 份。

在选择慈善管理专业的原因方面，51.11%的学生是因为调剂或分配才选择慈善管理专业的；37.78%的学生选择慈善管理专业的原因是对公益慈善有很强的兴趣；另外，老师或亲友推荐也是学生选择慈善管理专业的一个重要原因，占比为 31.11%。

在培养方案和课程设置方面，44.44%的学生认为慈善管理专业的培养方案和课程设置得一般，31.11%的学生认为慈善管理专业的培养方案和课程设置得比较合理。由于慈善管理是新开设的专业，可供参考的实例较少，因此，培养方案和课程设置也都在摸索中不断优化改进，显然，目前难以达到学生的心理预期。

在上课使用的学习资料方面，66.67%的学生认为，目前上课使用的学习资料以课程教材为主。这是因为国内一些高校开设慈善管理或非营利组织的课程以及慈善管理专业经过两年多的发展和积累，课程教材很丰富，能够满足学生们的学习任务。

在师资和条件支撑方面，66.67%的学生认为学校关于慈善管理专业本科人才培养已经实现大部分师资和条件支撑，仅有 4.44%的学生认为学校关于慈善管理专业本科人才培养未实现大部分师资和条件支撑，可见学生对师资和条件支撑的评价较高。

在教学质量保障和满意度方面，62.22%的学生认为教学质量对于保障慈善管理专业本科人才培养方面还是比较有效的，71.11%的学生对慈善管理专业本科人才培养比较满意。

第三节　国内慈善管理本科人才的社会需求研究

一、国内慈善管理本科人才社会需求现状

慈善事业是一种有益于社会与人民的社会公益事业，是政府主导下的社会保障体系的一种必要补充；是在政府的倡导或帮助、扶持下，由民间团体和个人自愿组织与开展活动，对社会中遇到灾难或不幸的人，不求回报地实施救助的一种无私的支持与奉献的事业。慈善事业实质上也是一种社会再分配的实现形式。

按照经济学家厉以宁的解释，社会分配可以分成三个层次：第一层次是以竞争为动力的分配，即根据能力大小决定收入水平；第二层次是以公平为原则的分配，即通过社会保障、社会福利进行再分配；第三层次是以道德为动力的分配，即有钱人自愿把钱分给穷人，也就是慈善事业。目前，第三次分配在缩小贫富差距，促进社会公平等方面的作用越来越明显。随着我国经济水平的不断发展，人民的收入水平也会随之提高，中等和高收入人群的不断扩大，三次分配的作用将越来越大。

2016 年通过的《中华人民共和国慈善法》标志着慈善事业走上了法制化的道路。《中华人民共和国慈善法》的制定发展了新时代中国特色社会主义慈善事业，弘扬了中国慈善文化，保护了慈善组织、捐赠人、志愿者、受益人等慈善活动参与者的合法权益，促进了社会进步。

公益慈善管理专业具有明确的行业指向性，广义上包括政府、公益慈善组织、捐赠人、受益人以及大众公益传播等的一个整体，也就是社会所约定俗成的"公益慈善事业""公益慈善行业"或"公益行业"。这就决定了公益慈善管理本科专业是一个应用性较强的专业。公益慈善行业要求本专业培养具有行业业务操作能力、行业所需知识能力和较高职业素质的应用型、复合型、外向型专业管理人才，尤其是公益慈善行业对本专业人才培养所要求的实用性、专业性以及强烈的价值使命感，是专业得以建立的重要基础。作为本科层次的公益慈善管理专业学科建设，应该考虑行业人才培养的能力素质要求（胜任力），以及不同层级人才核心能力标准等要求。[1]

综合相关研究，公益慈善领域的专业人才主要有如下四种类型：[2]

---

[1][2]　杨志伟. 公益慈善管理专业本科课程体系研究［J］. 中国非营利评论，2016，17（1）：14-29.

第一，管理型人才：主要从事公益慈善组织的经营管理、资源募集、资本运作等方面的工作，需要熟悉公益慈善组织的组织架构、管理方式和运行机制。

第二，项目型人才：主要从事公益慈善组织项目服务工作，熟悉公益慈善项目运作的基本技能和主要流程，熟悉项目策划/设计、执行、督导、评估的基本工作。

第三，营销型人才：主要从事公益慈善组织市场调查与分析、营销活动组织、筹款项目设计、媒体传播与公共关系等方面的工作，需要熟悉营销的原理、方法、工具、技巧，对筹款、善因营销有独创性的思考。

第四，研究型人才：主要从事公益慈善管理相关的原理、机制、模式、方法等内容的前瞻性研究工作，需要掌握科学研究的思维方法和工具，具备扎实的理论基础和较强的创新能力。

随着中国社会的进步和发展，慈善事业的规模和复杂性不断扩大和提高。截至 2023 年 9 月，全国登记认定的慈善组织超过 1.3 万家，备案慈善信托 1433 单，全国年度慈善捐赠总额最高突破 2000 亿元。[①] 这些组织包括基金会、社会组织、慈善信托等形式，涵盖了教育、医疗、环保、扶贫等多个领域。而慈善事业的复杂性不仅体现在以上诸多领域，还体现在不同社会群体和地区的需求可能存在差异、慈善基金来源众多管理困难、慈善机构监管体系不健全等问题上，这就需要专业的慈善管理人才来管理和推动公益慈善项目，确保资源的高效利用和项目的可持续发展。

二、国内慈善管理本科人才社会需求面临的问题

目前，针对社会对慈善管理本科人才需求的困难主要在教育层面，由于高校的慈善管理专业处于起步阶段，各所高校的慈善管理专业的课教育体系仍在摸索、构建中。

在我国公益慈善行业发展历程中，能力建设培训的短期人才培养先行，各类政府、社会组织、高校培训及能力建设项目等非学历教育众多，在发展初期，这种模式从一定程度上及时回应了从业者专业能力提升的刚性需求。但公益慈善行业人才匮乏的长远问题一直以来未从根本上得到解决，公益慈善行业在短期能力建设人才培养"存量"的基础上，更应进一步重视"增量"，发展建设公益慈善行业学历教育人才培养的长效模式机制。[②]

---

① 截至目前，我国登记认定慈善组织超过 1.3 万家［EB/OL］. https：//news. cnr. cn/native/gd/2023 0905/t20230905_526408264. shtml.

② 田园 . 我国公益慈善学历教育人才培养发展与建设研究［J］. 社会福利（理论版），2021（5）：58-63.

（一）人才培养面临诸多挑战与难题

总体来看，慈善管理作为一个新兴专业，在课程体系设置、实践教育环节、教学资源配置以及创新性培养与跨学科能力整合等多个方面均面临一定的难题和挑战，具体表现在以下几个方面：第一，由于专业发展时间较短，课程体系尚未成熟，缺乏系统性和连贯性，难以全面覆盖慈善管理所需的知识和技能；第二，慈善管理专业具有较强的实践性，但许多高校在实践教育环节投入不足，实习实训基地建设滞后，学生难以将理论知识与实际操作相结合；第三，专业教师队伍中拥有丰富慈善管理实践经验的人员较少，导致教学内容与行业实际需求存在脱节；第四，适合慈善管理专业的教材和教学资源相对匮乏，难以满足教学需要，影响教学质量；第五，由于慈善行业在国内尚处于发展阶段，学生对未来职业发展的路径和前景不够清晰，缺乏明确的职业规划；第六，慈善事业需要创新思维和解决问题的能力，但现有教育模式在学生创新能力培养方面尚有不足；第七，慈善管理涉及多个学科领域，但现有教育模式在跨学科整合能力培养方面尚显不足，难以满足复合型人才的需求。

（二）人才培养层次与体系尚待配套完善

我国公益慈善学历教育虽然已有多家院校进行了初步的尝试和探索，专科、本科及研究生培养各个层次均有所涉及，但目前仍处于各自为政、联系松散的状态，现有的专业学历教育人才培养联盟已初具规模，但仍不具备广泛影响力，对从整体上推进我国公益慈善学历教育方面缺乏统一目标和自我定位，人才培养的层次和体系仍有待丰富和健全。

在学历层次衔接方面，专科、本科及研究生培养层面的院校合作尚未形成，配套的专业人才学历提升激励机制缺失，地区与院校壁垒依然存在。培养模式方面，无论是跨专业辅修培养还是全日制培养，公益慈善专业都需要丰富的行业机构实践教学资源，需要形成深度的"校社合作"，而目前我国相关公益慈善组织作为办学主体之一进行合作办学的院校则屈指可数，"校社互动"的深度与质量不高，难以形成长效机制，学生培养质量不能得到有效保障。院校发展方面，进行公益慈善学历教育的院校数量有限，而且各相关院校大多没有根据自身学校背景、学历层次、学科师资优势、区位特征、行业资源等因素有针对性地对公益慈善行业人才市场进行细分定位，各院校进行公益慈善行业学历教育的院校特色不明显，多层次、多样化的人才培养体系还未形成。①

在社会需求方面，慈善管理本科人才受到行业相关度、行业规模、社会环

---

① 田园. 我国公益慈善学历教育人才培养发展与建设研究［J］. 社会福利（理论版），2021（5）：58-63.

境、社会组织水平等因素影响，发展缓慢。

（三）所在地的社会问题回应度、联系度有待加强

公益慈善组织致力于解决社会问题，提升专业人才解决社会问题的能力是公益慈善学历教育必须实现的目标之一，这就要求其在人才培养的过程中进行大量的实践实习教学。而现阶段，我国大多数相关院校在实践教学方面难以与行业组织建立深度、持续的校社合作培养模式。其一，由于公益慈善组织相较于企业组织规模有限、机构可接收的学生数量有限，学生不可能全部统一到一家公益慈善组织实践学习，需在多家机构分批分组进行，实践实习教学难以得到稳定保障。其二，由于高校相关教学安排的制度规定，灵活的实践实习教学在实施上也面临体制阻力。其三，公益慈善组织接收实践实习学生也会存在人财物等培养成本，学生的专业能力综合素质是公益慈善组织考虑的重要因素，同时学生也更青睐于社会影响力及综合实力强的组织，这其中存在着更为复杂的双向选择关系。整体来看，大多数院校在进行学历人才培养时未能重视所在地社会问题的相关教学实践资源，也未能根据其进行很好的培养规划安排，更多的是着眼于有限的公益慈善组织，受上述三个方面因素影响，校社合作的培养质量有限，然而公益慈善实践教育的有效途径恰恰是让学生回归社会，更加真实、客观、全面地观察、理解社会问题，以专业化的方法思考、设计并实施解决方案。所在地社会问题是公益慈善实践教学的"富矿"，如何以体验式、行动式的参与方式将其纳入实践教学体系，是所有相关院校应该重新审视与思考的问题。[1]

（四）行业发展现状形成的社会壁垒仍有较大制约

我国公益慈善行业处于发展上升期，现代公益慈善的意识理念还未能在社会上得到较好的普及，社会公众对于公益慈善的认识理解相对滞后，对于公益职业更是存在诸多偏见和误解，这一现状较大限度地影响了公益慈善学历教育相关院校的招生数量和生源质量。在公益慈善行业人才培养的"出口"方面，行业发育程度较低，行业人才因薪酬、职业发展等因素流失率较高，这一现实情况同时也会影响到慈善管理专业学生的行业与职业选择。[2]

（五）组织化水平较低

中国慈善组织的规模及数量与美国、加拿大等国存在较大差距，慈善机构地域分布也差异明显。例如，美国、新西兰、加拿大等国大量活跃的慈善基金会和公益组织为公民全面参与慈善活动提供了有效的途径和平台，不同类型、不同规模的公益组织可以通过社区、教堂等最基层社会单元将慈善资源（如捐款、志愿

---

①② 田园．我国公益慈善学历教育人才培养发展与建设研究［J］．社会福利（理论版），2021（5）：58-63.

服务）集中起来；相比之下，由于慈善组织不发达，数量和规模都偏少和偏小，因此，中国有限的慈善资源过于分散，利用率不高。①

（六）学科混杂，缺乏共识

专业教育虽然是以社会分工和人才需求为导向，其根基却在于研究及学科发展所积累起来的知识体系。国内现有公益慈善教育涉及公共管理、工商管理、社会工作乃至法学等不同学科背景，学科基础和知识体系庞杂、缺乏共识。此外，相对核心的"非营利组织管理""社会创新创业"等课程，都还主要借鉴国外的理论基础、方法论甚至案例，并不完全适用于我国的情景。②

三、国内慈善管理本科人才社会需求问题的对策

（一）推动我国公益慈善专业学科教育与职业认证建立统一标准

加快推进我国公益慈善学科教育建立统一的标准，要由教育和民政部门组织牵头，联合公益慈善领域内实务专家与研究学者及公益慈善教育实践者，对其培养目标，以及专业学科特征、学生培养模式、教学课程体系、考核评价方式、师资培养路径、职业能力胜任标准等方面在充分论证的基础上形成较为明确的共识与规范。推动公益慈善专业进入本科专业目录，在公共管理一级学科下设置公益慈善管理二级学科。对于公益慈善行业核心职业岗位如公益项目管理、筹资管理等岗位，有关部门、高校和行业组织应积极加快推进职业标准的制定和认证工作，提升我国公益慈善事业的职业化和专业化水平。③

（二）丰富和完善我国公益慈善学历教育培养层次与体系

要想丰富和完善我国公益慈善学历教育的培养层次与体系，就要在专科、本科、研究生各层次进行公益慈善学历教育院校专业的拓展。相关院校要加强联系，形成公益慈善学历教育院校联盟，定期举办研讨会，交流讨论专业人才教育培养遇到的突出问题、成功经验与优化方案，明确我国公益慈善教育整体发展现状与目标，做好各院校在公益慈善学历教育人才培养的自我角色定位。

在学历层次衔接方面，要打破地区院校壁垒，打通公益慈善人才学历提升的路径，专科、本科、研究生层次相关院校要建立合作，促进学生在专业培养体系内合理流动，提升公益慈善专业的社会吸引力。

培养模式方面，相关院校与行业组织机构的合作应进一步加深。公益慈善组

① 佘宇，焦东华. 加快发展中国慈善事业的思路和建议 [J]. 发展研究，2021，38（12）：47-56.
② 蓝煜昕. 高校为何开设慈善管理专业 [EB/OL]. https：//news. gmw. cn/2022-05/27/content_35
767999. html.
③ 田园. 我国公益慈善学历教育人才培养发展与建设研究 [J]. 社会福利（理论版），2021
（5）：58-63.

织中致力于行业基础设施建设的相关机构也应向公益慈善学历教育方面加强战略布局与资源倾斜，增加公益慈善组织合作办学的院校数量，丰富院校实践教学资源，提升校社合作的培养质量。

另外，现阶段公益慈善学历教育跨专业辅修与全日制培养的两种形式应根据不同院校情况进行科学布局与拓展。全日制培养形式在条件成熟的相关院校进行专业建设布局，稳步推进；跨专业辅修培养形式可以作为普及过渡形式在各大本科院校尝试推广。

院校发展方面，各相关院校应做好公益慈善行业人才市场细分定位，根据学校背景、学历层次、学科师资优势、区位特征、行业资源等因素进行战略规划，明确自身培养人才对标的行业岗位领域与层次，突出自身办学特色，形成多层次、多样化的人才培养体系。[1]

（三）加强校社合作并精准对标所在地社会问题

公益慈善专业人才解决社会问题能力的提升需要经过行业实践的培养锻炼，而现阶段相关院校与行业组织建立理想的合作深度、持续的校社合作培养模式，受到公益组织规模小、高校相对固化的教学制度、规则、机构与学生双向选择等诸多因素的影响而难以实现。相关院校与行业组织在加强合作的同时，还应将所在地的社会问题作为优质的教学实践资源加以重视并利用开发，以弥补现有公益慈善行业组织实践教学资源之不足。相关院校应与所在地的相关部门建立联系，检视所在地存在的社会问题以及院校现有资源与条件，确定哪些社会问题能够通过实践教学的方式，以学生为主体，予以回应，从而使学生参与解决社会问题的全过程，提升学生解决社会问题的实际能力，培养学生关注社会现实问题的公益情怀。在联系部门、精准对标社会问题的过程中，既可以将所在地本土相关一线机构组织作为实践教学资源并加强合作，又可以根据实际情况，推动学生教师和学校创办公益组织进行社会创新创业实践。这些需要相关院校在教学制度安排上进行适当的改革创新。[2]

强化慈善通识教育，提升全社会的慈善和社会创新创业意识。慈善教育是一个系统工程，专业教育发展除需要教育供给者增强"内功"外，还需要主动培育支持性的社会环境和生源基础。例如，曾有基金会同时发起支持高校慈善通识课程建设和慈善专业人才培养的项目，经验表明，两类教育的系统推进产生了很好的协同作用，前者通过较小的成本扩大了慈善教育师资队伍并提升了学生、大众对公益慈善行业的认知，后者反过来又为受前者影响的青年提供了职业成长路径。

①②　田园.我国公益慈善学历教育人才培养发展与建设研究［J］.社会福利（理论版），2021（5）：58—63.

未来，还有必要将慈善通识教育进一步推广至中小学的德育体系，或与高等院校的思政教育、创新创业教育、社会实践与志愿服务教育结合起来，从而使公益或以公益为目的的创新创业进入主流，真正成为青年人可以为之奋斗的事业。[①]

（四）提升公益慈善行业的专业化与社会认可程度

公益慈善学历教育的长远发展以公益慈善行业实现新的产业升级为基础。"打铁还需自身硬"，近几年，公益慈善界关于商业化运作方式以及公益慈善行业的科学化的讨论，实际上都已将公益慈善行业发展聚焦于如何提升行业发展质量这一关键问题。公益慈善学历教育成为独立学科进行专业建设也需要行业内形成一整套独立完整的、更加专业化的理论方法体系，以支撑其学历教育的发展。公益慈善组织专业化也会促进公益慈善行业形成更加合理的行业生态体系，在薪酬待遇、职业发展方面推动行业就业环境的改善，吸引和留住更多人才。同时，公益慈善行业专业化的升级，必然为公益慈善组织带来更多的社会认可与社会支持，增进社会现代公益慈善文化和理念的普及，这也为公益慈善专业为公众知晓、了解积累社会共识。

（五）提高慈善机构的组织化水平，加强人才培养与储备

动员更广泛的社会力量参与慈善活动，包括捐赠、开展志愿活动等，可考虑通过社区等基层组织平台开展慈善活动，形成初级慈善组织，并由专业化慈善机构提供指导和培训；提升慈善机构的组织水平，鼓励更多非东部沿海地区成立专业慈善机构，包括慈善基金会、慈善信托等，形成多层次多类型的慈善事业发展结构，因地制宜满足各地区不同的需求。此外，需要通过定期开展慈善项目管理、志愿者管理、财务、新媒体传播等方面的培训，以及鼓励高等学校及专科开设相关课程与专业（包括扩大社工类专业的招生）来加强专业人才的培养与储备。同时，还需要尽快调整对慈善机构专业人员薪酬方面的限制，让更多有情怀、有爱心的专业人才加入慈善事业发展的队伍。[②]

第四节　慈善管理本科人才培养成果介绍

2022 年 2 月 22 日，教育部将"慈善管理"列入本科专业目录，使慈善教育

① 蓝煜昕 . 高校为何开设慈善管理专业 ［EB/OL］. https：//news. gmw. cn/2022－05/27/content_ 35 767999. html.

② 佘宇，焦东华 . 加快发展中国慈善事业的思路和建议 ［J］. 发展研究，2021，38（12）：47-56.

受到社会广泛关注和讨论。近十年来，中国慈善教育由少数高校试点迈向加速发展阶段，开始由学术人才培养和理论传播拓展至行业人才培养，并出现多种公益慈善专业教育模式，慈善通识教育得到了普及推广。

一、南京工业大学浦江学院慈善管理本科专业人才培养项目①

南京工业大学浦江学院（以下简称浦江学院）于 2014 年设立了公共事业管理（公益慈善管理）本科专业（以下简称公益慈善管理专业），探索运用工作本位人才培养模式培养应用型、复合型公益慈善管理人才，为公益慈善管理专业人才培养路径提供了新视角。

（一）培养目标

根据公益慈善管理本科专业人才培养目标，浦江学院为公益慈善管理专业的本科生制定了以下具体要求：

1. 品格要求

①具有正确的世界观、人生观和价值观；②怀有仁爱之心，愿意为困难群体和公众利益服务；③具有社会责任感和公平正义的品格；④善于处理人际关系，善于进行团队合作；⑤具有开阔的思路和较强的创新意识。

2. 知识要求

①掌握公益慈善管理专业基础知识，如管理学、社会学、经济学、法学、公共事业管理、公共政策学、社会保障学、伦理学等方面的知识；②掌握公益慈善管理专业知识，如公益慈善管理概论、公益组织内部治理和战略管理、公益项目管理和评估、筹资原理和技巧、投资理论与实务、公益营销、公益公关、公益传播、公益组织人力资源管理、公益组织财务管理等方面的知识；③掌握现代信息技术及社会调查和数据统计分析等技术和方法；④掌握调研报告、项目策划书（申请书）、评估报告、新闻报道以及各类文案的写作方法；⑤具有广泛的兴趣爱好、良好的人文素养和科学素养。

3. 能力要求

①具有公益慈善管理专业技能如具有项目设计、实施和评估的技能，资金筹集和资金管理的技能，公益营销和公关传播的技能，人力资源管理的技能，行内部治理和拟定战略规划的技能，等等；②具有较强的沟通协调能力、组织领导能力和社会活动能力；③具有较强的文字写作能力，熟练掌握一门外语；④具有较强的计算机软件应用能力，能适应"互联网+"时代对人才信息技术运用能力的

---

① 山东工商学院慈善管理本科专业人才培养方案［EB/OL］. 山东工商学院公益慈善学院官网，https://gggl.sdtbu.edu.cn/index/gycsxy.htm.

要求；⑤具备初级社会工作师、劝募员等职业资格能力。

（二）培养成果

浦江学院设立公共事业管理（公益慈善管理）本科专业已有五年，在运用工作本位人才培养模式培养公益慈善管理人才方面进行了有益探索，取得了一定成效。该校公益慈善管理专业首届毕业生60%以上被公益慈善组织聘用，不少毕业生被中国扶贫基金会、中国妇女发展基金会、阿拉善SEE基金会、爱德基金会、江苏省陶欣伯助学基金会、上海真爱梦想公益基金会、上海联劝公益基金会、深圳市慈善事业联合会等知名公益慈善组织录用，毕业生的工作表现受到用人单位的好评。

浦江学院人才培养的实践表明，工作本位人才培养模式是培养公益慈善管理人才的一条有效途径。工作本位模式将学习和工作紧密相连，有利于激发学生对公益慈善事业的认同，培育学生公益人品格。公益慈善行业要求它的从业人员具有较高的人品素质，这种公益人的品格单靠课堂理论教学难以培养，只有让学生置身于真实的公益活动情境，投身到生动的公益活动实践，才能使思想受到触动、情怀得到激发、觉悟得以提高，才能立志于从事公益慈善事业。工作本位模式强调"干中学"，有利于培养应用型人才。通过建立"实践→知识→实践"的学习模式，有利于提升学生的学习能力、知识运用能力以及分析问题和解决问题的能力，有利于将学生培养成应用型管理人才。工作本位模式要求学习内容安排和学习任务的设定应围绕与职业相关的各种知识和技能，在公益慈善管理专业课程设置上不仅设置公益慈善管理专业课程，还设置复合型人才需要的工商管理、社会工作等方面的课程，这有利于培养公益慈善行业需要的复合型的管理者和社会活动家、社会企业家。工作本位模式突出实践环节，把实践作为获取知识、学习技能的关键途径，将学习知识的过程与能力提升的过程统一起来，有利于提升学生的实际工作能力和岗位职业能力，能为学生毕业后走上公益慈善管理岗位提供较充分的综合能力准备和职业技能准备。

通过学历教育培养公益慈善管理人才是一项创新性工作。浦江学院在探索中也遇到了一些问题，如工作本位视域下的公益慈善管理人才培养如何与公益慈善学科建设有机衔接、工作本位培养模式的较高运行成本如何获得社会的持续支持、如何建立学校与社会组织的长期合作办学机制等，这些需要教育界和公益界进行进一步研究。

二、山东工商学院公益慈善学院慈善管理本科专业人才培养项目①

2018年7月，山东工商学院成立了国内首家公益慈善学院，该学院挂靠在该

---

① 山东工商学院慈善管理本科专业人才培养方案［EB/OL］. 山东工商学院公益慈善学院官网，https：//gggl. sdtbu. edu. cn/index/gycsxy. htm.

校公共管理学院下。学院最初是依托公共管理学院下的社会工作专业招收四年制慈善管理方向的学生，整体以"慈善管理+商科背景"为专业特色，重点培养学生慈善项目运营与基金管理能力。截至 2021 年 10 月，山东工商学院公益慈善学院已招收四批慈善管理专业方向本科生共计 120 名，三批硕士研究生共计 9 名。2021 年，该校向教育部申请在公共管理学科下设立本科公益慈善管理专业，并于 2022 年 2 月获得批准。同时，2021 年，山东工商学院获批成为公共管理硕士（MPA）人才培养单位，依托 MPA 项目培养公益慈善与社会治理方向的专业硕士。

山东工商学院公益慈善学院慈善管理本科专业教育培养方案如下：

（一）培养目标

通过"公益慈善管理+慈善基金管理"的复合式培养模式，系统掌握公益慈善管理专业知识，拥有公益慈善管理的核心能力，提升综合素质，实现公益慈善管理与慈善基金管理的交叉式复合，为公益慈善组织、企事业单位、党政机关等培养国际化高素质复合型、创新应用型专业人才。

（二）课程设置

（1）学科基础课：管理学、公共管理导论（双语）、公共政策学、公共伦理学、非营利组织会计学、微观经济学、公共经济学、社会保障概论、政治学、社会学、组织行为学、逻辑学、统计学、社会科学研究方法。

（2）专业核心课：公益慈善事业管理、公益慈善文化概论、公益慈善政策与法规、非营利组织管理、公益慈善项目管理、慈善组织人力资源管理、慈善筹资原理与技巧、公益慈善信托、投资学、公益慈善信息管理、公益慈善营销、公益慈善公关与传播。

（3）主要实践性教学环节：公益慈善项目管理、慈善组织人力资源管理、慈善筹资原理与技巧、公益慈善信息管理实训、公益慈善公关与传播、公益慈善管理案例分析、虚拟组织运行仿真实验、组织资源规划模拟、组织协调与沟通实验、公共部门绩效管理、社会工作实务、城市社区治理调查与实践、高级办公软件应用实训、办公行政管理及高级软件实训、行政职业能力开发与测评、社会保险经办管理、文献信息资源开发、文献综述写作、社会科学研究方法、社会调查、毕业实习和毕业论文等实践环节。

（三）培养成果

公益慈善学院成立以来，学院筑巢引凤，全力打造慈善管理研究团队。首先，学院聘请国内著名的慈善理论研究与慈善实践专家来校指导，协同学院老师研究公益慈善理论与实践领域的"真问题"。学院不仅特聘校外教授丰富学院教师结构，使学院科研、教学、管理水平迈向新的台阶，而且邀请公益慈善领域知名专家、学者以及知名人士来校开展讲座，传播先进公益理念，营造高品位、多元化的校园财商特色文化氛围，使在校学生开阔眼界、增长知识。学院邀请北京师范大学中国公益研究院院长王振耀教授等理论界专家来校开展讲座，提高学院老师的科研水平，并聘请这些专家为学院兼职教授。此外，邀请实务界中国基金会中心网总裁程刚理事长等专家前来"送经传宝"，并聘请这些专家为学院校外实践教师。现学院拥有公共管理一级学科硕士点，设有社会保障、行政管理、慈善管理三个方向，在校学术研究生 62 名；拥有公共管理专业硕士点（MPA），设有地方政府治理、公益慈善与社会治理、公共政策、社会保障四个方向。2021年，公共管理学科进入软科中国最好学科排名的第 92 名。

其次，搭建科研平台，成立中国第三次分配研究院，设立共同富裕与乡村振兴研究中心、基金会发展研究中心等智库机构，运用综合性知识结构和理论研究能力，协助党和政府进行科学民主依法决策。

再次，每月定期举办慈善沙龙，协同学校各学科力量，在校内营造百家争鸣的科研氛围，通过思想碰撞，触发公益慈善研究的灵感。

最后，学院聚焦慈善领域研究发表了系列论文，获批多项国家级省部级课题，编纂出版研究报告《山东省慈善发展研究报告（1978-2020）》，专著《近代烟台公益慈善史》《财富管理数字化转型》《促进第三次分配的财税政策研究》，译著《美国公立综合大学：大学校长筹款角色探索性研究》等。学院还组织编辑内部刊物《公益慈善学刊》《公益慈善政策法规汇编》，夯实研究基础。

在百年未有之大变局下，学院紧扣时代发展面临的难题，形成"慈善管理+第三次分配""慈善管理+乡村治理""慈善管理+社会治理"等多个交叉学科研究团队，聚焦慈善管理特色发展，探索慈善管理参与国家治理现代化的有效路径。

三、浙江工商大学英贤慈善学院慈善管理本科专业人才培养项目①

2021 年 11 月，浙江工商大学英贤慈善学院经上级批准成立；同年，经批准设立慈善管理目录外二级博士硕士学位授予点。2022 年，教育部批准新增慈善管理（专业代码为 120418T，管理学）本科专业。浙江工商大学英贤慈善学院成为我国第一家培养国民教育系列本、硕、博慈善管理人才的学院。

（一）培养目标

慈善管理专业旨在培养具有坚实的慈善品质、先进的慈善理念、突出的专业

---

① 浙江工商大学慈善管理本科专业人才培养方案［EB/OL］. 浙江工商大学英贤慈善学院官网，http：//philanthropy. zjgsu. edu. cn/？Undergraduate. html.

能力和远大慈善事业抱负，面向我国现代慈善管理行业转型升级的应用型、复合型卓越慈善管理人才。

（二）特色课程

学院以现有研究方向为基础，紧密对接国家重大战略，吸收学科专业前沿理论，根植中国实践，开发具有创新性和引领性的慈善管理学科体系和课程体系。慈善管理专业依托公共管理、工商管理、应用经济、法学等浙江工商大学优势学科的交叉融合，在课程设置上包含慈善管理的学科共同课、专业核心课程、专业选修课等各类课程。主要特色课程包括：慈善伦理、志愿服务原理、非营利组织管理、慈善法规与政策、项目管理、筹款原理与实务、全球慈善发展、财富管理等。

（三）培养方向

第一，全球慈善。此方向旨在培养具有国际化视野和能力，能够在国际组织或外国在华社会组织任职的专业人才。核心课程包括全球慈善发展、国际发展概论、欧美慈善组织等。第二，慈善组织。此方向旨在培养能够在慈善组织开展项目管理、运营工作的人才。核心课程包括公共部门绩效管理、公共危机管理、项目评估、公共部门战略管理、新媒体营销、战略品牌管理等。第三，企业慈善。此方向旨在培养能够在大中型企业制定企业的社会发展战略、开展慈善传播、谋划企业社会责任履行、推动企业与社会可持续发展的专业人才。核心课程包括企业社会责任、社会企业和影响力投资、基础创业实训、企业基金会实务、行业协会商会管理实务等。第四，慈善金融。此方向旨在培养能够在大型基金会等机构开展基金管理工作的人才。核心课程包括慈善信托、财务管理、风险管理与内部控制、投资与保值增值、普惠金融等。

（四）培养特色

（1）全谱系学历。拥有慈善管理专业本科、硕士、博士完整的人才培养体系，开创了我国高等慈善教育的先河。

（2）学科交叉融合。融合工商管理、公共管理、财会、金融、经济、法学、统计学、外语等优秀学科课程，形成慈善管理的课程特色。

（3）双导师制度。为学生配备两名指导教师，包括专业导师和实务导师。实务导师由知名慈善组织领导人担任。为此，英贤慈善学院已聘请了数十名国内知名社会组织领导人作为教学的实务导师。每一名学生都会配备校内导师及校外实务导师，目的是使学生在完成学业的同时，很快就能适应用人单位的需求，同步了解社会发展的实际状况。

（4）长时间实习。与国内头部慈善组织签订教学实习基地，在培养周期内安排学生开展为期3~6个月的长时间实习。

（5）国际化视野。英贤慈善学院已经同全球第一家慈善学院——美国印第安纳大学礼来家族慈善学院建立合作，学生可以赴美进行交换学习半年，获得对方学校的学分；双方的慈善学院共同教学，同时开设一门课程，由双方的教师同时授课，双方的学生同时上课，让国内的在校学生不出国门也可以享受到留学的教育；学生也可以选择对方学校研究生课程，为留学做好准备；学生可以选择对方的网络课程，同样可以获得相应的学分；短期访学项目，学院每年都要赴欧洲、美国开展短期访学活动。除此之外，英贤慈善学院还为每位慈善管理专业的学生在校学习期间提供出国访学机会，以此让学生们了解全球慈善发展、开阔国际化视野，甚至参与到国际慈善组织中来。①

四、慈善管理本科人才培养成果总结

中国高校公益慈善教育已经由起步阶段跨入加速发展阶段。在 2012 年以来的起步阶段，中国高校公益慈善教育开始由学术人才培养和理论传播拓展至行业人才培养，并出现多种公益慈善专业教育模式；自 2019 年以来，高校公益慈善教育明显加速，专业教育项目和通识教育课程开始得到系统推进，公益慈善教育的高校社群开始形成。

目前我国共有 35 所高等院校开展了公益慈善专业教育，呈现出多元化发展的格局。在这 35 个教育项目中，本科项目有 10 个。《中国高校公益慈善教育发展报告 2021》估算，有超过 200 家高等院校开设非营利组织与公益慈善相关课程。其中，针对本科生的通识教育课程在内容设置上以社会创新创业居多，其次为公益慈善导论，非营利组织管理较少。与专业课程相比，通识课程更加侧重于公益创新创业的启蒙，组织管理层面较少深入。

此外，本土知识积累得到了加强，夯实了具有中国特色的公益慈善学科基础。虽然专业教育是以社会分工和人才需求为导向的，其根基却是研究及学科发展所积累起来的知识体系。国内现有公益慈善教育涉及公共管理、工商管理、社会工作乃至法学等不同学科背景，学科基础和知识体系庞杂。不同学科背景的院校、学者彼此协同，在尊重各自学科特色的同时，共同构筑慈善专业教育的核心知识体系。此外，相对核心的"非营利组织管理""社会创新创业"等课程也逐渐有了自己的教材，使课堂上的慈善知识真正得到了中国特色慈善事业的滋养。②

---

① 浙江工商大学英贤慈善学院——社会活动家的摇篮［EB/OL］. 搜狐网，（2022 - 06 - 28）. https://www.sohu.com/a/561792046_693376.

② 高校开设慈善管理专业，还需要实现"三个突破"［EB/OL］. 微信公众号 . http：//philanthropy. zjgsu.edu.cn/？Undergraduate.html.

第二章　山东工商学院公益慈善学院慈善管理本科专业人才培养方案设计

第一节　慈善管理本科专业人才培养方案的修订历程（大事记）

　　自 2018 年学院开设"公益慈善事业管理"实验班以来，专业人才培养方案历经数次修改，每次修改前都与行业专家进行深入交流，并经过了反复的研讨与论证。

　　数年来，紧密围绕慈善管理人才培养方案，学院进行了多次论证和修订工作，使慈善管理人才培养方案逐步完善。

　　第一次人才培养论证会于 2018 年 8 月 11 日召开。来自政府、企业和高校的 12 位专家、学者受邀出席。为 9 月入学的第一届慈善管理本科实验班学生提供人才培养方案，要求在培养过程中不断观察、收集相关资料，为以后人才培养方案修订提供数据支持。

　　第二次人才培养论证会，主要是针对研究生慈善管理方向的，于 2019 年 9 月 21 日召开。研讨会邀请了北京大学政府管理学院原书记周志忍教授、西安交通大学公共管理学院原院长朱正威教授、清华大学公益慈善研究院副院长李勇教授等国内知名专家，并一致赞同在公共管理一级学科硕士点增设慈善管理方向，为社会培养急需的研究人才。

　　2021 年 6 月 17 日，学院召开新文科背景下公共管理类一流专业建设研讨会，这也是第三次人才培养方案修订。近 20 名公共管理学界专家，线上、线下共同研讨公共管理类一流本科专业建设，特别是肯定了慈善管理本科专业近四年来的积极探索，支持向教育部申报慈善管理新专业。

　　在多次修订的基础之上，学院逐渐形成了对行业动态和社会需求的充分认识，这些实践与认知对于完善方案具有十分重要的意义。以下为慈善管理专业人才培养方案的详细修订历程。

2018 年 4 月 19 日至 22 日：

时任山东工商学院公共管理学院院长于秀琴教授、副院长蔺雪春、社会工作教研室主任赵书亮博士赴北京师范大学、清华大学、国家行政学院等单位进行公益慈善事业管理专业建设主题调研。

2018 年 5 月 24 至 25 日：

在时任党委书记白光昭的领导下，于秀琴一行前往北京拜访中国人民大学、亚洲金融合作协会、中国银行业理财登记托管中心、中国光大集团等单位，调查有关公益慈善事业管理人才需求状况。

2018 年 6 月 1 日：

应公共管理学院邀请，清华大学公益慈善研究院助理院长李勇教授一行来到山东工商学院公共管理学院，针对公益慈善事业管理专业人才培养方案等进行意见交流。

2018 年 6 月 8 日：

上海师范大学慈善与志愿服务研究中心主任、全国志愿服务专家张祖平教授来到山东工商学院，师生 20 余人、公益慈善实践机构伙伴 10 余人共同参加了座谈。山东工商学院公益慈善的教育教学、研究团队逐渐形成。

2018 年 7 月 8 日：

公共管理学院召开校外实践导师聘任仪式暨应用型人才培养研讨会，面向社会政府相关部门，将社会组织实践领域的优秀人才请进课堂、请进学校，同学院教师科研团队一起研究，加大"双师型"教师力量，提高应用型人才培养质量。

2018 年 7 月 14 日：

山东工商学院公益慈善学院成立暨合作协议签约仪式隆重举行。公益慈善学院的成立为服务社会治理能力现代化培养高素质应用型人才，现挂靠公共管理学院，从事公益慈善事业管理本科、硕士层次人才的培养。

2018 年 8 月 11 日：

山东工商学院公益慈善事业管理本科专业人才培养方案发布，包括培养目标、课程体系等内容。

2018 年 11 月 1 日：

于秀琴赴深圳国际公益学院调研，了解了社会办学优势，并观摩教学等；同时，去招商银行总部调研，以及与多个校友联系互动。

2018 年 11 月 10 至 11 日

学院调研组到北京开展以公益慈善事业管理专业建设为主题的调研活动，主要内容包括：拜访深圳国际公益学院北京教学点；参加敦和基金会北京办事处

"敦和雅集：公益慈善学历教育圆桌会议"；前往环境保护部绿色消费与绿色供应链联盟开展生态环境保护主题洽谈会等，与公益慈善同行广泛接触并交流。

2018 年 11 月 10 日：

在深圳国际公益学院北京教学点拜访王振耀院长，对方就公益慈善事业管理专业建设提出建议，并于 12 日拜访哈佛大学公共管理学院的托尼教授和艾德文教授。

2019 年 2 月 6 日：

学院领导前往山东蓬莱，拜访北京师范大学陶传进教授，就公益慈善事业管理、教材编写征求其意见。

2019 年 2 月 20 日：

于秀琴一行前往北京与中国社会福利基金会理事长戚学森、中社社会工作发展基金会理事长赵蓬奇、智惠乡村志愿服务中心负责人孙毅等，就致力于开展学习交流、学生培养、项目合作等方面进行了交流与探讨。

2019 年 5 月 13 日：

中社社会工作发展基金会理事长赵蓬奇、中国 SOS 儿童村协会会长李进国应邀来到山东工商学院，与公共管理学院（公益慈善学院）师生就公益慈善事业管理本科专业的课程建设座谈交流。

2019 年 5 月 15 日：

公共管理学院（公益慈善学院）院长于秀琴及公益慈善教研室教师代表组成调研组赴南京大学社会学院开展调研活动，拜访南京大学社会学院社会工作与政策系彭华民教授，吸取其教学研究经验。

2019 年 5 月 17 日：

邀请北京师范大学陶传进教授做公益慈善讲座。陶教授围绕"散财""流程化公共服务""社会服务""公共治理""社会整体勾勒与创新"五个方面，分析了当前公益慈善及社会工作事业的发展现状，帮助学生更好地理解社会工作及公益慈善事业。

2019 年 5 月 30 日：

于秀琴随时任校党委书记白光昭一行到中国行政管理学会拜访执行秘书长鲍静，并就公益慈善特色的公共管理学科发展交流意见。

2019 年 5 月 30 日：

于秀琴随时任学校党委书记白光昭一行到清华大学公益慈善研究院考察交流。山东工商学院的超前布局及聚焦特色发展的决策部署得到了清华大学公益慈善研究院院长王名的赞赏。双方围绕学科建设、人才队伍建设、课题合作、产学研协同研究等多方面的工作进行了深入交流，并就公益慈善领域的研究等事宜达成了合作意向。

2019 年 5 月 31 日：

于秀琴和赵书亮去北京社会管理学院，参加公益慈善人才培养论坛，并在会议上进行主题发言。

2019 年 9 月 7 日至 9 日：

山东工商学院社会工作专业（含公益慈善事业管理方向）部分教师及社会工作专业几十位学生参加了"国学筑梦，教育扶贫"99 公益日实践活动。

2019 年 9 月 21 日：

山东工商学院公共管理学院（公益慈善学院）召开了研究生人才培养暨学科发展研讨会。本次研讨会邀请了北京大学政府管理学院原书记周志忍教授、西安交通大学公共管理学院原院长朱正威教授、清华大学公益慈善研究院副院长李勇教授等国内知名专家参会。

2019 年 9 月 22 日：

十三届全国政协委员、中国社会科学院世界社保研究中心主任郑秉文教授受聘成为山东工商学院兼职教授。时任校党委书记白光昭为郑教授颁发聘书。负责人及全体教师参加研讨会。郑教授为学校师生作了"公益慈善与家族财富传承：社会保障视角"的专题讲座。

2019 年 12 月 9 日至 11 日：

清华大学公益慈善研究院院长王名教授一行应邀到山东工商学院进行学术交流。9 日下午，王名教授在学术会堂作了"公益慈善与社会治理现代化"专题报告，时任党委书记白光昭主持报告会，校长杨同毅向王名教授颁发兼职教授聘任证书。报告会结束后，王名教授一行来到公共管理学院会议室，针对公益慈善学科建设、教材开发、机构合作和专业人才培养方案制定和执行等提出指导性建议。

2020 年 3 月：

山东工商学院教师蔺雪春等在《中国校外教育》发表《正规高学历公益慈善事业人才联合培养的可持续问题》一文。

2020 年 7 月 18 日：

于秀琴应邀与烟台弈名教育基金会理事长陈弈如以及常务理事们举行座谈会。座谈会上，双方讨论了教育基金项目设计以及可持续发展所需要的平台，探索了高等教育脱离实践的问题以及解决这个问题的理念、途径、方法等，探讨了高校与社会组织、企业发挥各自优势，融合发展培养应用型人才的机制，特别是关注大学生创新创业项目，鼓励大学生接触社会，培养创新创业思维和能力。此外，山东工商学院作为全国第一家创办公益慈善事业管理本科专业的公立高校，也得到了基金会常务理事们的一致赞许。

2020 年 8 月：

于秀琴主编的慈善教育书籍——《公益慈善项目管理及能力开发》，由清华大学出版社出版。

2020 年 9 月 4 日：

公共管理学院举行公益慈善论坛，中国基金会中心网总裁程刚教授分别与公益慈善事业管理专业的老师和学生进行了交流，并受聘为山东工商学院公共管理学院兼职教授。

程刚教授在与公益慈善事业管理方向的本科生交流的过程中，倾听了学生们的想法、问题和困惑，用自己的经验和学识深入浅出地为学生们答疑解惑、指点迷津。程刚教授讲到，首先要正确理解公益慈善的内涵，深入理解第三次分配视角下公益慈善的重要作用，鼓励学生们要风物长宜放眼量，树立更远大的理想，用自己的努力和优异表现争取去更广阔的平台历练成长，并分享了自己多年来从事公益慈善领域推广的经验，简要介绍了西方发达经济体的公益慈善现状，开阔了学生们的视野，增强了学生们的自信心。

程刚教授与公益慈善教研室的教师们进行了座谈，深入了解了公益慈善专业在教学、科研方面的探索实践以及存在的问题和困惑。他结合自己多年从事公益慈善实务工作丰富的经验和深入的思考，为学校公益慈善专业的发展提出了建议。他建议在财富管理视角下，探索商科融合的特色公益慈善事业管理发展的路径；并提到，公益慈善领域目前尚未发展成熟，还有很大的理论研究和实践空间，鼓励老师们结合自身的特点和研究所长，选准各自的研究方向和研究领域，大胆探索，积极尝试，多交流学习，做到科研教学双丰收，与公益慈善事业共发展、共成长。

2020 年 9 月 18 日至 19 日：

山东工商学院公共管理学院（公益慈善学院）院长于秀琴与副院长王鑫、公益慈善教研室主任赵书亮老师、公益慈善专业研究生及本科生一行应邀前往深圳参加了由民政部、国务院扶贫办、全国工商联、广东省政府、深圳市政府、中国慈善联合会等共同主办的"第八届中国公益慈善项目交流展示会"。

9 月 19 日，于秀琴又带领团队前往北京师范大学珠海分校——宋庆龄公益慈善中心调研，参与中心公益慈善班举行的特色活动，并深入了解公益慈善班的招生选拔、教学培养等事宜。

2020 年 10 月 14 日：

公共管理学院副院长王鑫在山商书苑开展公益慈善大讲堂，主题为"公益慈善和我们向往的生活"。本次讲座中，王鑫副院长就公益慈善是什么、公益慈善给我们的生活带来了什么变化、公益慈善在我们向往的生活中的作用和意义有哪些、公益慈善跟大学生的关系有哪些、对大学生的未来有哪些积极的影响等问题做了详细全面的解答，并带领大家认识、接触了公益慈善事业，为大家提供了一种新的了解社会、认识社会的途径。

2020 年 11 月 6 日：

学院领导跟随时任校党委书记白光昭一行五人，前往上海宋庆龄基金会参观调研，上海宋庆龄基金会秘书长张鸣女士、副秘书长张厚业，中国基金会基金网程刚理事长参加了此次调研。首先，白光昭简要介绍了山东工商学院的发展历史、第三次党代会以来的财商教育特色发展之路，以及公益慈善学科发展的基本情况；介绍了山东工商学院成立中国第三次分配研究院以及取得的相关科研成果；强调了加强公益慈善事业管理本科专业人才培养的重要作用，特别是全面建成小康社会以后该专业有广阔的发展前景，可以弥补公益慈善领域缺乏的高素质复合型、应用型人才的问题，改善该领域人才专业性不强的局面，希望双方能针对公益慈善领域的人才培养发挥各方的优势，共同推动新时代新阶段中国特色的社会主义公益慈善事业发展。其次，程刚理事长简单介绍了北京师范大学珠海分校在公益慈善事业管理人才培养的背景和八年合作的经验，并希望以后有机会与山东工商学院合作培养财商特色的公益慈善事业管理人才。社会急需这类人才。最后，上海基金会秘书长张鸣女士表达了对山东工商学院一行调研团队的欢迎，对学院近年来的财商教育特色发展成效尤其是公益慈善教学科研的探索实践表示了高度的肯定。她还介绍了宋庆龄基金会的基本情况及马上编撰"十四五"规划的急迫性，张鸣女士对双方未来进一步的合作，共同推动公益慈善领域的发展表示了积极的合作意愿并充满了信心。一起参加调研的王艳明副校长，公益慈善学院院长于秀琴、副院长王鑫也纷纷表态，愿意为公益慈善事业管理人才培养做出贡献，不辜负合作方的期望，共同探讨开放办学的体制机制。

2020 年 11 月 19 日：

举办了"公益慈善与社会创业"主题讲座。此次讲座由公共管理学院（公益慈善学院）教研室主任赵书亮老师担任开讲嘉宾。公益创业的出现标志着一个社会朝着公民社会方向发展。公益创业是一片"蓝海"，它将成为大学生生涯发展的一种新选择。在本次讲座中，赵书亮向学生讲述了中国公益慈善事业的发展历史、社会组织概念及分类辨析、公益慈善项目管理概述、中国公益慈善项目大赛内容和主题、如何设计项目方案和通过创业带动扶贫等内容。本次的交流学习，让学生对公益慈善事业有了更深一步的了解，也使学生进一步了解了公益慈善事业，激发了学生对公益创业的兴趣，提高了学生通过创业带动扶贫的信心，增强了学生参与公益创业的意识，同时也为学生的就业开辟了一个崭新的天地。

2020 年 11 月 20 日至 12 月 4 日：

山东工商学院举办了"我眼中的公益慈善"征文活动。本次活动面向学院

2020 级全体同学，比赛伊始，学生们积极报名，经过初赛的层层筛选，最终评选出 15 名学生进入决赛。本次决赛邀请到了 2020 级辅导员刘芷廷老师，经过刘老师等 6 位评委当场评审打分，最终评选出一等奖一名、二等奖两名、三等奖三名。

2021 年 3 月 19 日：

烟台市首家社区学院在奇山街道塔山社区红色小院启动。烟台市民政局社会组织管理局局长赵铭锴，芝罘区副区长曲岳斌、芝罘区区委组织部副部长王巧善、芝罘区民政局副局长张亚华、芝罘区奇山街道党工委书记谢雨笑，山东工商学院公共管理学院院长于秀琴教授及相关教师学生代表参加启动仪式。启动仪式上，"社区学院"和"产学研合作基地"相继揭牌。

2021 年 4 月 9 日：

时任校党委书记白光昭带领学院领导前往中华慈善总会调研，中华慈善总会边志伟秘书长和苏辉副秘书长全程陪同。白光昭首先介绍了山东工商学院的发展史、以财富管理为特色的学科发展和财商教育现状，以及三年来取得的成绩和搭建的平台，希望将来能与慈善总会建立合作联系，相互取长补短，共同促进我国公益慈善事业管理专业化、规范化、高质量发展，并介绍了山东工商学院公益慈善事业管理的建设情况和取得的成果。其次，于秀琴重点介绍了山东工商学院近两年在公益慈善领域的教学实践和研究探索。再次，边志伟秘书长介绍了我国慈善事业的重要性和未来发展趋势以及慈善总会近年来的发展和项目运行情况，高度肯定了山东工商学院办学特色，赞扬其在公益慈善领域的大胆探索和实践，特别是开创了我国第一家公办高校培养公益慈善事业管理本科人才先例，弥补了我国空缺。最后，边秘书长提出愿与山东工商学院合作，欢迎学校师生来慈善总会实践交流，共同推进公益慈善事业的发展。双方初步达成了合作意向。

2021 年 5 月 17 日：

时任公共管理学院（公益慈善学院）院党总支书记董艳、院长于秀琴、副院长王鑫带领公益慈善学科团队前往陕西师范大学教育实验经济研究所调研，并签订战略合作协议。院长于秀琴介绍了山东工商学院及学院基本情况。陕西师范大学教育实验经济研究所（Center for Experimental Economics in Education at Shaanxi Normal University，CEEE）所长史耀疆教授介绍了基本情况。在调研中，双方领导在学科建设、人才培养、服务社会和科学研究领域等方面达成共识，在乡村振兴、乡村教育、社区公益、社会工作、公益慈善项目评估等领域就课题研究、平台资源共享、研究生人才培养、教师进修等方面达成进一步深化合作的意见，并签署战略合作协议。

2021 年 6 月 4 日：

山东工商学院（公益慈善学院）院长于秀琴、副院长王鑫拜访了中国公益研究院院长王振耀教授。王振耀教授对山东工商学院公益慈善学院前期开展的各项工作给予了肯定，并对其未来的人才培养、教学科研、公益慈善领域培训课程设计和开发等工作进行了全面的指导。于秀琴院长一行还拜访了基金会中心网程刚理事长，双方就"三个一工程"的合作、公益慈善事业的发展以及人才培养模式等展开了深入的讨论和交流。

第二节　山东工商学院慈善管理本科专业人才培养方案的设计依据

慈善管理本科专业人才培养方案的设计充分考虑了行业需求，按照学院的统筹规划和工作指导，并结合实际情况。最新版的培养方案的依据如下：

关于编制 2021 版本科专业人才培养方案的指导意见

（院发〔2021〕24 号）

为贯彻全国全省教育大会及本科教育工作会议精神，落实《关于加快建设高水平本科教育全面提高人才培养能力的意见》（教高〔2018〕2 号）、《教育部关于深化本科教育教学改革全面提高人才培养质量的意见》（教高〔2019〕6 号）等文件的要求，以新时代高等教育高质量发展为主题，以高水平应用型大学建设为契机，积极实施"六卓越一拔尖"计划 2.0，推进新工科、新文科建设，进一步深化本科教育教学改革，创新人才培养模式，提高人才培养质量，在全面总结2017 版人才培养方案实施情况的基础上，通过广泛调研学习，结合学校实际，制定本指导意见。

一、指导思想

以习近平新时代中国特色社会主义思想为指导，深入贯彻党的十九大和十九届二中、三中、四中、五中全会精神，培根铸魂，启智润心，以立德树人为根本任务，全面贯彻党的教育方针，坚持"以人为本"，推进"四个回归"，以提高教育教学质量为核心，以高水平应用型专业建设为着力点，创新人才培养模式，全面提升人才培养质量，培养德智体美劳全面发展的社会主义建设者和接班人。

二、基本原则

（一）坚持立德树人

以立德树人为根本，以培育德智体美劳全面发展的社会主义建设者和接班人为培养目标，把立德树人融入思想道德教育、文化知识教育和社会实践教育各环节，把立德树人内化到专业培养目标、毕业要求和课程设置等方面，深入发掘和提炼专业及课程中所蕴含的思政元素和德育功能。在传授专业知识的同时，强化科学精神和职业道德教育。通过社会实践活动，增强学生对社会的认知感和责任感。

（二）坚持全面发展

科学设置模块化选修课程，提供多样化的培养形式和成才途径。积极拓展学生专业自主选择空间，优化辅修学位（专业）设置，促进跨学科复合型人才成长，为学生创造更好发展环境。建设美育课程，提升学生的审美与知美能力；开设通专结合的劳动教育类课程，各专业结合实习实训等方式，培养学生社会主义劳动价值观，提高学生的劳动能力。

（三）坚持专业标准

按照《普通高等学校本科专业类教学质量国家标准（2018 年）》（以下简称《国标》）的基本要求，对标专业认证标准，遵循当前高等教育发展的客观规律和基本趋势，对各专业培养方案的整体框架和课程体系进行优化调整。

（四）坚持能力导向

充分认识和把握未来经济社会和行业发展对专业人才知识、能力、素质等方面的新要求，面向市场，紧扣行业准入要求，充分吸收借鉴国内外知名高水平大学先进经验，紧密结合学校高水平应用型大学办学定位，科学地确定专业人才培养目标定位与能力要求。

（五）坚持学科交叉

按照新文科和新工科的建设要求，加快改造升级传统优势专业。继续推进跨学科交叉的新专业建设，加快开发跨学科专业融合课程，扩大学生跨专业融合的课程选择，注重学科交叉培养；持续加大专创融合力度，增强科教融合、产教融合和跨界融合，深化创新创业教育。

（六）坚持财商教育特色

实施财商教育特色，建设财富管理和公益慈善方向课程，提升学生的财经素养和财商意识，培养财富管理和公益慈善管理专业人才，构建"素质教育+专业教育+财商教育+创新创业教育"的复合型人才培养模式。

三、人才培养要求

（一）目标定位与基本要求

1. 目标定位

培养综合素质"高"、财商学养"厚"、学科专业基础"实"、创新创业能力"强"的高水平应用型人才。各学院可根据自身的学科特点和社会需求，确定具体的专业人才培养目标。

2. 基本要求

（1）热爱祖国，具有良好的道德修养、职业素养、法治意识和社会责任感；努力践行社会主义核心价值观，有为国家富强、民族昌盛而奋斗的志向和责任感；具有良好的人文社会科学和自然科学素养及国际化视野。

（2）具有完整的知识结构，掌握本专业的基础知识、基本理论、基本技能，具有自主学习，不断接受新知识、新理论、新技术的能力，具有运用专业知识分析和解决问题的能力及开拓创新的精神，具有从事本专业业务工作的能力和适应相关专业业务工作的基本素质与能力。

（3）掌握一定的国防、安全、卫生等基础知识和技能，具备健全的心理和健康的体魄，拥有较高的文化品位和高尚的审美情趣。

（二）具体要求

1. 学分构成与标准

为推动第一课堂与第二课堂相互促进、相互融合，加强学生创新创业精神和实践能力的培养，学校通过第一、第二课堂两份成绩单客观记录、认证学生在校期间的学习、活动的经历和成果，为学校人才培养评估、学生综合素质评价和社会单位选人用人提供重要依据。

各专业第一课堂总学分包括理论教学学分和实践教学学分，其中文学学科专业总学分不超过150学分；经济学、管理学、法学、理学不超过16学分；工学学科专业不超过170学分。每学分对应16课堂学时（体育类每32学时1分）。分散进行的实践教学2周（不少于64学时）计1学分，集中进行的实践教学1周（不少于32学时）计1学分。实践教学经管文法类专业学分比例不低于25%，理工类专业实践学分比例不低于30%，工科专业的实践环节学时学分安排要满足专业认证要求。

第二课堂实践在引导学生坚持以第一课堂学业为主的同时，针对学生对于第二课堂活动在思想成长、就业创业、创新创造、社会实践、志愿公益、文艺体育、身心情感、工作履历、技能特长、劳动实践等方面的普遍需求，进行工作内容、项目供给和评价机制的系统设计和整合拓展。第二课堂实践由团委和二级学院联合组织实施，每个本科生在校期间采用学分式评价和记录式评价相结合的方式计入学生的"第二课堂成绩单"。（具体规定见《山东工商学院"第二课堂成绩单"学分认定及实施办法》）

2. 课程体系与学分分配

此次人才培养方案课程体系为4-2-2模式，即四阶梯、两能力、两素养：四阶梯即公共基础教育—学科基础教育—专业教育—素质拓展教育；两能力即专业能力和创新创业能力；两素养即数字素养和财商素养。

明确课程计划与培养目标的对应关系。按照知识、能力、素质结构的内在联系和教育教学规律，构建由公共基础课、学科基础课、专业核心课、专业拓展课等组成，必修与选修课程、理论与实践课程结构合理，课程之间、课程模块之间有机衔接的课程体系。要对应培养规格，科学设置课程，明确课程内容，规范课程名称，明晰课程功能，建立课程与培养要求的对应关系矩阵。梳理专业课程体系模块及课程之间的前修后续关系，明确指导学生修读课程，形成课程流程图。

　　按照"公共基础+学科专业教育"构建教学体系，课程设置要保证学年学期的学分、周学时分配均衡合理，每学期课程设置一般为20~25学分，每周20~25学时。课程体系与学分分配详见表2-1。

表2-1　课程体系与学分分配情况表

课程模块	课程类别		学分分布			备注
			总学分	理论	实践	
公共基础	思政类课程（必修）		16	14	2	
	外语类课程（必修）		10			
	数字素养类课程（必修）		3~6			计算机基础、区块链、大数据、人工智能与智慧制造等
	数学类课程（必修）		3	3		文法类专业
			8	8		公共管理类专业
			14~24	14~24		校企合作、中外合作办学、春季招生等经管类专业
			14~18	14~18		经管类专业
			16~20	16~20		工科类专业
	军事类课程（必修）		4	2	2	包括2学分军事理论课和2学分军训
	体育类课程（必修）		4			
	美育类课程（必修限选）		2			
	劳动教育类课程（必修限选）		2			
素质拓展类课程	财商素养类课程（限选）		2~4			包括财富管理模块和公益慈善模块
	文化语言类课程（限选）	大学语文（必修）	2	2		包含中国传统文化和公文写作两模块
		外语语言应用（必修）	2	2		
	创新创业教育类课程（限选）		4			《职业生涯规划与就业指导》必修
	开放选修课程（自选）		2~4			

续表

课程模块	课程类别	学分分布			备注
		总学分	理论	实践	
学科专业教育	学科基础课（必修）				必修
	专业核心课（必修）				必修
	专业拓展课（选修）				自选，提供 1.5 倍左右选修课程
	专业实践（必修）				

四、课程模块设置及说明

（一）公共基础课程

公共基础课程包括公共基础必修课程和公共基础选修课程两类课程。

1. 公共基础必修课程

公共基础必修课原则上是各专业必须修读的课程，包括思想政治理论课、体育类课程等。其中外语类、数学类、数字素养类等课程，专业设置类似课程的可不开设。

（1）思想政治理论课（以下简称思政课，16 学分）。

思政课按照《新时代高校思想政治理论课教学工作基本要求》（教社科〔2018〕2 号）和《新时代学校思想政治理论课改革创新实施方案》（教材〔2020〕6 号）的文件要求执行，包含理论和实践两部分。详见表 2-2。

表 2-2 思想政治理论课学分构成

序号	课程类别	总分	理论学分	社会实践学分
1	马克思主义基本原理	3	2.5	0.5
2	毛泽东思想和中国特色社会主义理论体系概论	5	4.5	0.5
3	中国近现代史纲要	3	2.5	0.5
4	思想道德与法治	3	2.5	0.5
5	形势与政策	2	2	0
合计	—	16	14	2

（2）外语类课程（10 学分）。

大学英语实施分级与个性化教学，第一、二学期每学期 3 学分，第三、四学期每学期 2 学分，第四学期为专门用途英语与跨文化类课程。具体要求详见《外语类课程教学实施方案》。

（3）数字素养类课程（3~6学分）。

包括"大学计算机"及计算机程序设计类课程、区块链、大数据、人工智能与智慧制造等课程。其中"大学计算机"为经管类专业必修课。具体要求见《数字素养类课程教学实施方案》。

（4）数学类课程（3~24学分）。

数学类课程（理学类专业除外）采取分类教学模式，鼓励文学、法学专业学生修读，各专业可根据学生需求，确定课程。详见表2-3。

表2-3　数学类课程学分构成

课程类别	学分	备注
大学文科数学	3	建议文法类专业开设
微积分Ⅰ	3~5	数学学院提供课程教学实施方案，各专业自行选择
微积分Ⅱ	3~5	
线性代数	3~4	
概率论与数理统计	3~4	
高等代数Ⅰ	6	
高等代数Ⅱ	6	
高等数学Ⅰ	5~6	
高等数学Ⅱ	5~6	
数学分析Ⅰ	6	
数学分析Ⅱ	6	

（5）体育教育类课程（4学分）。

体育类课程采取分项目教学模式，四年不断线，贯穿体育俱乐部教学、体质健康测试及课外体育锻炼与竞赛，培养终身体育锻炼习惯。"体育"（一）至（四）各1学分，32学时，分四个学期，在第一、二学年开设。实行体育达标基础上的体育俱乐部制，学生可选择足球、篮球、排球、网球、羽毛球、乒乓球、健美操、武术、散打、轮滑、瑜伽、毽球等中的一个"俱乐部"进行学习和训练，达到规定时间要求，并通过考核测试取得相应学分。学生四年体育成绩评定突出过程管理，可以根据考勤、课内教学、课外锻炼活动和体质健康等情况综合评定。

（6）美育教育类课程（2学分）。

美育即审美教育，开设美育类课程的目的是激发学生对美的兴趣，提高对美的感知力、鉴赏力、理解力和创造力。按照《山东工商学院美育教育实施方案》要求，美育类课程由团委和人文与传播学院组织实施。

（7）劳动教育类课程（2学分）。

劳动教育是发挥劳动的育人功能，对学生进行热爱劳动、热爱劳动人民的教育活动。按照《山东工商学院全面加强大学生劳动教育实施方案》要求，劳动教育类课程由学生处组织实施。

（8）军事类课程（4学分）。

军事类课程让学生了解掌握军事基础知识和基本军事技能，增强国防观念、国家安全意识和忧患危机意识，弘扬爱国主义精神、传承红色基因、提高学生综合国防素质。军事类课程包括军事理论课和军训两个模块，每个模块2学分，共计4学分。由武装部组织实施。

2. 公共基础选修课程

公共基础选修课程为素质拓展类课程，包括财商素养、文化语言、创新创业教育、开放选修等模块。坚持学科相远①原则，学生依个人学习兴趣，跨学科、专业自由选择修读课程，其中理工科专业学生须修满14学分，其他学科专业学生须修满16学分。选修课实行单双学期循环开设。其中：

（1）财商教育类课程（2~4学分）。

财商教育类课程分为财富管理和公益慈善两个模块，学生每个模块任选2学分。财富管理模块由金融学院组织实施，公益慈善模块由公共管理学院组织实施。

（2）创新创业教育类课程（4学分）。

创新创业教育类课程，包括必选课"职业生涯规划与就业指导"32个理论学时，2学分，由招生就业处组织实施。其他创新创业类课程计2学分，由创新创业学院组织实施。

（3）文化语言类课程（4学分）。

文化语言类课程，包括大学语文和外语语言应用两个模块，每个模块32个理论学时，2学分。

大学语文包括中国传统文化和公文写作两个模块。全校所有专业在第一学期开设"大学语文Ⅰ"（中国传统文化），16个理论学时，1学分；全校所有专业在第二学期开设"大学语文Ⅱ"（公文写作），16个理论学时，1学分。由人文与传播学院组织实施。

外语语言应用针对学生的不同类别，提供不同课程，第一和第二学期修完2

---

① "学科相远"指的是两个或多个学科之间存在较低的相关性和相似性。

学分。课程设置有"英语语音突破""英语写作与表达""翻译技巧""经典阅读与思辨""演讲与口才"等。由外国语学院组织实施。

（4）开放选修课程（2~4学分）。

开放选修课程涵盖社会科学、哲学修养与伦理规范、语言与跨文化沟通、科技进步与科学精神领域课程，学生依个人学习兴趣自由选择修读课程。

（二）学科基础课程

学科基础课指某一学科门类中各专业学生均应修读的课程，旨在使学生掌握学科的基本理论、基本知识和基本技能，为专业课程的学习奠定坚实基础。学科基础课原则上按教育部本科专业目录中的学科门类划分，我校主要包括经济学、管理学、文学、法学、理学、工学6个学科门类。同一学科门类中的各专业，应尽可能统一学科基础课程设置。在课程设置上要注重学科交叉，可设置一定比例跨学科的课程，以拓展学生专业知识面，达到"厚基础、宽口径"的育人目的。学科基础课均为必修课，由各学科门类所在学院设置，跨学院课程由学院协商设置，教务处负责协调。

（三）专业课程

专业课程由专业核心课程（必修）和专业拓展课程（选修）组成，是面向本专业学生开设的课程，体现专业优势和专业特色。

1. 专业核心课程

专业核心课程是帮助学生掌握本专业的基础理论和基础知识，学会在更深入的专门知识领域内进行理论分析和技术应用能力的课程。专业核心课的设置既要体现专业培养目标与要求，又要体现专业特点与优势。专业必修课原则上设置6~8门，具体由各学院组织设置。

2. 专业拓展课程

专业拓展课程根据各专业学科属性设置，主要目的是拓展学生的专业视野和知识面，进一步培养学生研究创新能力。包括专业综合课程、专业前沿课程、专业学术讨论等。

各专业可以根据学生发展、学科发展和经济社会发展的实际需要，设置专业知识深化模块、专业口径拓宽模块、实务技术提高模块等，也可按照专业方向不同或学生就业考研的不同需求设置不同的专业选修课，供学生选择。不同方向的课程之间避免重复，以保持每一方向课程的相对独立性。

3. 专业实践

包括独立设置的实验课程、课内实验、实习、实训、课程设计、学年论文、毕业论文（设计）、专业学科竞赛等。各专业必须在培养方案中单独列出实践教学实施计划，尽量细化并体现专业特色。专业实践由各学院组织实施。

各专业可安排1~2周的认识实习，1学分；撰写学年论文，1学分；毕业实习与毕业论文（设计）安排在最后一学期，时间不少于8周，毕业实习4学分，毕业论文6学分；专业学科竞赛由牵头部门（创新创业学院）与二级学院联合组织实施，计2学分。

要加强对实验、实习（实训）、专业学科竞赛、课程设计、社会实践、毕业设计（论文）和课外科技活动等实践性教学环节的整体优化和系统设计，引导学生开展自主性实践教学活动。综合性、设计性、创新性实验课要达到实验课数量的50%，提高自选实验比例。

（四）多元化培养课程设置要求

1. 跨学科交叉融合课程设置要求

按新工科、新文科建设要求，鼓励开设交叉融合课程，课程标记为"课程名称（融合）"。

2. 创新创业课程设置要求

在现有的学科和专业中融入创新创业要素，每个专业至少建设2门创新创业与专业融合、与学科竞赛融合的必修课程，课程标记为"课程名称（双创）"。

3. 双语或全英文课程设置要求

鼓励各专业积极开设双语/全英文课程，非英语专业（方向）应至少设置1门双语或全英文必修课，课程标记为"课程名称（双语）"或"课程名称（全英）"。

4. 慕课课程要求

立项为校级慕课的课程必须基于相应课程的MOOC或SPOC开展混合式教学改革课程，课程标记为"课程名称（MOOC）"。

5. 校企合作课程要求

各专业聘请政府、企事业单位有丰富实践经验的专家来校讲授的课程或校企合作相关专业由外部机构承担的课程，课程标记为"课程名称（企业）"。

6. 中外合作课程要求

中外合作办学专业培养方案的制定，应在满足教育部课程设置要求的前提下，加强与对口国外大学和开设同类专业的二级学院沟通，既要体现国际化人才培养的特色，又要符合我校人才培养方案编制的基本要求。引进的课程标记为"课程名称（引进）"。

五、工作要求

（一）工作组织

（1）教务处在分管校长领导下总体负责培养方案修订的组织实施和统筹协调工作。

（2）各学院成立专业培养方案修订工作小组，由院长任组长，主管教学副院长任副组长，吸收相关学科、专业的专家教授参加。在修订培养方案过程中，要加强学院之间的沟通与协调，凡是涉及跨学院的课程调整均须经双方同意。学生工作部、团委、招生就业处、马克思主义学院、外国语学院、计算机科学与技术学院、数学与信息科学学院、创新创业学院、人文与传播学院和体育部配合做好公共基础课的实施方案。

（3）培养方案由专业负责人在学院领导下组织全体专业教师开展具体修订工作。各专业须认真贯彻执行本指导意见所列修订原则和各项具体要求，既要重视专业目录和本科专业类教学质量国家标准对培养目标、核心课程以及实践环节等共性要求，又要体现专业特色。要求在内容上和形式上均达到规范化要求，明确和细化人才培养目标，着力构建科学合理的课程体系和实践教学体系，并以此次人才培养方案修订为契机，积极推进教学改革。

（二）培养方案论证程序及要求

1. 专业内部修订（2021年3月18日至4月15日）

组织专业教师认真学习本文件和本专业教学质量国家标准、专业认证标准等文件精神，要求对标国内外一流大学的人才培养方案，形成完整的本科专业人才培养方案。

2. 学院论证（2021年4月16日至4月24日）

各学院组织开展专业培养方案的论证工作，每个专业聘请论证的校外专家应不少于5人，且至少包含3~4名学科专业高水平教授和1~2名熟悉专业人才社会需求的行业企业专家。各个专业形成专家论证意见及会议纪要，统一报送教务处。

3. 校外专家论证（2021年4月25日至5月5日）

教务处将各专业培养方案送校外专家论证，并将论证意见返回学院，学院根据专家论证意见进一步完善，并经学院党政联席会议审议后报送教务处。

4. 学校审定（2021年5月6日至5月18日）

各专业人才培养方案由教务处进行形式审查后，经学校本科教学指导委员会审定，报校长办公会批准后组织实施。

六、有关说明

（1）本次培养方案编制工作，要对标《普通高等学校本科专业类教学质量国家标准》。所有工科专业都要按照工程教育专业认证的要求来做人才培养方案。

（2）课程名称要规范统一，尽可能与国际接轨，主要专业课程的设置要依据《国标》中课程的要求。多个学期开设的同一课程，课程名称后用Ⅰ、Ⅱ、……表示。所有课程名称要有中、英文。课程承担单位需根据专业人才培养方案编写出相应的课程简介、教学大纲等教学基本文件。

（3）专业拓展课要保证课程充足。选课人数达到20人可开课。

（4）各相关专业在制定人才培养方案时，要注意做好中外合作办学、校企合作办学、贯通培养的差异性分析，从培养标准到课程设置、课程标准的制定，最后到课堂教学，都要体现针对不同类别学生的因材施教。大类招生（准备大类招生的）学院要提供"大类+专业"的人才培养方案。

（5）辅修和双学位专业此次一并制定人才培养方案。

（6）各专业人才培养方案应全面公开，接受社会监督。

山东工商学院

2021 年 3 月 22 日

2023 年 4 月，在总结 2021 版人才培养方案实施情况的基础上，通过广泛调研学习，结合山东工商学院实际，学校决定对 2021 版本科专业人才培养方案进行微调。目前的培养方案即依据此次微调修订而成。

第三节　山东工商学院慈善管理本科专业人才培养方案的设计

山东工商学院
慈善管理专业人才培养方案

（管理学　公共管理类　专业代码 120418T）

一、培养目标

本专业培养具有良好的人文素养、科学精神、社会责任、财商素养和创新创业意识，具备扎实的管理学、经济学、政治学、法学等多学科理论基础；掌握现代化社会科学方法与信息技术，通晓慈善管理的专业知识，具有较强的慈善法律政策咨询与服务能力、慈善组织管理与沟通协调能力、慈善项目管理与评估分析能力、慈善资金募集与信托管理能力、社会营销与传播能力等，能为慈善组织、企事业单位、党政机关等提供国际化高素质复合式创新应用型专业人才。

二、培养要求

（一）通过"慈善管理+基金管理"的复合式专业人才培养模式，系统掌握慈善管理专业知识，拥有慈善管理的核心能力，提升综合素质，实现慈善管理与基金管理的交叉式复合

1. 知识要求

（1）工具性知识：熟练掌握一门外语；具有基本的数学基础，能够运用现代化的社会科学方法理解和分析社会问题；熟练掌握计算机和现代信息技术。

（2）专业知识：牢固掌握慈善管理的基本理论和应用技能；了解慈善管理实际现状以及理论前沿；熟悉慈善管理理论运用的外部环境、政策依据和政策效果；研究和掌握慈善基金及信托的运行规律；等等。

（3）其他相关领域知识：具备与慈善组织理论研究和实际业务工作相关的管理学、经济学、政治学、法学等方面的知识。

2. 能力要求

（1）获取知识的能力：具有自主学习、独立思考，不断接受新知识、新理论、新社会科学技术的能力；了解慈善管理的理论前沿和发展动态，熟悉国内外慈善组织政策和法律法规。

（2）实践应用能力：熟练掌握社会科学的研究方法、数据挖掘和数据图表处理能力，具备现代信息资料处理能力和信息技术应用能力；具备突出的慈善管理技能和方法，对社会现象、社会热点问题及服务对象的变化高度敏感、深入观察，有较强的慈善管理的政策、法规咨询和应用能力，有突出的慈善项目筹款、运作、管理以及基金信托等服务能力；具备慈善组织能力开发提升及志愿服务管理能力；等等。

（3）创新创业能力：具有利用创造性思维开展科学研究和就业创业实践创新能力。

3. 素质要求

（1）思想道德素质：具有正确的政治方向，遵纪守法、诚实守信，有较强的团队意识和健全的人格，具有正确的社会价值观，良好的思想品德、社会公德和职业道德。

（2）文化素质：具有中国社会主义文化的道德美德，熟悉中国历史和中国传统文化，具有基本的文学、艺术知识和修养；了解人类文明史和科学发展史，了解西方文化，具有国际化视野、健康的人际交往能力和团队合作能力。

（3）专业素质：热爱本专业，接受严格的科学思维的训练，具有完整的知识结构，有求实创新和进取精神；具有较强的对现实社会问题的观察能力和综合分析能力、社会调查数据处理分析和预测能力；对本专业学科范围内理论新发展

及其动向有一定了解。

（4）身心素质：掌握一定的心理学基础知识、技能和方法，有健康的体魄、良好的心理素质和生活习惯。

（二）开设课程与培养要求的对应关系矩阵

三、课程设置

依据我校关于构建"素质教育+专业教育+财商教育+创新创业教育"的复合型人才培养模式的要求，此次人才培养方案课程体系为4-2-2模式，即四阶梯、两能力、两素养：四阶梯，即公共基础教育—学科基础教育—专业教育—素质拓展教育；两能力，即专业能力和创新创业能力；两素养，即数字素养和财商素养。

（一）主干学科

管理学、经济学、政治学、法学。

（二）核心课程及主要实践性教学环节

学科基础课：管理学、公共管理导论（双语）、公共政策学、公共伦理学、微观经济学、公共经济学、财政学、社会保障概论、政治学、社会学、社会心理学、行政管理学、统计学、社会科学研究方法。

专业核心课：慈善政策与法规、非营利组织管理、慈善项目管理、慈善组织人力资源管理、慈善筹资原理与技巧、慈善信托管理、投资学、慈善信息管理、社会营销、非营利组织会计学、公益慈善公关与传播、慈善管理案例分析。

主要实践性教学环节：慈善项目管理、慈善组织人力资源管理、慈善筹资原理与技巧、慈善信息管理实训、公益慈善公关与传播、慈善管理案例分析、虚拟组织运行仿真实验、组织资源规划模拟、组织协调与沟通实验、公共部门绩效管理、社会工作实务、大创训练与学科竞赛、高级办公软件应用实训、办公行政管理及高级软件实训、行政职业能力开发与测评、社会保险经办管理、文献信息资源开发、文献综述写作、社会科学研究方法、社会调查、认识实习、毕业实习和毕业论文等实践环节。

（三）课程类型、学时及学分比例分配

课程总学时3200学时，其中，理论教学课程1920学时，其中必修课1592学时，占82.9%；选修课328学时，占17.1%。实践教学课程1280学时。

专业总学分160学分，其中实践教学40学分，占25%。

表2-4　慈善管理专业课程模块和各部分学分分配表

课程类别			开课门数	学时	学分	占总学分比重（%）
理论教学	必修	公共基础必修课程	25	664	41.5	25.9
		学科基础课程	14	520	32.5	20.3
		专业核心课程	14	408	25.5	15.9
	选修	公共基础选修课程	12	216	13.5	8.4
		专业拓展课程	4	112	7	4.4
	小计		69	1920	120	75
实践教学	专业实践		21	768	24	15
	其他		19	512	16	10
	小计		40	1280	40	25
合计			109	3200	160	100

四、修读要求

（一）修业年限与授予学位

本科基本学制为4年，实行弹性学制3~6年。对休学创业学生，修业年限最长可延至8年。取得毕业资格的学生，经本人申请，并符合《中华人民共和国学位条例》和《山东工商学院本科学士学位授予条例》授予条件的，经学位委员会审查通过，授予管理学学士学位。

（二）毕业标准与要求

在规定的修业年限内修完人才培养方案规定的全部课程，修满规定的最低总学分160学分，取得毕业资格。

五、指导性公共基础课、学科专业课程教学计划安排

见附表2-1、附表2-2。

六、指导性实践教学计划安排

见附表2-3。

七、人才培养要求矩阵表

见附表2-4。

八、分学期学分统计表

见附表2-5。

附表 2-1　慈善管理专业公共基础课程教学计划安排表

课程类别		课程编号	中文课程名称	英文课程名称	学分	理论学时	实践学时	考核方式	开设学期	开课单位
公共基础	思政类课程	0717006801	马克思主义基本原理*	Survey of the Basic Principles of Marxism	3	40	16	考试	4	马克思主义学院
		0717006802	毛泽东思想和中国特色社会主义理论体系概论*	Survey of Mao Zedong Thought and Theoretical System of Socialism with Chinese Characteristics	3	40	16	考试	3	马克思主义学院
		0717006809	习近平新时代中国特色社会主义思想概论*	Introduction to Xi Jinping's Thought of Socialism with Chinese Characteristics in the New Era	3	40	16	考试	3	马克思主义学院
		0717006803	思想道德与法治*	Moral Cultivation and Legal Education	3	40	16	考试	2	马克思主义学院
		0717006804	中国近现代史纲要*	Survey of the Chinese Modern and Contemporary History	3	40	16	考试	1	马克思主义学院
		0717006816	形势与政策Ⅰ*	Situation and Policies Ⅰ	1	8	16	考查	1	马克思主义学院
		0717006817	形势与政策Ⅱ*	Situation and Policies Ⅱ	1	8	16	考查	2	马克思主义学院
	外语类课程	0712004101	大学英语Ⅰ	College English Ⅰ	3	48		考试	1	外国语学院
		0712004102	大学英语Ⅱ	College English Ⅱ	3	48		考试	2	外国语学院
		0712004103	大学英语Ⅲ	College English Ⅲ	2	32		考试	3	外国语学院
		0605002238	公益慈善管理经典原著选读（双语）	Selected Readings of the Classic Works on Philanthropy Management（Bilingual）	2	32		考查	4	公共管理学院
	体育课课程	0718006901	体育Ⅰ*	Physical Education Ⅰ	1		32	考试	1	体育教学部
		0718006902	体育Ⅱ*	Physical Education Ⅱ	1		32	考试	2	体育教学部
		0718006903	体育Ⅲ*	Physical Education Ⅲ	1		32	考试	3	体育教学部
		0718006904	体育Ⅳ*	Physical Education Ⅳ	1		32	考试	4	体育教学部

续表

课程类别		课程编号	中文课程名称	英文课程名称	学分	理论学时	实践学时	考核方式	开设学期	开课单位
公共基础	数学类课程	0713004613	微积分Ⅰ	Calculus Ⅰ	4	64		考试	1	数学与信息科学学院
		0713004614	微积分Ⅱ	Calculus Ⅱ	4	64		考试	2	数学与信息科学学院
	数字素养类课程	0715008002	大学计算机B	University Computer Foundations B	3	48		考试	1	计算机科学与技术学院
	劳动教育类课程	0705002070	劳动教育理论课	Theory of Labor Education	1	16		考查	2	学生处（公管学院）
		0705002071	劳动教育实践课*	Practice of Labor Education	1		32	考查	7	学生处（公管学院）
	军事类课程	0736007242	军事理论课	Military Theory Course	2	32		考查	1	武装部
		0736007243	军训*（3周）	Military Training Course	2		64	考查	1	武装部
		0736007232	大学心理健康教育*	Mental Health for College Students	2	16	32	考查	1	学生处
		0702004301	大学生安全教育	Safety Education for College Students	1	16		考试	2	保卫处
	美育类课程	0710003801	大学美育基础	The Foundation of College Aesthetic Education	2	32		考查	4	团委与人文与传播学院
公共基础必修小计					53	664	368			
			设财商教育、文化语言、创新创业教育等模块。坚持学科相远原则，学生依个人学习兴趣，跨学科、专业自由选择修读课程，其中理工科专业学生须修满14学分，其他学科专业学生须修满16学分。选修课实行单双学期循环开设。							
	财商素养	0807002934	财富管理学	Introduction to Wealth Management	1	16		考查	4	金融学院
		0807003136	个人理财	Personal Finance	1	16		考查	3	金融学院
		0505002240	慈善管理学	Charity Management	2	32		考查	2	公共管理学院

续表

课程类别		课程编号	中文课程名称	英文课程名称	学分	理论学时	实践学时	考核方式	开设学期	开课单位
公共基础	文化语言	0505002030	中国文化经典导修	Guide to Chinese Cultural Classics	1	16		考查	1	公共管理学院
		0505002236	公益慈善文化概论	An Introduction to Charity Culture	2	32		考查	4	公共管理学院
	创新创业教育	0805002328	大创训练与学科竞赛	Major Innovation Training and Discipline Competition	1	16		考查	2	公共管理学院
		0805002329	大创训练与学科竞赛（实践）*	Major Innovation Training and Discipline Competition	1		32	考查	4	公共管理学院
		0805001980	职业生涯规划与设计*	Career Layout	1.5	16	16	考查	1	招生就业处
		0819007002	创新创业基础（双创）*	Foundation of Innovation and Entrepreneurship	2	16	32	考查	3	创新创业学院
		0835007223	就业指导	Vocational Guidance	0.5	8		考查	7	招生就业处
	开放选修课程		坚持学科相远原则，学生依个人学习兴趣，跨学科、专业自由选择修读课程		3	48				
公共基础选修课小计					16	216	80			
合计					69	880	448			

注：带"＊"课程为实践教学类项目。

附表 2-2 慈善管理专业课程教学计划安排表

课程类别	课程编号	中文课程名称	课程英文名称	学分	理论学时	实践学时	考核方式	开设学期	开课学院
学科基础课程	0403000812	管理学	Management	3	48		考试	2	工商管理学院
	0405002002	公共管理导论（双语）	Introduction to Public Administration（Bilingual）	3	48		考试	3	公共管理学院
	0405002054	公共政策学	Public Policy	2	32		考试	6	公共管理学院
	0405002005	公共伦理学	Public Ethics	2	32		考查	4	公共管理学院
	0406002411	微观经济学	Microeconomics	3	48		考试	2	经济学院
	0405001930	公共经济学	Public Economics	2.5	40		考试	4	公共管理学院
	0405002096	财政学	Finance	2	32		考试	3	公共管理学院
	0405001929	社会保障概论	Introduction to Social Security	2	32		考查	4	公共管理学院

续表

课程类别	课程编号	中文课程名称	课程英文名称	学分	理论学时	实践学时	考核方式	开设学期	开课学院
	0405002001	政治学	Political Science	3	48		考查	3	公共管理学院
	0405002311	社会学	Sociology	2	32		考试	2	公共管理学院
	0405002319	社会心理学	Social Psychology	2	32		考试	4	公共管理学院
	0405005432	行政管理学	Administration Management	2	32		考查	5	公共管理学院
	0408003203	统计学	Statistics	2	32		考试	3	统计学院
	0405002163	社会科学研究方法*	Research Methods of Social Science	3	32	32	考试	2	公共管理学院
		小计		33.5	520	32			
学科基础课程	0505002241	慈善政策与法规	Charity Policies and Regulations	2	32		考试	5	公共管理学院
	0505002227	非营利组织管理	NPO Management	2	32		考试	4	公共管理学院
	0505002242	慈善项目管理*	Charity Project Management	2.5	32	16	考试	6	公共管理学院
	0505002235	慈善组织人力资源管理*	HR Management of Charity Organizations	2.5	32	16	考试	5	公共管理学院
	0505002232	慈善筹资原理与技巧*	Philanthropy Fundraising: Principles and Practice	3	32	32	考试	5	公共管理学院
	0505002243	慈善信托管理	Charity Trust Management	2	32		考试	5	公共管理学院
	0507002895	投资学	Investment	2	32		考查	3	金融学院
	0505002244	慈善信息管理*	Charity Information Management	1.5		48	考查	4	公共管理学院
	0505002245	社会营销	Social Marketing	2	32		考试	4	公共管理学院
	0404001504	非营利组织会计学	NPO Accounting	3	48		考试	6	会计学院
	0505002233	公益慈善公关与传播*	Philanthropy Public Relations and Communication	2	16	32	考试	7	公共管理学院
	0505002124	虚拟组织运行仿真实验*	Virtual Experiment of Organization Operation	1		32	考查	7	公共管理学院
	0505002246	慈善管理案例分析*	Charity Management: Case Study	1		32	考查	6	公共管理学院
	0505002018	组织资源规划模拟*	Simulation Experiment of Enterprise Resource Planning	1		32	考查	6	公共管理学院
	0505002123	组织协调与沟通实验*	Experiment of Organization and Coordination and Communication	1		32	考查	7	公共管理学院

慈善管理本科专业人才培养与课程体系

续表

课程类别	课程编号	中文课程名称	课程英文名称	学分	理论学时	实践学时	考核方式	开设学期	开课学院
学科基础课程	0505002014	公共部门绩效管理*	Public Sector Performance Management	2	24	16	考试	6	公共管理学院
	0505002333	社会工作概论*	Introduction to Social Work	3	32	32	考试	5	公共管理学院
	0405002040	高级办公软件应用*	Advanced Office Applications	1		32	考查	4	公共管理学院
	0505002034	办公行政管理及高级软件实训*	Office Management and Office Software Application	2	16	32	考查	5	公共管理学院
	0505002031	行政职业能力开发与测评*	Development and Evaluation of Administrative Professional Ability	2	16	32	考试	6	公共管理学院
	0505001923	社会保险经办管理*	Social Insurance Procedure Management	1		32	考查	7	公共管理学院
	0505002176	文献信息资源开发*	Document Information Research	1		32	考查	6	公共管理学院
	0505002327	文献综述写作*	Literature Review Writing	1		32	考查	6	公共管理学院
	0505002330	社会调查*	Social Survey	1		32	考查	6	公共管理学院
	0505002328	认识实习*	Cognition Practice	1		32	考查	2	公共管理学院
	0505002336	毕业实习*	Graduation Practice	2		64	考查	8	公共管理学院
	0505002337	毕业论文*	Dissertation	4		128	考查	8	公共管理学院
	小计			49.5	408	784			
专业拓展课程	专业拓展模块1								
	0605002231	志愿服务管理	Volunteerism Management	2	16	32	考查	5	公共管理学院
	0605002311	社会问题	Social Problems	2	32		考查	3	公共管理学院
	0605002232	社会企业管理	Social Enterprise Management	2	32		考试	7	公共管理学院
	0605002032	申论与公文写作	Argumentation and Official Document Writing	2	32		考查	6	公共管理学院
	专业拓展模块2								
	0605002227	公益会展策划与管理概论	Introduction to Planning and Management of Public Exhibition	2	32		考查	5	公共管理学院
	0605001907	中国社会救助与福利制度	China's Social Assistance and Welfare System	2	32		考查	5	公共管理学院
	0605002311	社会问题	Social Problem	2	32		考查	6	公共管理学院

续表

课程类别	课程编号	中文课程名称	课程英文名称	学分	理论学时	实践学时	考核方式	开设学期	开课学院
专业拓展课程			专业拓展模块3						
	0605002327	社区社会工作	Community Social Work	2	32		考查	5	公共管理学院
	0621005839	女性学	Women Studies	2	32		考查	5	公共管理学院
	0605002322	组织社会学	Sociology of Organization	2	32		考查	6	公共管理学院
	小计			10	160				
	合计			92	1088	832			

注：专业拓展课程分为3个模块，学生需在3个专业拓展模块中选择5门课程。标"＊"课程为理论+实践课程。

附表2-3　慈善管理专业实践教学课时安排表

序号	实践教学项目	课程编码	内容	实施学期	周数（课时）	学分	考核方式	课程归属
1	独立开设的实验课	0505002123	组织协调与沟通实验	7	32	1	操作	公共管理学院
		0505002246	慈善管理案例分析	6	32	1	操作	公共管理学院
		0505002124	虚拟组织运行仿真实验	7	32	1	操作	公共管理学院
		0505001923	社会保险经办管理	7	32	1	操作	公共管理学院
		0505002120	组织资源规划模拟	6	32	1	操作	公共管理学院
		0505002015	高级办公软件应用	4	32	1	操作	公共管理学院
2	课内实验	0505002235	慈善组织人力资源管理	5	16	0.5	操作	公共管理学院
		0505002242	慈善项目管理	6	16	0.5	操作	公共管理学院
		0505002232	慈善筹资原理与技巧	5	32	1	操作	公共管理学院
		0505002233	公益慈善公关与传播	7	32	1	操作	公共管理学院
		0505002244	慈善信息管理	4	48	1.5	操作	公共管理学院
		0505002333	社会工作概论	5	32	1	操作	公共管理学院
		0405002163	社会科学研究方法	2	32	1	操作	公共管理学院
		0505002014	公共部门绩效管理	6	16	0.5	操作	公共管理学院
		0505002007	行政职业能力开发与测评	6	32	1	操作	公共管理学院
		0605002231	志愿服务管理	5	32		考查	公共管理学院
		0505002034	办公行政管理及高级软件实训	5	32	1	操作	公共管理学院
3	就业计划	0805001980	职业生涯规划与设计	1	16	0.5	操作	招生就业处
4	实训	0505002176	文献信息资源开发	6	32	1	考查	公共管理学院

续表

序号	实践教学项目	课程编码	内容	实施学期	周数（课时）	学分	考核方式	课程归属
5	学年论文	0405002322	文献综述写作	6	32	1	考查	公共管理学院
6	认识实习	0405002323	认识实习	2	32	1	考查	公共管理学院
7	"双创"课程	0505002043	大创训练与学科竞赛	4	32	1	考查	公共管理学院
8	"双创"课程	0819007002	创新创业基础	3	32	1	考查	创新创业学院
9	社会调查	0405002325	社会调查	6	32	1	考查	公共管理学院
10	生产劳动	0705002071	劳动教育实践课	1~7	32	1	考查	公共管理学院
11	毕业实习	0505002336	毕业实习	2	64	2	考查	公共管理学院
12	毕业论文	0505002337	毕业论文	4	128	4	考查	公共管理学院
13	军事类	0736007243	军训	1	64	2	操作	武装部
14	思政实践	/	7门课程，每门0.5分	/	/	3.5	考查	马克思院
15	体育类	/	4门课程，每门1分	/	/	4	考试	体育教学部
16	心理健康	0736007232	大学生心理健康教育	1	32	1	操作	学生处
			合计			40		

注：实践教学项目各教学单位可增加或删减。

附表2-4　慈善管理专业培养要求矩阵表

知识要求		能力要求				素质要求			
课程体系		获取知识	实践应用	创新创业	其他综合	思想道德	专业素质	科学文化	身心素质
工具性知识	大学英语；大学计算机	●	●		●			●	
	微积分Ⅰ；微积分Ⅱ	●						●	
专业性知识	管理学、公共管理导论（双语）、公共政策学、公共伦理学、微观经济学、公共经济学、财政学、社会保障概论、政治学、社会学、社会心理学、行政管理学、统计学、社会科学研究方法	●					●		
	慈善政策与法规、虚拟组织运行仿真实验、慈善管理案例分析、非营利组织管理、慈善组织人力资源管理、慈善筹资原理与技巧、慈善信托管理、投资学、慈善项目管理、公共部门绩效管理、慈善信息管理、社会营销、公益慈善公关与传播、社会工作概论	●	●	●			●		

续表

	知识要求	能力要求			素质要求		
专业性知识	组织资源规划模拟、组织协调与沟通实验、高级办公软件应用、办公行政管理及高级软件实训、行政职业能力开发与测评、社会保险经办管理、文献信息资源开发、文献综述写作		●		●		●
	认知实习、学年论文、毕业论文	●			●		●
	社会调查、毕业实习		●		●		●
相关领域知识	马克思主义基本原理；毛泽东思想和中国特色社会主义理论体系概论；习近平新时代中国特色社会主义思想概论；思想道德与法治；思政课综合实践；形势与政策；军训（含军事理论）；大学生安全教育；大学生心理健康教育			●	●		●
	中国近现代史纲要；财富管理学；个人理财；中国文化经典导修			●	●	●	●
	体育						●
	就业指导	●	●	●			
	创新创业训练与竞赛、大创训练与学科竞赛	●	●	●			

附表 2-5　慈善管理专业分学期学分统计表

课程类型	课程序号	课程名称	开课学期							
			一	二	三	四	五	六	七	八
公共基础课	1	马克思主义基本原理*				3				
	2	毛泽东思想和中国特色社会主义理论体系概论*			3					
	3	习近平新时代中国特色社会主义思想概论*			3					
	4	思想道德与法治*		3						
	5	中国近现代史纲要*	3							
	6	形势与政策Ⅰ*	1							
	7	形势与政策Ⅱ*		1						
	8	大学英语Ⅰ	3							
	9	大学英语Ⅱ		3						
	10	大学英语Ⅲ			2					

续表

课程类型	课程序号	课程名称	开课学期							
			一	二	三	四	五	六	七	八
公共基础课	11	体育 I *	1							
	12	体育 II *		1						
	13	体育 III *			1					
	14	体育 IV *				1				
	15	微积分 I	4							
	16	微积分 II		4						
	17	大学计算机 B	3							
	18	大学心理健康教育 *	2							
	19	大学生安全教育		1						
	20	大学美育基础				2				
	21	劳动教育理论课		1						
	22	劳动教育实践课 *							1	
	23	军事理论课	2							
	24	军训 *	2							
		小计	21	14	9	6	0	0	1	0
素质拓展课	25	财富管理学			1					
	26	个人理财			1					
	27	慈善管理学		2						
	28	中国文化经典导修	1							
	29	公益慈善文化概论				2				
	30	大创训练与学科竞赛		1						
	31	大创训练与学科竞赛（实践）				1				
	32	职业生涯规划与设计 *		1.5						
	33	创新创业基础（双创）*			2					
	32	就业指导							0.5	
	33	任意选修课				3				
		小计	1	4.5	4	6			0.5	
学科基础课	34	管理学		3						
	35	公共管理导论（双语）			3					
	36	公共政策学						2		
	37	公共伦理学				2				

课程类型	课程序号	课程名称	开课学期							
			一	二	三	四	五	六	七	八
	38	微观经济学		3						
	39	公共经济学				2.5				
	40	财政学				2				
	41	社会保障概论				2				
	42	政治学			3					
	43	社会学		2						
	44	社会心理学				2				
	45	行政管理学					2			
	46	统计学			2					
	47	社会科学研究方法 *		3						
		小计	0	11	10	8.5	2	2		
学科基础课	48	慈善政策与法规					2			
	49	非营利组织管理				2				
	50	慈善项目管理						2.5		
	51	慈善组织人力资源管理 *					2.5			
	52	慈善筹资原理与技巧 *					3			
	53	慈善信托管理					2			
	54	投资学			2					
	55	慈善信息管理 *				1.5				
	56	社会营销				2				
	57	非营利组织会计学						3		
	58	公益慈善公关与传播 *							2	
	59	虚拟组织运行仿真实验 *							1	
	60	慈善管理案例分析							1	
	61	组织资源规划模拟 *							1	
	62	组织协调与沟通实验 *							1	
	63	公共部门绩效管理							2	
	64	社会工作概论 *					3			
	65	高级办公软件应用 *				1				
	66	办公行政管理及高级软件实训 *					2			
	67	行政职业能力开发与测评 *							2	

课程类型	课程序号	课程名称	开课学期							
			一	二	三	四	五	六	七	八
学科基础课	68	社会保险经办管理*							1	
	69	文献信息资源开发*						1		
	70	文献综述写作*						1		
	71	社会调查*						1		
	72	认识实习*		1						
	73	毕业实习*								2
	74	毕业论文*								4
	75	小计	0	1	2	6.5	14.5	14.5	5	6
专业拓展课		本专业学生须修满10学分			2	2	2	2	2	
合计			22	30.5	27	29	18.5	18.5	8.5	6

注：带"＊"课程为实践教学类项目。专业拓展课一共5门课。

第三章　山东工商学院慈善管理专业公共基础类课程教学大纲

第一节　公共基础课程体系设计依据

慈善管理公共基础类课程的设计符合山东工商学院关于构建"素质教育+专业教育+财商教育+创新创业教育"的复合型人才培养模式的要求。课程体系的设计是为了更好地帮助学生掌握各类基础知识和技能，养成良好的思考、创新和实践能力，从而为他们的职业发展提供赋能，帮助他们更好地融入社会，实现人生理想和人生价值。通过公共基础类课程的学习，学生可以丰富知识，提升综合素质和就业竞争力，为将来从事慈善领域的工作打下坚实的基础。

慈善管理专业公共基础类课程主要包括财商素养类课程"慈善管理学"，文化语言类课程"中国文化经典导修""公益慈善文化概论""公益慈善经典原著导读（双语）"，创新创业教育课程"大创训练与学科竞赛"以及劳动教育类课程"劳动教育"。相关课程的课程体系设计将在本章第二节详细展开。下面将结合上述相关课程，进一步论述慈善管理基础类课程设置的依据，并详细阐述其作用和意义。

公共基础类课程的设置主要包括以下几个方面：

（1）人文素养：在"中国文化经典导修"课程中，学生将学习中国文化的经典著作，了解中国慈善思想的渊源和慈善文化的传统。通过学习，学生可加深对慈善事业本质和价值的理解，同时培育他们的人文素养。

（2）专业知识："慈善管理学"是慈善管理本科课程的核心课程之一，主要培养学生的慈善意识和慈善管理能力。该课程系统地教授学生慈善管理的基本理论、方法和技能，使学生具备扎实的专业知识。

（3）文化与国际化：慈善事业需要具备良好的社会责任感和人文素养，而公益慈善的文化内涵也是人文学科的重要组成部分。"公益慈善文化概论"课程的设置旨在通过系统地学习，使学生了解公益慈善的文化内涵、历史渊源和发展趋势。"公益慈善经典原著选读（双语）"课程则通过学习公益慈善的经典原著，促进学生对公益慈善国际化的理解。课程的设置可以满足学生对公益慈善的学习需求和兴趣，提供他们深入学习和研究的机会。

（4）创新能力：创新创业训练与学科竞赛是培养学生创新能力的重要途径，通过参与大创项目和学科竞赛，学生能够在实践中锻炼解决问题的能力、团队合作能力和增强创新意识。"大创训练与学科竞赛"这门课程的设置可以培养学生的创新思维和实践能力，为慈善管理领域的创新发展提供人才支持。

（5）社会实践："劳动教育"是大学生的必修课程之一，通过为学生提供社会实践机会，培养他们的劳动精神和社会责任感。对于慈善管理专业的学生来说，劳动教育能够让他们亲身参与志愿服务，在实践中学习和锻炼。

第二节　财商素养课程教学大纲

慈善管理学

【课程名称】慈善管理学　　　　　【课程号】0505002240

【课程英文名称】Philanthropy Management

【总学时数/实践学时】32/0　　　【总学分数/实践学分】2/0

【课程类别】专业核心课　　　　　【课程类型】☑必修　□选修

【面向专业】慈善管理　　　　　　【依据培养方案版本】2023

【前置课程及说明】无

【后续课程及说明】"慈善管理学"课程涵盖了慈善事业管理的理论、实践和前沿问题。具体包括慈善事业的内涵以及管理问题的基本框架，如慈善事业的发展、慈善活动管理、慈善组织管理、慈善事业从业者管理、慈善事业的资源管理、慈善事业的制度管理体系、慈善事业的文化价值管理以及慈善事业的管理前沿问题。探讨慈善发展史及其科学依据、慈善组织、慈善活动、慈善从业者、慈善资金、慈善文化、慈善伦理及慈善管理制度体系，揭示中国慈善理论与实践凸显的各种问题。慈善管理学是慈善文化概论、慈善项目管理、慈善组织人力资源管理、慈善筹资原理与技巧等课程的前置课程。

（一）课程简介

本课程是慈善管理专业人才培养计划中的基础性专业核心课程。慈善管理学是慈善管理专业一门重要的基础理论课，其主要内容是介绍公益慈善领域的基础知识和基本理论，是学习慈善管理其他专业课程必不可少的理论基础。通过对这门课的学习，学生可掌握公益慈善领域的基本概念、中西方公益慈善事业的发展史、慈善文化、慈善管理制度与法律法规、公益慈善组织治理和管理、慈善募捐、公益项目与资源、企业社会责任和公益创新等知识；同时，学生通过学习公益领域最新的发展动态、公益风险投资的现状和前景，了解中国公益慈善事业发展的未来趋势，从而培养其对公益慈善事业客观的、科学的认识，形成基本的公益慈善素养，培育公共精神。

本课程的学习主要培养学生以下几方面的能力：①掌握慈善管理学的基本概念和理论；②能从慈善管理角度来分析一些公益领域的热点问题；③使学生对公益慈善行业产生一定的兴趣。

（二）课程目标

学习本课程的目的在于使学生掌握慈善管理的基本理论和原则，了解慈善组织的使命和目标，学习慈善组织的组织结构和运营模式，掌握慈善组织的法律和伦理规范，强化慈善组织的项目管理能力，培养慈善组织的筹款和资源管理能力，培养慈善组织的领导和团队建设能力，开发探索慈善管理的创新和发展趋势的能力。同时，培养学生紧密联系实际，学会分析案例，解决实际问题，把学科理论的学习融入对公益组织及社会面临的实际问题的认识和实践研究之中，切实提高分析问题、解决问题的能力。

1. 知识目标

了解相关的名词概念和知识的含义，并能正确认识和表述慈善、公益、公益慈善事业、慈善组织、社会组织、募捐、企业社会责任、社会企业等模块。

2. 能力目标

在专业知识的基础上，能较好地理解和把握基本概念、基本方法和分析方法，能掌握相关概念、事实和方法的区别与联系，并能针对实际案例结合书本知识进行分析应用，并在学习过程中锻炼和培养正确的学习方法。具备跨文化沟通和合作能力，能够与不同背景的慈善机构、社会组织和政府部门合作。培养学生的社会责任感和公益意识，激发学生参与慈善事业的热情和动力。

3. 素质目标

（1）培养学生对慈善事业的理解和认同，提高其慈善意识和社会责任感。

（2）培养学生的创新思维和问题解决能力，使其能够提出创新的慈善管理策略和方案。

（3）培养学生的分析和决策能力，使其能够在复杂的慈善管理环境中做出明智的决策。

（4）培养学生的跨文化意识和跨文化交流能力，使其能够与不同背景的人群进行有效的沟通和合作。

（5）培养学生的批判性思维和问题解决能力，使其能够对慈善管理领域的问题进行深入的分析和思考。

（6）培养学生的职业道德和伦理意识，使其能够在慈善管理领域中遵守道德规范和行业准则。

（7）培养学生的持续学习和自我发展能力，使其能够不断丰富和提升自己的慈善管理知识和技能。

（三）课程目标对毕业要求的支撑关系

表 3-1　课程目标对毕业要求的支撑关系矩阵

课程目标	毕业要求 1	毕业要求 2	毕业要求 3	毕业要求 4	毕业要求 5	毕业要求 6	毕业要求 7	毕业要求 8	毕业要求 9
知识目标	H	H							
能力目标			H	H	M				
素质目标						M	H	M	M

注：H 表示"强支撑"，M 表示"中支撑"，L 表示"弱支撑"。

（四）教学方法

牢固树立"教师为主导，学生为主体"的教学观念，强调学生是学习的主人，强调教为学服务。在教学方法的选择上遵循"教学有法、教无定法、贵在得法、教学相长"的原则。突破以往"填鸭式"教学、学生被动接受知识的传统模式，灵活运用多种教学方法，重视发挥学生的主观能动性，强调学生自主学习能力和创新能力的培养，激发学生的创新意识和独立思考能力。

课程运用讲授法、案例讨论法、视频资料观摩法等方法。具体教学方法包括：理论讲授法、案例分析、启发式教学法和思考题引导。具体教学手段包括：注重理论与实际相结合，紧贴社会热点问题；注重培养学生分析问题和解决问题的能力；利用多媒体教学手段。

（五）教学内容与教学安排

1. 教学内容与安排

表 3-2　教学内容与安排

章节及内容摘要	需要学时数	备注
第一章　慈善管理概论	2	

续表

章节及内容摘要	需要学时数	备注
第二章　慈善管理环境	2	
第三章　慈善事业的发展历程	4	
第四章　慈善管理体制及法律法规体系	2	案例讲解
第五章　慈善组织管理	2	
第六章　慈善募捐管理	2	案例讲解
第七章　慈善项目管理	2	案例讲解
第八章　慈善信托管理	2	
第九章　慈善组织人力资源管理	2	
第十章　慈善组织财务管理	2	
第十一章　慈善信息管理	2	
第十二章　慈善组织公信力管理	2	案例讲解
第十三章　慈善管理创新	2	案例讲解
第十四章　企业社会责任与善经济	2	
答疑	2	

2. 课程思政内容及设计

表3-3　慈善管理学课程思政教学设计

课程名称	慈善管理学	课程性质	必修课	课程学分	2	
面向专业	慈善管理	课程负责人		课程团队		
课程教材	《公益慈善概论》《慈善管理学》			是否为"马工程"教材		否
教学章节	知识点	思政元素案例		培养目标		
第一章	慈善事业、管理、慈善管理等概念及彼此之间的关系	中国积极应对气候变化展现大国担当		了解低碳经济的有关知识，培养学生低碳生活的意识；了解中国积极应对气候变化体现的国际公益精神		
第二章	慈善管理的内部与外部环境	中国公益组织走出国门，适应非洲环境，展开慈善活动		了解中国公益组织的国际化策略		
第三章	慈善事业发展的历史脉络	广州深化"慈善之城"的创建		学习当代慈善文化与传统慈善文化的联系与区别		
第四章	慈善管理体系与法律规范体系	某基金会违法案例分析		树立合规意识，使学生对慈善法律法规的基本要求产生初步的了解		

教学章节	知识点	思政元素案例	培养目标
第五章	慈善组织的概念、职能与特征，慈善组织的内部治理及绩效管理	介绍某基金会的内部治理、职能分工及管理制度	理论联系实际，让学生了解慈善组织管理工作的主要内容
第六章	募捐的概念、要素、渠道、流程与基本技巧	以某人非违规开展公开募捐的案例，介绍募捐的有关知识	培养学生的募捐意识与募捐能力
第七章	慈善项目管理概述、策划流程与实施过程	以某村增收致富为例，介绍自治式社会组织开展项目管理的经验与做法	让学生通过主动思考、查询资料、发表观点、参与讨论的过程，了解增收致富类项目如何做到激活乡村社区潜能，充分实现自我"造血"
第八章	公益信托、慈善信托的概念，慈善信托的设立与设计管理、慈善信托管理	举例介绍财富管理与慈善信托如何实现相互结合	使学生了解家族信托的目标，并尝试设计慈善信托的框架
第九章	慈善组织人力资源管理的概念、特征，人力资源的工作分析与规划	子贡与子路救人的启示	运用本章节知识，从动机视角出发，明确激励机制与保障机制的重要性
第十章	慈善组织财务管理的概念、特点、基本内容	围绕某慈善组织财务引起的舆论风波展开讨论	联系实际，明确科学完备的现代财务管理在慈善组织发展过程中发挥的作用
第十一章	慈善信息管理的时代特征、互联网公益慈善体系及慈善信息的平台管理	以某致力于教育与医疗的慈善组织为例，探讨如何管理慈善信息系统，从而更好地管理捐赠者信息并提供个性化的服务	树立安全和信息管理意识，保护捐赠人权益和受助人的隐私
第十二章	公信力建设的指标与评估，提升慈善组织公信力的途径	以某基金会"小数点事件"为例进行分析	了解社会信任的重要性，树立诚信意识
第十三章	慈善管理创新的历史演变与发展趋势	以某社会企业为例，分析该组织的慈善创新理念	树立创新意识，激发学生进行社会革新的兴趣，引导其成为社会的创变者
第十四章	企业社会责任、CSR 与 ESG、善经济	以某制造业企业为例，分析该企业履行企业社会责任的动因与效果	培养学生的社会责任感，拓宽学生求职思路

（六）参考教材

[1] 王鑫，于秀琴，武幺. 慈善管理学. 清华大学出版社，2024.

[2] 邓国胜. 公益慈善概论. 山东人民出版社，2015.

（七）参考阅读书目

[1] 杨团，朱健刚．慈善蓝皮书：中国慈善发展报告（2021）．社会科学文献出版社，2022.

[2] 周秋光，曾桂林．中国慈善简史．人民出版社，2006.

[3] 王名．中国民间组织30年——走向公民社会（1978-2008）．社会科学文献出版社，2008.

[4] 郑功成．当代中国慈善事业．人民出版社，2010.

[5] 李健，毕向林．公益慈善项目管理．西安交通大学出版社

[6] 彼得·德鲁克．管理的实践（珍藏版）（The Practice of Management）．齐若兰译．机械工业出版社，2009.

[7] 褚蓥．社会组织募捐管理．中国社会出版社，2016.

[8] 谢晓霞．公益慈善组织财务管理．西安交通大学出版社，2021.

[9] 金锦萍．公益信托与慈善信托专论．社会科学文献出版社，2020.

[10] 李小云．公益的元问题．中信出版集团，2021.

[11] 彭小兵．公益慈善事业管理（第2版）．电子工业出版社，2018.

第三节 文化语言类课程教学大纲

一、中国文化经典导修

【课程名称】中国文化经典导修 【课程号】0505002030

【课程英文名称】Guide to Chinese Culture Clasics

【总学时数/实践学时】16/0 【总学分数/实践学分】1/0

【课程类别】公共基础选修课 【课程类型】□必修 ☑选修

【面向专业】慈善管理 【依据培养方案版本】2023

（一）课程简介

本课程是行政管理、城市管理、社会保障、社会工作、慈善管理专业的考查课程之一。中国文化经典导修是中国哲学的一个分支，也是一门综合性很强的课程，其综合性、应用性表现在诸多方面，但其核心是让学生从中国传统文化中汲取精华，激发其置身于公共管理及公益事业的心志及热情。横跨文学与哲学、社会学与管理学。

中国文化经典导修可以作为普通高等学校各专业的通识课程，在整个专业体

系中，中国经典文化导修是研究中国传统文化的哲学思想精华及智慧的课程。中国文化经典导修作为公共管理专业的通识课程，和行政管理、公益慈善管理、城市管理、社会学及其他专业学科有着密切的联系。学生通过中国经典文化导修以及公共管理类专业课程的学习，会对从事公共事务服务、公益慈善事业的职业准备有了思想及理论基础。

本课程主要培养学生以下几方面的能力：①掌握中国文化经典中具有代表性的理论及思想精髓；②能从中国经典文化的角度来分析一些传统价值观与现代价值观的冲突；③能运用哲学和历史的分析方法理解人性的善恶、德治与法治、高尚人格的培养等。

（二）课程目标

学习本课程的目的在于使学生能以哲学思辨与比较分析方法来认识中国传统文化经典内涵，深刻理解传统文化中的精华。同时，培养学生将中国文化经典中的智慧应用在学习与生活中，解决实际问题；把问题的认识和实践应用于研究之中，切实提高分析问题、解决问题的能力。

1. 知识目标

了解中国文化经典各流派的背景，并能正确认识和表述文化经典思想的演进脉络，深入理解文化经典中的德治与法治思想、仁爱与智慧、公平与正义、道德与礼节。

2. 能力目标

通过中国文化经典导修的通识教育，能较好地理解和把握文化经典的精髓、基本方法和分析方法，能掌握各理论流派的区别与联系，并能针对实际问题结合书本上的知识进行分析应用，并在学习过程中树立远大的人生理想与培养高尚的人格。

3. 素质目标

（1）在学习书本知识的基础上，形成优良道德品质与人生格局，初步培养学习道德情操和职业生涯的规划设计能力。

（2）在深入理解中国文化经典思想精髓的基础上，培养学生崇尚公义，有同理、仁爱之心，并且有远大志向与公共服务精神。

（3）将道德的相关理论内化为自觉的意识、自身的习惯、自主的要求，提升职业实践中德行规范的意识和能力。

通过本课程的教学，逐步提高学生走向社会、自我发展所需的知识、文化、身心、情怀、职业等方面的综合素质，重点培养学生良好的道德品质、理想追求、职业素养、工作态度、公共服务价值观和职业操守，更好地促进学生身心健康和投身公共事业的品质。

（三）课程目标对毕业要求的支撑关系

表 3-4　课程目标对毕业要求的支撑关系矩阵

课程目标	毕业要求 1	毕业要求 2	毕业要求 3	毕业要求 4	毕业要求 5	毕业要求 6	毕业要求 7	毕业要求 8	毕业要求 9
知识目标	H			H					
能力目标		H	M						
素质目标						H	H	H	M

注：H 表示"强支撑"，M 表示"中支撑"，L 表示"弱支撑"。

（四）教学方法

牢固树立"教师启发引导，学生积极参与"的教学观念，强调学生是学习的中心，强调教为学服务。在教学方法的选择上遵循"教学有法、教无定法、贵在得法、教学相长"的原则。突破以往"填鸭式"教学、学生被动接受知识的传统模式，灵活运用多种教学方法，重视发挥学生对知识的好奇心与课堂活动参与热情，注重学生独立思考能力和思辨精神的培养，激发学生的创新意识和分析能力。

课程运用讲授法、案例讨论法、视频资料观摩法等方法。具体教学方法包括：理论讲授法；小组 vlog 制作与分享；启发式教学法；思考题引导。

具体教学手段为：注重传统文化与实际相结合，紧贴社会热点问题；注重培养学生分析问题和解决问题的能力；利用多种教学手段。

（1）多媒体课件演示：主要用于对课程要点、难点的讲解，经典段落的分析。

（2）板书：在广泛使用多媒体课件的同时，板书仍然是教学的重要方法之一。

（3）分组制作与分享 vlog：展示与点评。

（4）思考题：每一章都有开放性思考题目。

（五）教学内容与教学安排

1. 教学内容与安排简表

表 3-5　教学内容与安排简表

章节及内容摘要	需要学时数	备注
第一章　《大学》的修身哲学（导论）	2	小组 vlog 制作与展示
第二章　《大学》的精神：明德与慎独	2	小组 vlog 制作与展示
第三章　《论语》中的仁与智	2	小组 vlog 制作与展示
第四章　《论语》中的理想人格	2	小组 vlog 制作与展示
第五章　《论语》的管理之道	2	小组 vlog 制作与展示

续表

章节及内容摘要	需要学时数	备注
第六章　孔子与真理的追求	2	小组 vlog 制作与展示
第七章　孟子的人性哲学	2	小组 vlog 制作与展示
第八章　中国文化经典的智慧	2	小组 vlog 制作与展示

2. 课程思政内容及设计

表 3-6　中国经典文化导修课程思政教学设计表

课程名称	中国经典文化导修	课程性质	考查课	课程学分	2
面向专业	慈善管理	课程负责人		课程团队	
课程教材	自编讲义			是否为"马工程"教材	否

教学章节	知识点	思政元素案例	培养目标
第一章	大学的修身哲学	社会主义核心价值观对当代大学生的素质能力要求	将大学生的"三观"与社会价值评价相互结合，引导学生树立社会主义核心价值观
第二章	《大学》的精神：明德与慎独	大学生高消费、"躺平"、焦虑等现象的根源分析	理论联系实际，让学生扎实掌握专业理论，建立起远大的理想与求真务实的品质
第三章	《论语》中的仁与智	爱与公义以及慈善的关系，如何为公共利益以及慈善事业尽一己之力	理论联系实际，让学生懂得爱与智慧的关系，并践行之
第四章	《论语》中的理想人格	"键盘侠"、抑郁症、拜金主义等社会现象的症结分析	仁、智、勇的高尚品质对大学生学习生活的意义
第五章	《论语》中的管理之道	贪污腐败现象与治理现代化改革	行政伦理观的重要性及公职人员的选拔机制
第六章	孔子与真理的追求	"朝闻道，夕死可矣"的求真精神与摆烂、空虚的人生的对比	理论联系生活，培养学生追求真理的精神与独立思考的能力
第七章	孟子的人性哲学	孟子政治思想与现代民主思想、现代公共意识、现代公平正义的理念的比较	让学生通过主动思考、查询资料、发表观点、参与讨论的过程，学习孟子性善论和局限性，培养学生理性思维，开阔公共视野
第八章	中国文化经典的智慧	批判地继承中国文化经典中的积极思想，树立远大的人生理想与格局，以及思考中国文化精髓对我国治理现代化国家建设的启示	让学生在学习中国文化经典的基础上，将其蕴含的自我教育之道真正运用于学习、生活、工作中

（六）参考阅读书目

［1］冯友兰．中国哲学简史．华东师范大学出版社，2011.

［2］俞可平．走向善治．中国文史出版社，2016.

［3］杨伯俊．孟子译注．中华书局，2008.

［4］朱熹．四书章句集注．中华书局，1983.

［5］于歌．现代化的本质．江西人民出版社，2009.

［6］吴思．潜规则（修订版），复旦大学出版社，2009.

［7］马克斯·韦伯．儒教与道教．洪天富译．江苏人民出版社，2008.

［8］杨伯俊．论语译注．中华书局，1958.

［9］谢孟军．对外贸易驱动汉语国际推广研究：理论与实证．人民出版社，2023.

二、公益慈善文化概论

【课程名称】公益慈善文化概论　　　　【课程号】0505002236

【课程英文名称】An Introduction to Charity Culture

【总学时数/实践学时】32/0　　　　【总学分数/实践学分】2/0

【课程类别】公共基础课　　　　【课程类型】☑必修　选修

【面向专业】慈善管理　　　　【依据培养方案版本】2023

【前置课程及说明】中国文化经典导修、社会学、慈善管理学、管理学、社会问题、习近平新时代中国特色社会主义思想概论、思想道德与法治等课程。前置课程内容的学习可以使学生从多学科角度理解公益慈善和社会文化，是学习公益慈善文化概论的理论准备，通过对以上课程的学习和了解，能够更好地理解和学习本门课程。

【后续课程及说明】慈善管理专业的其他相关课程。公益慈善文化概论作为慈善管理专业的一门公共基础课程，和慈善项目管理、公益慈善筹资原理与技巧、公益慈善公关与传播等课程有着密切的联系。

（一）课程简介

本课程是慈善管理专业的选修课程之一，是慈善专业学生开设的素质拓展课程。其教学目的在于通过该课程的学习，使学生掌握慈善文化、慈善伦理等相关概念的内涵。慈善文化方面，使学生掌握中华慈善文化、国外慈善文化、宗教慈善文化、慈善文化现代化等；慈善伦理方面，使学生掌握慈善伦理的价值基础、慈善组织公信力、慈善动机、互联网慈善伦理、西方国家慈善伦理、当代中国慈善伦理规范体系的构建等。此外，本课程还会根据课堂教学需要适当导入宗族、信仰、族群、地方社会、移民、公民、教育等与慈善之间的关系，以及慈善文化与政治、慈善文化与经济、慈善文化与日常生活、慈善文化建设路径、慈善文化发展趋势等内容，了解我国公益慈善发展的最新现状和存在的问题，能够用相应的理论和研究方法对相关问题进行研究。

本课程主要培养学生以下几方面的能力：①掌握公益慈善文化相关的基本概念和理论；②了解公益慈善文化的主要类别，如中华慈善文化、宗教慈善文化、现代慈善文化等；③了解慈善的伦理、慈善组织公信力的深刻内涵、慈善动机等；④能从文化和道德伦理的角度去分析公益慈善的实践和各种涉及公益慈善的社会现象。

（二）课程目标

学习本课程的目的在于使学生能从文化与道德伦理的视角分析公益慈善的各类现象与问题，深刻理解公益慈善文化的概念及其外延，从而更好地认识公益慈善事业。同时，在教学过程中把学科理论的学习融入对实际问题的认知和实践研究之中，切实提高分析问题和解决问题的能力。

1. 知识目标

了解相关的名词概念和外延，并能正确认识和表述公益、慈善、广义慈善、狭义慈善、各类慈善文化、国内外慈善文化、慈善伦理与慈善动机等模块。

2. 能力目标

在专业知识的基础上，能较好地理解和把握基本概念、基本方法和分析方法，能掌握相关概念、事实和方法的区别与联系，并能针对实际案例结合书本知识进行分析应用，并在学习过程中锻炼和培养正确的学习方法。

3. 素质目标

培养学生对公益慈善文化的理论基础和发展趋势的理解。通过学习课程，学生应该能够掌握公益慈善文化的概念、内涵、特点等基本理论知识，并能够分析和解读公益慈善文化的发展趋势。

培养学生跨学科的综合素质。公益慈善文化涉及多个学科领域，如社会学、心理学、经济学等。通过学习课程，学生能够综合运用多个学科的理论和方法，分析和解决公益慈善领域的问题。

（三）课程目标对毕业要求的支撑关系

表3-7　课程目标对毕业要求的支撑关系矩阵

课程目标	毕业要求1	毕业要求2	毕业要求3	毕业要求4	毕业要求5	毕业要求6	毕业要求7	毕业要求8	毕业要求9
知识目标	H	M							
能力目标			M	H	M				
素质目标						M	M	H	M

注：H表示"强支撑"，M表示"中支撑"，L表示"弱支撑"。

（四）教学方法

牢固树立"教师为主导，学生为主体"的教学观念，强调学生是学习的主人，强调教为学服务。在教学方法的选择上遵循"教学有法、教无定法、贵在得法、教学相长"的原则。突破以往"填鸭式"教学、学生被动接受知识的传统模式，灵活运用多种教学方法，重视发挥学生的主观能动性，强调学生自主学习能力和创新能力的培养，激发学生的创新意识和独立思考能力。

课程运用讲授法、案例讨论法、视频资料观摩法等方法。具体教学方法包括：理论讲授法；案例分析；启发式教学法；思考题引导。

具体教学手段包括：注重理论与实际相结合，紧贴公益慈善相关的社会热点问题；注重培养学生分析问题和解决问题的能力；利用多媒体教学手段。

（1）多媒体课件演示：主要用于对课程要点、难点的讲解，图形演示等。

（2）分组案例讨论：针对相关案例进行讨论。

（3）思考题：每一章都有开放性思考题目。

（五）教学内容与教学安排

1. 教学内容与安排简表

表 3-8　教学内容与安排简表

章节及内容摘要	需要学时数	备注
第一章　导论	2	公益慈善文化与伦理的相关概念
第二章　中华慈善文化	2	
第三章　宗教慈善文化	2	
第四章　慈善文化现代化	2	案例讲解
第五章　慈善伦理的价值基础	2	案例讲解
第六章　慈善组织公信力	2	期中考试（开卷）
第七章　慈善动机的伦理追问	2	
第八章　互联网慈善伦理	2	案例讲解
第九章　西方国家慈善伦理	2	案例讲解
第十章　当代中国慈善伦理体系建构	2	
第十一章　宗族与慈善	2	拓展补充
第十二章　族群与慈善	2	拓展补充
第十三章　地方社会与慈善	2	拓展补充
第十四章　移民与慈善	2	拓展补充
答疑	2	

续表

章节及内容摘要	需要学时数	备注
考试：期末考试（开卷）	2	
合计	32	

2. 课程思政内容及设计

表3-9　公益慈善文化概论课程思政教学设计表

课程名称	社会问题	课程性质	必修课	课程学分	2
面向专业	慈善管理	课程负责人		课程团队	
课程教材	《慈善文化与伦理》《华人慈善：历史与文化》			是否为"马工程"教材	否

教学章节	知识点	思政元素案例	培养目标
第一章	导论：慈善、慈善文化与伦理	中国传统文化典籍中对慈善的论述	让学生了解中国悠久的历史文化，树立文化自信、历史自信和民族自豪感
第二章	中华慈善文化	红色文化、沂蒙精神、雷锋精神等	深刻认识到红色文化是中华慈善文化的重要构成之一，对于我国各个历史阶段的革命、建设和改革具有重要意义
第三章	宗教慈善文化	佛教的福田观	宗教慈善文化强调爱、善、恕等价值观。通过学习宗教慈善文化，学生能够接受这些正面的价值观念，建立正确的道德观和人生观，培养出善良、宽容、乐于助人的品格
第四章	慈善文化现代化	钢铁大王卡耐基的财富观	引导学生树立健康的财富观
第五章	慈善伦理的价值基础	正面案例：丛飞做慈善	了解丛飞这种完全纯粹利他的精神，感受慈善文化与道德伦理的伟大魅力
第六章	慈善组织公信力	反面案例：郭美美事件	引导学生认识到公信力是慈善组织的灵魂和生命线。社会个体也是如此，要以诚信为本，养成正确、健康的价值观
第七章	慈善动机的伦理追问	学者型慈善家	通过案例分析，学生可以深入理解慈善的各种动机，学者型慈善家正是因为之前的学术经历，使他们产生社会责任感，这是社会对学者型角色的期待，也是师德的传承，有助于学生认识到学术、学习要讲究诚信，要有责任感和公民意识

续表

教学章节	知识点	思政元素案例	培养目标
第八章	互联网慈善伦理	反面案例：网络主播"伪慈善"获刑	通过案例分析，学生可以深入了解互联网慈善的伦理失范现象，认识到我国慈善相关法律的不断完善，认识到无论是个人还是组织都要遵守法律法规，要对法律有敬畏之心
第九章	西方国家慈善伦理	美国北肯塔基大学的慈善实践	通过案例分析，学生可以深入了解慈善教育在推动一个国家慈善事业发展和国民参与慈善事业的重要作用，引导学生认识到教育的重要性，并引导学生树立正确的学习态度
第十章	当代中国慈善伦理体系构建	《中华人民共和国慈善法》；指尖公益	通过案例分析，学生可以真实感受到国家在法律层面的不断努力，引导学生从变迁和动态的视角看待问题。同时，通过案例分析，学生能够理解人人慈善的重要性和可行性，每个人都可以通过微公益等各种形式参与到中国的公益慈善事业中，以此培养学生的社会责任感和公民意识
第十一章	宗族与慈善	范氏义庄	以范仲淹为例，使学生认识到刻苦学习的重要性。北宋范仲淹"先天下之忧而忧，后天下之乐而乐"，早年他求学艰苦，学有所成，家族兴旺，由此创办中国最早的家族式慈善组织。这也会引导学生树立社会责任感和正确的财富观
第十二章	族群与慈善	藏族神山崇拜、朝鲜族老人节	理解广义慈善所涉及的领域，敬畏自然，敬畏生命，引导学生正确认识人与自然的和谐关系。同时，引导学生沿袭尊敬长辈、关爱老人等弱势群体的优良传统美德
第十四章	移民与慈善	广东顺德：旅港顺德绵远堂	认识到海外华人爱国爱乡的慈善实践，使学生产生民族自豪感与民族凝聚力

（六）参考教材

[1] 周俊，王法硕．慈善文化与伦理．北京大学出版社，2021．

[2] 朱健刚，武洹宇．华人慈善：历史与文化．中国社会科学出版社，2020．

（七）参考阅读书目

[1] 徐宇珊，朱照南．美国公益图谱：从传统到现代．社会科学文献出版社，2017．

[2] 涂尔干．宗教生活的基本形式．渠东，汲喆译．上海人民出版社，2010．

［3］卡内基．财富的福音．杨会军译．京华出版社，2006.
［4］成中英．文化·伦理与管理．东方出版社，2011.
［5］费孝通．乡土中国．上海人民出版社，2009.
［6］周秋光，曾桂林，等．中国慈善简史．人民出版社，2006.

三、公益慈善经典原著选读（双语）

【课程名称】公益慈善经典原著选读（双语）【课程号】0605002238
【课程英文名称】Selected Readings of the Classic Works on Philanthropy Management（Bilingual）

【总学时数/实践学时】32/0　　　　　　　【总学分数/实践学分】2/0
【课程类别】专业拓展课　　　　　　　　　【课程类型】□必修　☑选修
【面向专业】慈善管理　　　　　　　　　　【依据培养方案版本】2023
【前置课程及说明】慈善管理学、公益慈善文化概论、非营利组织管理
【后续课程及说明】组织资源规划模拟、慈善管理案例分析、公益慈善公关与传播

（一）课程简介

公益慈善经典原著选读（双语）课程旨在通过选读公益慈善领域的经典原著，帮助学生深入了解公益慈善的理论基础、历史背景和实践经验。本课程以双语教学为特点，既提供中文原著的阅读和理解，又提供英文原著的学习和研究。

课程内容涵盖了公益慈善领域的经典著作，包括但不限于 *Philanthropy in America：An Historical and Strategic Overview*、*No Such Thing as a Free Gift：The Gates Foundation and the Price of Philanthropy*、*Decolonizing Wealth：Indigenous Wisdom to Heal Divides and Restore Balance*、*Giving to Help：Helping to Give：The Context and Politics of African Philanthropy*、*Walker's Gospel of Giving：Black Women's Philanthropy During Jim Crow*、*Funding Feminism：Monied Women，Philanthropy，and the Women's Movement 1870-1967* 等。通过阅读这些经典原著，学生可以深入了解公益慈善的理论基础、概念定义、运作模式和管理方法。

课程教学方法主要包括课堂讲授、讨论和研讨、独立阅读和写作等。教师将通过讲解原著的核心内容和主要观点，引导学生理解和掌握相关知识。同时，教师还将组织学生进行讨论和研讨，让学生分享自己的理解和观点，促进学生的思考和交流。此外，学生还可进行独立阅读和写作，通过阅读原著并撰写读后感、论文等形式，加深对公益慈善的理解和思考。

通过学习公益慈善经典原著选读（双语）课程，学生能够系统地学习和研究公益慈善领域的经典原著，深入了解公益慈善的理论和实践，提高自己的思辨

和分析能力，为未来从事公益慈善工作打下坚实的理论基础。

（二）课程目标

1. 知识目标

公益慈善经典原著选读（双语）课程的目标主要包括以下几个方面：

（1）理解公益慈善的理论基础：通过选读经典原著，学生能够深入了解公益慈善的理论基础，包括公益慈善的概念、原则和价值观等，从而建立起对公益慈善的全面认识。

（2）掌握公益慈善的历史背景：通过学习公益慈善领域的经典原著，学生可以了解公益慈善的历史背景和演变过程，了解公益慈善在不同时期的发展和变革，从而更好地把握公益慈善的现状和未来趋势。

（3）学习公益慈善的实践经验：经典原著中通常包含了慈善实践的案例和经验，学生通过选读这些原著，可以学习到慈善实践中的成功经验和失败教训，提高自己的实践能力和培养创新思维。

2. 能力目标

（1）培养批判性思维和分析能力：通过阅读和研究经典原著，可培养学生批判性思维和分析能力，能够对公益慈善的理论和实践进行深入的思考和评估，提出自己的观点和建议。

（2）提高双语阅读和研究能力：本课程以双语教学为特点，学生既能够阅读中文版本，又能够学习和研究英文原著，从而提高自己的双语阅读和研究能力，为未来从事公益慈善领域的研究和工作打下坚实基础。

（3）培养公益慈善研究能力：通过选读经典原著，可培养学生公益慈善研究的能力，学会运用研究方法和工具，深入分析和评估公益慈善问题，提出创新的解决方案。

（4）培养国际视野和跨文化交流能力：本课程以双语教学为特点，学生既能够学习国内公益慈善的经典原著，又能够学习国际公益慈善的经典原著，从而开阔自己的国际视野和培养跨文化交流能力，为未来在国际公益慈善领域的工作做好准备。

3. 价值目标

（1）培养公益慈善意识和责任感：通过学习经典原著，学生可深入了解公益慈善的重要性和意义，培养他们对社会问题的关注和解决的责任感，激发学生参与公益慈善活动的积极性。

（2）培养公益慈善领导力：经典原著中通常包含了公益慈善领导者的思想和经验，学生通过学习这些原著，可以培养自己的领导力，学会在公益慈善领域中起到积极的引领作用。

（3）提升个人综合素质：通过学习经典原著，学生可提升自己的综合素质，包括批判性思维、创新思维、团队合作能力、沟通能力等，为未来的职业发展和社会参与打下坚实基础。

（三）课程目标对毕业要求的支撑关系

表 3-10　课程目标对毕业要求的支撑关系矩阵

课程目标	毕业要求 1	毕业要求 2	毕业要求 3	毕业要求 4	毕业要求 5	毕业要求 6	毕业要求 7	毕业要求 8	毕业要求 9
知识目标	H	H							
能力目标			H	H	M				
素质目标						H	M	H	L

注：H 表示"强支撑"，M 表示"中支撑"，L 表示"弱支撑"。

（四）教学方法

本课程的教学方法包括以下几种：

（1）研讨讨论：教师选择经典原著中的重要章节或论点，组织学生进行讨论，引导学生思考和分析其中的观点和思想。采用小组讨论或全班讨论的形式，让学生互相交流和分享自己的理解和看法。

（2）案例分析：通过分析公益慈善领域的实际案例，结合经典原著中的理论和思想，让学生了解公益慈善的实践问题和挑战，培养学生解决问题的能力和创新思维。

（3）角色扮演：设计一些情景，让学生扮演公益慈善领域的相关角色，通过模拟实际情境，让学生体验和理解公益慈善工作中的挑战和决策过程，提高学生的综合素质和领导能力。

（4）双语阅读和讨论：本课程的特点是双语教学，教师通过选择一些经典原著的双语版本，让学生在阅读原著的同时提升英语水平。同时，组织学生进行双语讨论，让学生用中英文进行交流。

（5）课堂演讲和展示：鼓励学生进行个人或小组的课堂演讲和展示，分享自己对经典原著的理解和思考，提高学生的口头表达能力和演讲技巧。

通过以上教学方法的综合运用，可以激发学生的学习兴趣，培养学生的思辨能力和实践能力，提高学生的综合素质和专业能力。

（五）教学内容与教学安排

1. 教学内容与安排简表

表 3-11 教学内容与安排简表

章节及内容摘要	需要学时数	备注
第一章 概论：我们为什么要阅读经典	4	
第二章 论语、理想国	4	
第三章 撬动公益：慈善与社会投资新前沿导论	4	
第四章 美国早期慈善发展史	4	
第五章 全球慈善前沿著作选读	4	
第六章 Philanthropy and Foundation Management：A Guide to Philanthropy in Europe and China	4	
第七章 资产与穷人：一项新的美国福利政策	4	
第八章 课程总结：公益慈善经典原著选读总结	4	

2. 课程内容及设计

表 3-12 公益慈善经典原著选读（双语）课程思政教学设计表

课程名称	公益慈善经典原著选读（双语）	课程性质	选修课	课程学分	2	
面向专业	慈善管理	课程负责人		课程团队		
课程教材	《论语》《理想国》《撬动公益：慈善与社会投资新前沿导论》等			是否为"马工程"教材	否	
教学章节	知识点	思政元素案例		培养目标		
第一章	概论：我们为什么阅读经典	经典著作的意义、中华慈善日的起源		引导学生了解公益慈善经典理论和前沿，掌握公益慈善管理的研究框架和运行机制，掌握公益慈善在养老服务、环境保护、教育支持、精准扶贫等具体领域的运用，为本科学年论文和毕业论文选题及研究能力培养打基础		
第二章	论语、理想国	孔子与子贡的故事、苏格拉底与特西拉马库斯正义之辩		引导学生了解公益慈善历史与文化，辨析东西方差异及公益慈善事业本土化如何适应国情，增强民族自豪感和文化自信心		

教学章节	知识点	思政元素案例	培养目标
第三章	撬动公益：慈善与社会投资新前沿导论	慈善和社会投资前沿革命的背景和驱动逻辑；和第三次分配的关系	引导学生了解公益慈善的含义与研究内容，公益慈善杠杆效应，以及第三次分配背景下公益慈善管理的新问题、需求、主体、工具、对象和发展趋势
第四章	美国早期慈善事业的发展、美国慈善思想史、美国早期慈善家及其事迹	以 Cotton Mather 和 Benjamin Franklin 的慈善思想和社会实践为例，介绍美国的慈善价值观	引导学生多角度思考社会问题。社会问题往往是复杂的，可以从不同的角度进行思考，包括经济、政治、文化、环境、教育等多个层面，使学生能够理解：通过多角度思考，可以更全面地理解社会问题的本质和影响因素
第五章	全球慈善前沿著作的主要内涵	以"横向慈善"为例，介绍慈善事业作为一种全球现象的本质、特征与意义	使学生了解慈善作为人类相互依存的基本理念，具有无国界的特征
第六章	Philanthropy and Foundation Management: A Guide to Philanthropy in Europe and China	我国传统公益慈善理念和实践对国外的影响、东西方公益慈善事业发展理念差异及管理特色	使学生了解公益慈善管理的一般方法和程序；了解东西方公益慈善事业发展理念差异及管理特色
第七章	资产与穷人：一项新的美国福利政策	中国古典"授之以渔"思想	使学生了解个人账户作为一项将慈善、福利和经济社会发展目标整合的革命性理念创新和发展，启发学生思考公益在前置性社会救助的作用及在我国的应用前景
第八章	课程总结：公益慈善经典原著选读总结	团队合作整理和共享公益慈善经典书目清单	通过阅读经典原著，系统学习和了解公益慈善与经济、社会、文化环境的关系；学习英文中引用的我国经典文化中关于公益慈善的出处，模仿英汉互译

（六）教材

[1] [美] 莱斯特·M. 萨拉蒙. 撬动公益：慈善与社会投资新前沿导论. 叶托，张远凤译. 社会科学文献出版社，2014.

[2] [美] 迈克尔·谢若登. 资产与穷人：一项新的美国社会政策. 高鉴国译. 商务印书馆，2007.

[3] 孔子. 论语（中英双语·诵读版）. [英] 保罗·怀特（Paul White）译，徐国荣，白话文译注. 外文出版社，2019.

〔4〕艾利斯. 柏拉图与理想国（中英双语版）. 毛羽，赵廷，译. 大连理工大学出版社，2008.

〔5〕Lester M. Salamon. *New Frontiers of Philanthropy*：*A Guide to the New Tools and Actors Reshaping Global Philanthropy and Social Investing*. Oxford University Press，2014.

（七）参考阅读书目

〔1〕Linsey McGoey. *No Such Thing as a Free Gift*：*The Gates Foundation and the Price of Philanthropy*. Verso，2016.

〔2〕Edgar Villanueva. *Decolonizing Wealth*：*Indigenous Wisdom to Heal Divides and Restore Balance*. Berrett-Koehler Publishers，2021.

〔3〕Aina and Bhekinkosi Moyo. *Giving to Help*：*Helping to Give*：*The Context and Politics of African Philanthropy*. Amalion Publishing，2013.

〔4〕Tyrone McKinley Freeman，Madam C. J. *Walker's Gospel of Giving*：*Black Women's Philanthropy during Jim Crow*. University of Iuinois Press，2020.

〔5〕Joan-Marie Johnson. *Funding Feminism*：*Monied Women，Philanthropy，and the Women's Movement* 1870-1967. The University of North Carolina Press，2017.

〔6〕郑秉文，施德容. 新时代慈善十大热点. 社会科学文献出版社，2018.

〔7〕斯坦福大学教学案例：Case Study of Stanford Graduate School of Business. Philanthropy in America：An Historical and Strategic Overview. https：//www. gsb. stanford. edu/faculty-research/case-studies/philanthropy-america-historical-strategic-overview

第四节　创新创业教育课程教学大纲

大创训练与学科竞赛

【课程名称】大创训练与学科竞赛　【课程号】0805002328

【课程英文名称】Major Innovation Training and Discipline Competition

【总学时数/实践学时】16/0　　　　【总学分数/实践学分】1/0

【课程类别】公共基础课　　　　　　【课程类型】□必修　☑选修

【面向专业】慈善管理　　　　　　　【依据培养方案版本】2023

【前置课程及说明】本课程是一门综合性的课程，因涵盖广泛的主题和技能，没有强制的前置课程要求。因而，为了确保学生在课程中更好地理解和应用相关知识，前置课程建议为慈善项目管理（"双创"）、思想道德与法治、认识实习、创新创业基础、劳动教育、职业生涯规划与设计等，通过先对以上课程进行了解，能够更好地理解和学习本门课程。

【后续课程及说明】慈善管理专业的其他相关课程。大创训练与学科竞赛作为慈善管理专业一门素质拓展课程，和慈善项目管理、公益慈善筹资原理与技巧、公益慈善公关与传播等课程有着密切的联系。

（一）课程简介

本课程是慈善管理专业的公共基础课程之一，是为慈善专业学生开设的素质拓展课程。教学目的在于引导学生参与综合类和学科类竞赛，全面培养创新创业精神。课程旨在激发学生的创造力，培养其解决实际问题的能力和团队协作的能力，为参与创新与创业夯实基础。

（二）课程目标

1. 知识目标

（1）全面了解各类竞赛详情。

（2）学习各种综合类和学科类竞赛的体系结构。

（3）丰富学科知识，锻炼实践技能。

2. 能力目标

（1）问题分析与解决能力。

（2）创新思维与创造力：本课程可引导学生发展创新思维，鼓励他们挑战传统观念，寻找新的解决方案。通过开展创新项目，可培养学生在面对未知情境时提出独特、前瞻性想法的能力。

（3）团队合作与沟通技巧：通过小组项目合作，可培养学生良好的团队合作和沟通技巧。这包括学会有效沟通观点、协调团队成员，共同解决问题，提高整个团队的绩效。

（4）领导力与决策能力：课程设计可促使学生在团队中承担领导角色，培养他们的领导力和决策能力。通过实际操作，学生将学会如何在压力下做出明智的决策，并激发团队的积极性。

这些能力目标的实现将使学生在未来职业生涯中更具竞争力，能够在创新和创业领域中脱颖而出。

3. 素质目标

培养学生的综合素质，使他们具备为社会创新与创业贡献力量的潜质，包括创业意识、社会责任感和批判性思维等。

（三）课程目标对毕业要求的支撑关系

表 3-13　课程目标对毕业要求的支撑关系矩阵

课程目标	毕业要求 1	毕业要求 2	毕业要求 3	毕业要求 4	毕业要求 5	毕业要求 6	毕业要求 7	毕业要求 8	毕业要求 9
知识目标	H	M							
能力目标			M	H	M				
素质目标						M	M	H	M

注：H 表示"强支撑"，M 表示"中支撑"，L 表示"弱支撑"。

（四）教学方法

牢固树立"教师为主导，学生为主体"的教学观念，强调学生是学习的主体，强调教为学服务。在教学方法的选择上遵循"教学有法，教无定法，贵在得法，教学相长"的原则。突破以往"填鸭式"教学、学生被动接受知识的传统模式，灵活运用多种教学方法，重视发挥学生的主观能动性，强调对学生自主学习能力和创新能力的培养，激发学生的创新意识和独立思考能力。

具体教学方法如下：

（1）理论讲解与案例分析：本课程以理论讲解和案例分析作为开端，介绍综合类和学科类竞赛的背景、特点和成功案例。通过深入研究案例，学生能够更好地理解竞赛的实质，并激发他们的创新兴趣。

（2）项目实践：学生将在小组中选择参与一个综合类或学科类竞赛，并通过实际项目实践深化理论学习。这一阶段强调实践操作，通过动手解决实际问题，提高学生的实际应用能力。

（3）导师辅导：每个小组将得到专业导师的指导，导师将传授学科知识和实践经验，帮助学生更好地完成项目。导师辅导注重的是引导学生的思维，激发他们的创新性和解决问题的能力。

（4）同行评价：学生在项目进展汇报中进行同行评价，促进小组内外的交流与合作。这有助于学生在实践中相互学习、借鉴经验，提高团队整体水平。

（五）教学内容与教学安排

1. 教学内容与安排简表

表 3-14　教学内容与安排简表

章节及内容摘要	需要学时数	备注
第一章　课程介绍与竞赛概览	2	理论讲解与案例分析

续表

章节及内容摘要		需要学时数	备注
第二章	综合类竞赛解析与案例分析	2	理论讲解与案例分析
第三章	学科类竞赛介绍与实践	2	理论讲解与项目实践
第四章	项目主题选择与团队组建	2	项目实践与导师辅导
第五章	技术难题攻关与解决	2	项目实践与导师辅导
第六章	创业计划与商业模式	2	理论讲解与案例分析
第七章	项目进展汇报与同行评价	2	项目实践与同行评价
第八章	成果展示与总结	2	理论讲解与实践总结
合计		16	

2. 课程内容及设计

表 3-15 《大创训练与学科竞赛》课程教学设计表

课程名称	大创训练与学科竞赛	课程性质	选修课	课程学分		1
面向专业	慈善管理	课程负责人		课程团队		
课程教材	《大学生创新创业基础（大赛案例版）》《大学与创业教育》			是否为"马工程"教材		否
教学章节	知识点	思政元素案例		培养目标		
第一章	课程介绍与竞赛概览	爱国主义、社会责任		引导学生关注国内外知名竞赛，树立对社会创新创业的责任感		
第二章	综合类竞赛解析与案例分析	创新、实践		分析综合类竞赛的成功案例，培养学生实际解决问题的能力		
第三章	学科类竞赛介绍与实践	社会主义核心价值观		鼓励学生选择符合专业知识的学科类竞赛，培养他们的专业技能		
第四章	项目主题选择与团队组建	民主、平等		强调团队协作和民主决策，培养团队领导力		
第五章	技术难题攻关与解决	奋斗、进取		鼓励学生克服技术难题，提高实际操作能力		
第六章	创业计划与商业模式	公正、法治		帮助学生构建创业计划，强调商业道德与法律意识		
第七章	项目进展汇报与同行评价	友善、合作		提升学生团队协作和沟通能力		
第八章	成果展示与总结	爱国主义、创新		引导学生将所学知识和经验应用到实际中，总结竞赛经验和收获		

（六）参考教材

［1］杨京智．大学生创新创业基础（大赛案例版）．人民邮电出版社，2020.

［2］黄华．如何赢得创新创业大赛．化学工业出版社，2019.

（七）参考阅读书目

［1］石瑞宝，等．大学生创新创业基础．清华大学出版社，2020.

［2］李伟，等．创新创业教程（第2版）．清华大学出版社，2019.

第五节　劳动教育类课程

劳动教育（理论）

【课程名称】劳动教育（理论）　　【课程号】0705002070

【课程英文名称】Labor Education（Theory）

【总学时数/实践学时】16/0　　　【总学分数/实践学分】1/0

【课程类别】通识课　　　　　　【课程类型】☑必修　□选修

【面向专业】所有专业　　　　　【依据培养方案版本】2023

（一）课程简介

劳动教育是中国特色社会主义教育制度的重要内容，其直接决定社会主义建设者和接班人的劳动精神面貌、劳动价值取向和劳动技能水平。教育部颁布的《大中小学劳动教育指导纲要（试行）》中规定："在公共必修课中，要进一步强化马克思主义劳动观教育、劳动相关法律法规与政策教育。"遵循这一精神，山东工商学院设立了劳动教育的理论课程和实践课程。

劳动教育理论课程旨在树立大学生正确的劳动观，改变其精神面貌；同时，鉴于劳动教育是一个综合性的领域，本课程将通过讲授与劳动相关的经济学、管理学、劳动法与社会学等学科的相关知识，提高大学生的专业素质，提升其对工作环境的适应性和可雇佣性。

（二）课程目标

设置劳动教育课程的目的在于强化劳动教育在整个高校人才培养体系中的作用。课程旨在引导大学生树立马克思主义劳动观；同时，结合学科特点，围绕创新创业开展生产性劳动、服务性劳动及公益性志愿劳动，以此来积累大学生的职业经验，培育其创造性的劳动能力、诚实守信的合法劳动意识和服务社会的志愿劳动理念。

在劳动教育的理论课程部分，课程根据要求首先对学生进行劳动价值观的教育，引导其树立马克思主义的劳动价值观，树立创新创业的有为信念，树立服务社会的公益精神；在价值引导的基础上，进行劳动心理、劳动关系、劳动法律与社会保障等重要知识的讲授，使各个学科的学生都能掌握与劳动相关的知识，增强他们对现实工作环境的适应能力，提升其就业能力和创新创业能力。

（三）教学方法

在课程教学上，坚持理论联系实际，课堂教学采用讲授、讨论、案例（或习题）相结合的方式。

（1）在教学方法上，以理论讲授为基础，将专题的深入研讨作为课程的核心，在保障学生掌握基本理论的同时，能够更深入了解劳动教育在当前发展的趋势与特点。

（2）在教学内容上，以劳动教育的劳动价值观和劳动知识为基础，并通过案例解读未来劳动的变化趋势与背景。

（3）拓展教学工具，积极使用线上教学手段，鼓励学生自主学习和共同讨论。具体为：

①在课程开始前建立线上学习群，发布课前的学习任务和预习任务。

②在课上进行理论讲授，并鼓励学生参与授课内容的讨论。

③在课程结束后，根据课程进行情况布置课程作业和之后的学习任务，并鼓励学生通过线上的方式进行沟通，教师积极为学生答疑。

（四）教学原则

牢固树立"教师为主导，学生为主体"的教学观念，在教学方法的选择上遵循"教学有法，教无定法，贵在得法，教学相长"的原则。突破以往"填鸭式"教学、学生被动接受知识的传统模式，灵活运用多种教学方法，重视发挥学生的主观能动性，强调学生自主学习能力和创新能力的培养，激发学生的创新意识和独立思考能力。

（五）教学内容与教学安排

表 3-16　教学内容与教学安排

学习项目	学习内容与要求	评价建议	教学方法	学时
第一章　人力资源与人力资源管理	1. 理解劳动教育的意义 2. 理解当前劳动教育的时代特点 3. 大学生劳动教育的特点与意义 4. 大学生劳动教育中的"双创"教育	课堂表现+学习讨论	讲授法讨论法	2

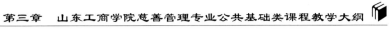

续表

学习项目	学习内容与要求	评价建议	教学方法	学时
第二章　人力资源管理的基础理论	1. 了解中国传统文化中的劳动价值观 2. 了解和掌握马克思主义劳动价值观 3. 新时代中国特色的劳动价值观念的建设要求 4. 通过公益慈善文化提升大学生的志愿服务行为	课堂表现+ 学习讨论	讲授法 讨论法	2
第三章　工作分析	1. 初步了解劳动力市场的运行方式及其供求关系的影响 2. 了解人力资源与人力资本的含义及其产生的时代背景 3. 了解知识型劳动者的工作特点与管理方式	课堂表现+ 学习讨论	讲授法 讨论法	2
第四章　人力资源规划	1. 了解劳动关系的含义与特征 2. 了解中国特色的和谐劳动关系的构建理念 3. 了解对劳动者权益的保护 4. 了解社会保障与社会保险	课堂表现+ 学习讨论	讲授法 讨论法	2
第五章　招聘与录用	1. 了解主要劳动法律出台的时间与社会背景 2. 详细了解劳动合同法中的规定 3. 详细了解集体劳动合同的规定 4. 详细了解劳动争议处理的流程与制度	课堂表现+ 学习讨论	讲授法 讨论法	2
第六章　培训与开发	1. 了解劳动者在劳动过程中的心理特点 2. 了解劳动者的需求与激励机制 3. 了解劳动者心理变化对劳动效率的影响机制	课堂表现+ 学习讨论	讲授法 讨论法	2
第七章　绩效管理	1. 劳动与人力资源 2. 劳动与报酬 3. 劳动者的自我管理	课堂表现+ 学习讨论	讲授法 讨论法	2
第八章　薪酬和福利管理	1. 了解人工智能的发展趋势及其对劳动的影响 2. 了解人力资源大数据的发展 3. 了解平台经济的发展趋势与劳动方式的变化	课堂表现+ 学习讨论	讲授法 讨论法	2

（六）教材

刘向兵．劳动教育通论（第2版）．高等教育出版社，2021.

第四章 山东工商学院慈善管理学科 基础课程教学大纲

第一节 学科基础课程体系设计的依据

学科基础课程是专业的入门课程，学科基础课程的设计应在专业所属的学科范畴内进行。慈善管理专业作为管理学科下设专业，旨在培养具有良好的人文素养、科学精神、社会责任、财商素养和创新创业意识，具备扎实的管理学、经济学、政治学、法学等多学科理论基础，掌握现代化社会科学方法与信息化技术，通晓慈善管理的专业知识，具有较强的慈善法律政策咨询与服务能力、慈善组织管理与沟通协调能力、慈善项目管理与评估分析能力、慈善资金募集与信托管理能力、社会营销与传播能力等，能为慈善组织、企事业单位、党政机关等提供服务的国际化高素质复合式创新应用型专业人才。因此，管理学、经济学、政治学、法学等专业基础课程理应成为慈善管理课程体系设计中的重要内容和先导性课程。基于慈善管理专业本科生培养目标，慈善管理学科基础课程体系设计中包含以下课程：管理学、公共管理导论、公共政策学、社会保障概论、经济学、公共经济学、伦理学、政治学、社会学、组织行为学、逻辑学、统计学和社会科学。本章将具体呈现慈善管理专业学科基础课程的教学大纲。每一门课程的教学大纲都由具有多年相关课程教学经验的教师所编写，并经过多轮修订调整。每一份大纲都将介绍课程开设目的、课程主要内容设计以及能力培养目标。此外，课程大纲罗列了该门课程主要的知识点，标明知识点对应的课时安排。

第二节　管理学类课程教学大纲

一、管理学

（一）课程基本信息

【课程名称】管理学　　　　　　　　【课程号】0403000812

【课程英文名称】Management　　　　课程类别：专业基础课

【总学时数/实践学时】48/0　　　　　【总学分数/实践学分】3/0

【课程类别】学科基础课　　　　　　【课程类型】☑必修　□选修

【面向专业】管理类　　　　　　　　【依据培养方案版本】2023

【前置课程及说明】无。

【后置课程及说明】学习完本课程后，学生可以进一步深入学习相关领域的高级课程，如慈善项目管理、非营利组织管理、慈善组织人力资源管理等课程，以加强对管理学知识的理解和应用。

（二）课程简介

"管理学"以研究管理一般问题为己任，以组织管理为研究对象，致力于研究管理者如何有效地管理其所在的组织。"管理学"作为山东工商学院全校性公共基础课，在所有专业人才教学培养方案中处于重要地位。

本课程围绕"管理者如何有效管理其组织"，系统讲授管理基本知识，其目的在于阐明组织管理活动的一般规律，为组织管理提供一种指导框架。"管理学"课程主要是由低向高，从三个层次来阐述：第一层次是基础篇，包括管理与管理学、管理思想与管理理论、管理与环境；第二层次是职能篇，即管理过程，也称技能篇，包括决策、计划、组织、领导、控制等管理的职能活动；第三层次是提升篇，即管理的改进与创新。

（三）教学目的与基本要求

通过本课程的学习，激发学生学习管理的兴趣，使学生系统掌握管理基础知识，培养组织意识和管理思维方法，并能初步运用管理学的基本思想、方法分析和解决自身管理问题，分析和解释组织管理问题。

基本要求：要求学生能够阅读一定数量的管理学经典原著；准确陈述管理学中的基本观点、基本理论和基本思维方法；阐述历史上各种不同的管理思想的基本观点和特点；解释各项管理工作的重要性并能阐述做好各项管理工作的基本过程和基本原则；大致了解各项管理工作中一些常用的方法和实践技巧。

（四）主要内容及教学要求

导论

【学习目的】了解课程教学内容、教学目的、学习目标、学习要求和学习方式，对管理学体系的构成、学习管理的重要性、管理学的特点和管理基本思维方式有全面的认识，从而激发学习管理学的兴趣，并为后续学习奠定基础。

【学习目标】通过本章的学习，应能够做到以下几个方面：了解课程教学内容、教学目的、学习目标、学习要求和学习方式，能够说明管理学体系的构成、学习管理的重要性、管理学的特点和管理的基本思维方式。

【主要内容】

第一节　课程简介

第二节　课程学习目标与基本要求

　　一、课程教学目的和学习目标

　　二、课程学习方式

　　三、学习要求

第三节　管理学

　　一、管理学科体系构成

　　二、管理学的特点

　　三、学习管理学的重要性

第四节　管理学学习要点提示

　　一、三种基本思维方式

　　二、四项基本原则

　　三、一个核心要素

第一章　管理与管理学

【学习目的】了解组织、管理、管理者产生的原因，对组织、管理及管理者职责和素质有全面的认识，从而激发学生学习管理学的兴趣，并为后续学习奠定基础。

【学习目标】通过本章的学习，应能够做到以下几个方面：解释管理及组织产生的原因，说明管理与人类其他活动之间的关系；阐述管理和组织的功能，界定管理有效性，即效率与效果；说明管理职能与管理过程，解释组织的实质和组织管理的要点；区分管理者与操作者，说明管理者在组织中的角色和基本职责，区分高层、中层、基层管理者的职责，陈述管理者应具备的素质。

【主要内容】

第一节　管理

一、组织和管理的产生

　　　　二、管理的含义与特性

　　　　三、管理有效性衡量

　　　　四、管理职能和管理过程

　　　第二节　管理者及其技能

　　　　一、组织及其实质

　　　　二、管理者及其分类

　　　　三、管理者的角色与技能

　　　第三节　管理学的基本内容构成

　　　　一、管理学

　　　　二、管理学的特征

　　　　三、管理学的基本内容框架

　　　第四节　管理环境

　　　　一、环境对组织的影响

　　　　二、环境的管理

第二章　管理思想与理论的发展演变

　　【学习目的】通过了解西方管理思想和理论发展过程以及学习历史上主要的管理思想和理论，为融会贯通各种管理思想和理论以及提高管理的有效性奠定基础。

　　【学习目标】通过本章的学习，应能够做到以下几个方面：陈述西方管理思想和理论的发展过程，掌握不同管理思想和理论的特点及其主要学派的基本观点；知道各管理思想和理论流派的主要代表人物及其主要贡献；了解 21 世纪管理面临的挑战，明确管理发展的大致趋势。

　　【主要内容】

　　　第一节　历史背景

　　　　一、工业革命之前

　　　　二、工业革命之后

　　　第二节　中外早期管理思想

　　　第三节　管理理论的形成和发展

　　　　一、古典管理理论

　　　　二、行为科学理论

　　　　三、现代管理理论

　　　第四节　21 世纪的管理

　　　　一、中国大陆管理发展现状评述

二、21 世纪管理发展趋势

第三章 决策

【学习目的】掌握科学决策的基本知识和方法，以提高日常重大决策的科学性和正确性；认识到决策受到众多因素的影响，从而能够以比较现实的态度去面对决策。

【学习目标】通过本章的学习，应能够做到以下几个方面：解释决策在组织管理中的重要性和普遍性；了解决策的含义和基本观点；概述理性决策的基本过程；说明决策类型和影响决策的主要因素；能够区分不同性质的问题，陈述不同风险倾向的决策者的决策特点，区分不同决策者的决策风格；陈述不同的决策模式及其基本假设；陈述各种常用的决策方法及其适用范围；了解提高决策正确性的各种技巧。

【主要内容】

第一节 决策及其基本过程

一、决策及其基本观点

二、决策的重要性

三、决策的基本过程

第二节 决策的类型与系统

一、决策的类型

二、决策系统

第三节 影响决策的主要因素

一、问题的类型

二、环境的制约

三、决策者的个性特点

第四节 决策模式、方法与技巧

一、决策模式

二、决策方法

三、决策技巧

第四章 计划

【学习目的】理解目标在管理和生活中的重要性，掌握确定目标的方法，从而为自己有效利用资源和走上成功之路奠定基础；深刻认识到计划的作用和重要性，通过学习掌握计划管理工具，养成计划的习惯，使之成为伴随终生的有效工具。

【学习目标】通过本章学习，一方面，应能够做到：区分目标和目的；了解目标类型，说明个人目标和组织目标之间的关系；解释目标的作用或重要性，陈述目标的特点；说明确定目标的基本原则，了解目标确定的一般过程；知道目标制定与运用的基本技巧。另一方面，应能够做到：定义计划，阐述计划构成要素；说明计划工作的特点；了解计划内容和表现形式；解释计划的作用；区分各种不同类型的计划；概述计划制订的基本步骤；知道计划审定方法；了解各种计划方法的原理和适用场合；概述目标管理实施过程。

【主要内容】

第一节　目标及其重要性

一、目标和目的

二、目标类型

三、组织目标的作用

第二节　目标的制定

一、组织目标的特点

二、目标制定的基本原则

三、目标制定过程

第三节　目标制定和运用技巧

一、目标制定技巧

二、目标运用技巧

第四节　计划及其重要性

一、计划与计划工作

二、计划工作的特点

三、计划的内容与表现形式

四、计划工作的重要性

第五节　计划的制订与审定

一、计划的类型

二、计划制订过程

三、计划制订方法

四、计划的审定

第六节　计划的实施

一、目标管理概述

二、目标管理实施过程

第五章　组织

【学习目的】懂得如何在组织中通过明确的分工将目标落到实处，从而学会运用众人的力量实现所追求的目标；认识到授权的益处，懂得授权的基本知识，以便在工作中通过授权充分发挥他人的力量，实现靠个人力量所难以实现的目标。

【学习目标】

通过本章的学习，一方面，应该能够做到：定义组织设计、管理幅度、组织结构、部门化、人员配备等概念；解释组织设计的目的；知道各种常见组织结构形式及其适用场合；陈述组织结构设计的基本原则，了解组织结构设计的影响因素，知道组织结构设计的一般过程；解释人员配备的目的，陈述人员配备的基本要求，了解人员配备的一般工作内容。另一方面，应该能够做到：明确权力及其类型；定义职权和授权、分权，了解管理者所拥有的权力；区分直线权力、参谋权力和职能权力，了解这些权力之间的关系；解释授权的益处；陈述授权的基本过程和原则；解释集权和分权的必要性，说明影响集权和分权的主要因素。

【主要内容】

第一节　组织概述

　　一、组织工作及其内容

　　二、组织设计

　　三、组织工作的重要性

第二节　组织结构设计

　　一、组织结构设计的基本原则

　　二、组织结构设计的影响因素

　　三、组织结构设计过程

　　四、常见的组织结构形式

第三节　权力配置

　　一、权力及其类型

　　二、管理者的权力及其授权

　　三、集权与分权

第四节　组织力量的整合

　　一、直线与参谋

　　二、正式组织与非正式组织

　　三、组织文化

　　四、组织变革

第六章　领导

【学习目的】通过学习有关领导方法与领导艺术等相关知识，认识管理者影响力的来源，通过了解领导者的职责和领导有效性理论，增强领导能力；通过学习有关沟通的知识，破除沟通障碍，提高沟通能力和沟通有效性；通过了解激励原理，提高激发和鼓励自己和他人的能力，以更好地实现目标。

【学习目标】通过本章的学习，一是应该能够做到：区分职权与威信，陈述管理者的来源，知道影响职权和威信的因素；区分管理与领导、管理者与领导者，解释管理者应该成为领导者的原因；阐述三类不同的领导理论之间的区别，复述主要领导理论的基本观点；知道如何成为领导者。二是应该能够做到：定义沟通、自我沟通、人际沟通和组织沟通，说明有效沟通及其条件，解释沟通的重要性；了解沟通的基本方式；阐述个体行为对沟通的影响，知道影响人际沟通的主要因素和组织沟通中的主要障碍，复述组织沟通的类型和形式；了解管理者改善沟通的技巧并能运用于实践。三是应该能够做到：解释激励的本质，阐述行为产生的原因和动机的特点，陈述需求、动机、激励、行为和目标之间的关系；区分三类激励理论，陈述主要激励理论的基本观点；列举激发动机和激励行为的各种方法，并能运用激励理论分析、解决实际问题。

【主要内容】

第一节 领导方法与艺术

一、管理者与领导者

1. 领导者与管理者的职责

2. 管理与领导的区别

3. 领导者与管理者的区别

二、管理者影响力的建立

1. 管理者影响力的来源

2. 职权的合理使用

3. 威信的树立

三、有效领导理论

1. 领导品质理论

2. 领导行为理论

3. 领导权变理论

四、成为一名领导者

1. 领导思考

2. 领导素质

3. 领导基础

4. 领导风格

第二节 沟通

一、沟通及其重要性

1. 沟通过程

2. 沟通的条件和方式

3. 沟通的类型

4. 沟通的重要性

二、自我沟通与人际沟通

1. 自我沟通

2. 人际沟通的主要障碍

3. 个体行为对沟通的影响

4. 改善人际沟通的方法

三、组织沟通

1. 组织沟通类型和形式

2. 组织沟通的主要障碍

3. 改善组织沟通的方法

第三节 激励

一、激励本质

1. 人性、动机与激励之间的关系

2. 关于人性的认识

3. 动机理论

4. 激励原理

5. 激励基本原则

二、激励理论

1. 内容型激励理论

2. 行为改造型激励理论

3. 过程型激励理论

三、激励方法

1. 工作激励

2. 成果奖励

3. 培养教育

第七章 控制

【学习目的】懂得控制的重要性，了解控制，掌握控制基本原则，懂得检查纠偏方法，学会通过检查纠偏确保目标的实现。

【学习目标】通过本章的学习，应该能够做到以下几个方面：定义控制，解释控制的必要性和重要性；说明控制系统的构成和控制的前提条件；区分控制方法和控制类型；陈述控制的一般过程；区分和定义各类标准，知道标准确定方法和检验标准合理性的方法；陈述信息及其获取方法，说明检查的规范；定义偏差，解释偏差产生的原因，说明纠正偏差的基本方法；阐述控制的基本原则。

【主要内容】

第一节　控制及控制系统

一、控制的重要性

1. 管理过程中控制的作用

2. 现代控制产生的原因

二、控制系统的构成

1. 控制的对象

2. 控制目标体系

3. 控制的手段和方法

4. 控制的主体

第二节　控制方法与控制过程

一、控制类型

二、控制方式

三、控制方法

四、控制过程

1. 确定控制标准

2. 衡量实际业绩

3. 进行差异分析

4. 采取纠偏措施

第三节　控制标准及其明确

一、标准的类别

二、标准的确定

1. 工作标准的确定

2. 管理标准的确定

三、检验标准合理性的准则

第四节　检查和纠偏

一、信息及其获取方法

二、检查及其规范

三、偏差及其纠正

1. 偏差及其类型

2. 纠偏措施的选择

3. 纠正偏差的方法

四、有效控制的基本原则

1. 重点原则

2. 客观及时原则

3. 灵活性原则

4. 经济性原则

第五节 危机管理

第八章 创新

【学习目的】懂得管理创新的重要性，了解创新的基本过程和基本思维方式，以认识创新和提高创新能力。

【学习目标】通过该章的学习，应能够做到以下几个方面：定义管理创新，清楚阐述管理创新与管理四大职能之间的关系，列举管理创新的特点，复述管理创新的基本过程，陈述管理创新的重要性；说明管理创新的基本原则和思维方法，列举管理创新常用方法；陈述管理创新的障碍，说明对管理创新的管理。

【主要内容】

第一节 创新及其重要性

一、创新及其特点

二、创新的分类

第二节 技术创新

一、技术创新含义

二、技术创新模式

三、企业技术创新战略

第三节 管理创新

一、管理创新原则和方法

二、管理创新的障碍

二、管理创新的管理

三、管理创新思维方法

（五）教学课时与授课计划

本课程总课时为 48 学时，围绕着上述主要内容和教学要求，主讲教师应制订具体的授课计划付诸实施。详见表 4-1。

表4-1 各教学环节学时分配

课程内容 \ 教学学时数 \ 教学环节	讲课	习题课	讨论课	实验	其他教学环节	小计
导论	2					2
第一章 管理与管理学	4	1	1			6
第二章 管理思想与理论的发展演变	6	1	1			8
第三章 决策	3	1	2			6
第四章 计划	3	1	2			6
第五章 组织	4	1	2			7
第六章 领导	3	1	2			6
第七章 控制	3	1				4
第八章 创新	2		1			3
合计	30	7	11			48

（六）相关教学环节安排

（1）以学生为中心，融教学于学生参与过程之中。在本次课后，根据下一次课的内容布置作业，让学生先进行相关的思考，然后在上课时，从作业交流开始。通过学生之间的相互交流引出管理学知识，以加深学生对所学内容的记忆和体会。在传授管理学知识的过程中，应注意提问，引导学生思考。

（2）边学边做。内容要结合学生的自身管理和成长，使其能切实感受到管理知识的重要性。通过学生参与思考，感受管理，加深理解，从而提高自主学习的兴趣和积极性。例如，讲到目标的制定时，可让学生通过作业反思自我制定目标，让学生在听完计划作用和方法后进行计划实践。

（3）通过团队方式进行学习，以团队形式做案例分析和作业，并在课堂中提供作业交流机会。通过这样的方式培养学生沟通技能、团队合作精神。

（4）充分利用现有网站辅助教学。教师可充分利用"管理学精品课程网站"所提供的课程资料，让学生从中阅览和学习。

（5）课外阅读。在主要章节讲授完之后，要布置一定量的案例分析讨论或阅读管理学名著、撰写读书报告等，旨在加深学生对所学知识的理解、运用，拓展学生的知识面。

（七）推荐教材或参考书

[1] 邢以群．管理学．高等教育出版社，2016.

[2] ［美］赫伯特·A. 罗宾斯．管理行为．机械工业出版社，2004.

[3] ［美］斯蒂芬·P. 罗宾斯．管理学（第九版）．中国人民大学出版社，2011.

[4] 周三多．管理学．复旦大学出版社，2015.

[5] ［美］彼得·圣吉．第五项修炼．上海三联书店，2001.

[6] 德鲁克管理经典，机械工业出版社出版。

[7] 华章经典·管理系列，机械工业出版社出版。

二、公共管理导论（双语）

【课程名称】公共管理导论（双语）　　　【课程号】0405002002

【课程英文名称】Introduction to Public Administration

【总学时数/实践学时】48/0　　　　　【总学分数/实践学分】3/0

【课程类别】学科基础课　　　　　　　【课程类型】☑必修　□选修

【面向专业】管理类　　　　　　　　　【依据培养方案版本】2023

【前置课程及说明】管理学、公共经济学。前置课程内容的学习是掌握本课程内容的理论准备，通过以上课程的学习可了解公共管理的基础理论、具体框架和方法。掌握好前置课程相关知识，才能够更好地理解和学习本门课程。

【后续课程及说明】管理方向的其他相关课程。公共管理导论管作为管理学的一门分支学科，和公共政策、公共部门绩效管理、公共部门人力资源管理及其他政府部门的管理有着密切的联系。

（一）课程性质

公共管理导论（双语）是公共管理学院的主干课程之一，也是公共管理学院学生学好其他课程的基础。学好这门课程，学生可了解公共领域的历史和发展近况，提高对公共管理方面作品的阅读鉴赏、分析评说能力，对于全面提高公共管理素养，运用国际先进理论分析国内的情况，都具有重要作用。学好这门课程，对于了解世界的优秀理论、增强民族自信心和自尊心，对于加强爱国主义思想和精神文明建设，也具有积极的意义。

（二）教学目的

通过对这门课程的学习，使学生比较系统地掌握公共管理的基本轮廓，以及公共管理现象的兴衰变化、联系交融等情况。通过这门课程的学习，学生应具备在公共管理方面英文文献的阅读鉴赏能力、分析评论能力，借助于注释和有关资料，能读懂中等难度的公共管理英文作品，能独立分析、评论公共管理现象与理论，具备初步的研究问题的能力。

（三）教学内容

本课程包括公共管理的基本内容，如传统公共行政的介绍，以及政府角色、公共企业、公共政策、人事管理等公共管理的多个领域。设置本课程的基本出发点是：知识与能力兼顾，重在能力与素质的培养。

本大纲所列公共管理的知识点，是教师教学讲授的基本内容，也是学生学习的基本范围。教师讲课应具有指导性、启发性和示范性。讲课时应突出重点、难点，不应面面俱到、机械地重复教材。对于作品的讲解分析更应突出重点，应避免烦琐和面面俱到。至于对具体问题如何去讲述，教师拥有相对的自由，可以充分发挥自己的专长。

我们在本大纲中尽量反映近几十年学术的发展，吸收新的学术成果。大纲中所列的作品篇目，有一部分是阅读作品；在重点讲授的作品中，应有一部分要求学生能够背诵。具体篇目教师可自行掌握。

Chapter 1　An Era of Change

【教学目的与要求】通过本章的学习，掌握"公共管理"作为一种新的范式发生的背景及其进行变革的动力，并能用英语表达。

【教学重点与难点】分析公共管理变革的动力因素，把握中国治理现代化变革的时代契机。

【教学时数】4 学时。

【教学内容】

1. Introduction

Traditional public administration has been discredited theoretically and practically, and the adoption of new forms of public management means the emergence of a new paradigm in the public sector.

2. The emergence of a new approach

By beginning of the 1990s, a new model of public sector management had emerged in most advanced countries and many developing ones.

3. Imperatives of change

The attack on the public sector

Economic theory

Public choice theory

Principal/agent theory

Transaction cost theory

Private sector change

Technological change

4. Conclusion

Even if public management is not a settled model, even if some changes may work better than others, there will be no return to the traditional model of administration in place for most of the twentieth century. This has gone for good and public management has replaced it.

Chapter 2　The Traditional Model of Public Administration

【教学目的与要求】通过本章的学习，掌握行政管理发展的历史过程，传统公共行政的理论基础、特点及其存在的问题。理解传统公共行政在行政管理史上的地位与作用，了解中国传统行政的特点，分析中国传统行政文化的特点及其对现代行政建设的影响。

【教学重点与难点】韦伯的官僚制理论、泰勒的科学管理理论、威尔逊的政治控制、POSDCORB。

【教学时数】4 学时。

【教学内容】

1. Introduction

The characteristics of traditional model.

2. Early administration

Earlier systems of administration shared one important characteristic, they were "personal".

3. The reforms of the nineteenth century

The beginning of the traditional model is best seen in mid-nineteenth century Britain.

4. Weber's theory of bureaucracy

The six principles of modern systems of bureaucracy

The position of the official

5. Wilson and political control

In the traditional model of public administration, the rules linking the political leadership with the bureaucracy are clear, it is argued that there should be a strict separation of politics from the administration; of policy from the strictly administrative task of carrying it out.

6. Taylor and management

Scientific management

Human relations

The golden age of public administration

7. Problems with the traditional model

The problem of political control

The problem of one best way

The problem of bureaucracy

The public choice critique

8. Conclusion

The traditional model of administration was an outstanding success and widely emulated by governments all round the world. It is argued however that the problems of the model are now such that it can be regarded as obsolescent if not obsolete.

Chapter 3　Public management

【教学目的与要求】通过对公共管理的内涵、理论基础、起点等基本内容的学习，全面把握公共管理的相关知识，能够运用所学知识，解决公共管理方面的相关问题，并能联系中国实际，理解公共管理在中国的运用与发展。同时，对相关知识能够用英语表达。

【教学重点与难点】管理的一般功能，公共管理改革，管理主义的方案与理论基础，对管理主义的批评，中国公共管理改革所取得的成绩与不足。

【教学时数】4 学时。

【教学内容】

1. Introduction

General agreement as to the actual changes that are involved in moving away from the traditional administrative model. （six aspects. ）

The managerial model is still controversial.

The author's view. （as a new paradigm. ）

2. The meaning of management

See chapter 1

Meaning：management means the achievement of results and taking personal responsibility for doing so. But administration means following instructions.

3. Functions of general management

Eight points of functions

（1）Establishing objectives and priorities；

（2）Devising operational plans；

（3）Organizing and staffing；

（4）Directing personnel and the personnel management system；

（5）Controlling performance；

（6）Dealing with "external" units；

（7）Dealing with independent organizations；

（8）Dealing with the press and public.

Concrete analysis of these functions

4. The beginnings of a management approach

Reasons

Conditions in some countries

（1）in the United Kingdom：Fulton Report and its contents.

（2）in the United States：The Civil Service Reform Act of 1978.

（3）in the Australia：the Reid Inquiry.

5. The public management reforms

Various explanations concerning why the theory appeared when it did. （Hood's view）

The main reason for the eclipse of the old traditional model.

6. The managerial programme

Several views of the reforms

（1）OECD's view：two avenues.

（2）Hood's view：seven points.

（3）Holmes and Shand's view：eight points.

（4）Pollitt's view：seven points.

thirteen points of managerial programme

（1）A strategic approach；

（2）Management not administration；

（3）Focus on results；

（4）Improved financial management；

（5）Flexibility in staffing；

（6）Flexibility in organization；

（7）A shift to greater competition；

（8）The new contractualism；

（9）A stress on private sector styles of management practice；

（10）Relationships with politicians；

（11）Relationships with the public；

（12）Separation of purchaser and provider；

（13）Re-examining what government does.

7. Criticisms of managerialism

The economic basis of managerialism.

Two main criticisms：The first is that economics is a flawed social science and its application to government is similarly flawed. The second, and more common, criticism is that, while economics has some validity as the basis for the economic system and the private sector, its application to government is ill-conceived.

The basis in private management.

In the government environment, it is difficult to specify objectives and even if they are set out there are frequent changes.

"Neo-Taylorism"

Politicization

Reduced accountability

Difficulties with contracting-out

Ethical issues

Implementation and morale problems

The critique in sum

8. Conclusion

The precepts of public management.

The debate over public management and manageriallism raises larger questions about the role of the public service, and even the role of government in society.

Chapter 4　The Role of Government

【教学目的与要求】通过学习与理解政府角色的内涵、公共部门建立的必要性，以及作为公共政策基础的市场失灵等相关知识，使学生掌握政府干预的工具、政府干预的阶段理论以及政府的基本职能；能够运用所学知识分析政府角色的相关问题，并能联系中国实际思考当前中国政府角色的相关问题。同时，对相关知识能够用英语表达。

【教学重点与难点】政府角色的内涵，公共部门建立的必要性，作为公共政策基础的市场失灵，政府干预的工具，政府干预的阶段理论，政府的基本职能，对中国在市场经济体制下的政府职能转变有深入的认识。

【教学时数】4 学时。

【教学内容】

1. Introduction

What government should or should not do needs to be of fundamental concern to public managers.

A reassessment of the role of public sectors.

Governments have a variety of roles and their full scope is not easily measured.

The 1980s debate over the public sector became an intense ideological struggle in some countries.

Conclusion (as will be seen, some others scope)

2. The need for a public sector

Two distinguishing features of government, or the State of Stiglitz.

The reasons for markets will not work.

Five reasons.

Private and public management

First, public sector decisions may be coercive.

Secondly, different forms of accountability.

Thirdly, the public service manager must cope with an outside agenda largely set by the political leadership.

Fourthly, the public sector has difficulties in measuring output or efficiency in production.

Finally, the public sector's sheer size and diversity make any control or coordination difficult.

Government and governance

(1) Government: Government is the institution itself;

(2) Governance: governance is a broader concept describing forms of governing which are not necessarily in the hands of the formal government.

3. Market failure as the basis for public policy

Market failure

The key kinds of market failure

(1) Public goods

• Meaning

• Merit goods

(2) Externalities: "spill-over" effect

(3) Natural monopoly

• Meaning of natural monopoly and marginal cost

• Effect

(4) Imperfect information

• Meaning : asymmetric information

- "Adverse selection" and "moral hazard"

Limitations of market failure

On the one hand, on the other hand

4. Instruments of government

Meaning

Four available instruments

Provision: meaning

Subsidy: meaning

Production: meaning

Regulation: meaning

Which function to use?

There is no simple answer as to which instrument of government policy is preferable.

5. Phases of government intervention

The laissez-faire society

(1) Adam Smith and The Wealth of Nations

(2) Conditions about the role of government

The rise of the welfare state

Meaning of welfare state

Beginning: Germany

Development

Neoclassisism

Four aspects to this theory

(1) The assumption of individual rationality;

(2) The elaboration of models from this assumption;

(3) A maximum role for market forces;

(4) A minimum role for government.

Government makes a comeback?

(1) From Reagan, Thatcher to Clinton, Major or Blair.

(2) Some indications of a return to government: the World Trade Centre in New York in 2001 ("911"); the energy company Enron.

(3) The role of government has waxed and waned over the past 250 years in Western societies.

6. Basic functions of government

Views of the World Bank in 1997

Four aspects

Anderson's view

（1） Providing economic infrastructure；

（2） Provision of various collective goods and services；

（3） The resolution and adjustment of group conflicts；

（4） The maintenance of competition；

（5） Protection of natural resources；

（6） Minimum access by individuals to the goods and services of the economy；

（7） Stabilization of the economy.

7. The size of government debate

Beginning：in the mid-1970

Although the size of government does vary，as a whole

There is no optimal level for the size of government or of what government do.

The most common measure of government size is to look at the amount of government outlays.

8. Conclusion

An array of change

The question of size needs to become a question of what government does.

Public managers need to understand their place.

Chapter 5　Regulation，contracting and public ownership

【教学目的与要求】通过对公共企业的内涵、公共企业存在的合理性等相关知识的学习，让学生能够较好地理解公共企业，并能运用所学知识，分析公共企业的相关问题，能联系中国实际思考当前中国公共企业民营化改革中的相关问题。同时，对相关知识能够用英语表达。

【教学重点与难点】管制，合同外包，民营化的争论，控制与责任。

【教学时数】4 学时。

【教学内容】

1. Introduction

History of public enterprise

The first target of those aiming to reduce the size of the public sector in the 1980s.

Public enterprises always had particular management problems.

Public enterprises are a noteworthy part of the public sector.

2. Reasons for establishing public enterprise

Four reasons for the existence of public enterprise of Rees:

(1) To "correct" market failure.

(2) To alter the structure of pay-offs in an economy.

(3) To facilitate centralized long-term economic planning.

(4) To change the nature of the economy, from capitalist to socialist.

Analysis

3. Kinds of public enterprise

Meaning of a public enterprise

Kinds

(1) Public utilities;

(2) Land transport and postal service;

(3) Enterprise in competitive environments;

(4) Regulatory authorities.

4. The privatization debate

The main arguments

First, economic argument;

Secondly, arguments about management and efficiency;

Thirdly, ideological conceptions of what the role of government in society should be.

Economic arguments for privatization

(1) Contents: reducing taxes by using the proceeds from sale; exposing activities to market forces and competition; and reducing both government spending and government's share of the economic cake. In addition, there should be reductions in the Public Sector Borrowing Requirement locally and overseas.

(2) About stimulating competition.

(3) About preventing monopoly. conditions in some countries, such as Britain

(4) About reduce cross-subsidies.

Managerial efficiency and privatization

(1) The efficiency argument for privatization is inherently superior to public management.

(2) Systematic evidence is limited.

(3) Millward and Parker's study.

Ideological arguments

(1) Privatization is part of the more general debate about the respective merits of

market and non-market systems of resource allocation.

（2）It is clear that economic benefits would only be certain to arise from selling enterprises in competitive environments.

（3）The debate has now been won by those in favor of privatization.

5. Control and accountability

Public enterprises are usually set up as statutory authorities.

A mutually satisfactory accountability system for both government and the enterprise.

The questions of privatization and accountability are linked.

Government control and managerial freedom

6. Conclusion：the future of public enterprise

Two options for the future：the first is to improve the sector；the second is that whatever is done，public enterprise is still just that，public and enterprise and from this inherent conflict.

Chapter 6　Public Policy

【教学目的与要求】理解公共政策的定义，明确公共政策研究的两种思路以及公共政策制定的基本过程，并用英语表达。理解中国治理体系现代化与治理能力现代化理念下政治性公共政策的变迁。

【教学重点与难点】公共政策的过程模式，政策分析方法存在的局限性，政治性公共政策与政策分析两种方法的异同。

【教学时数】2 学时。

【教学内容】

1. Introduction

Public policy is yet another way of studying and charactering the interaction between government and its clients，while policy research or policy analysis are other terms for much the same thing.

2. Public policy, administration and management

First, public policy is the output of government. Secondly, the process is described as being diffuse；the formulation of public policy is an elusive process. Thirdly，public policy-making does not occur in a vacuum，there are constraints of organization，institutions，interest groups and even "societal and cultural influences".

Public policy is different from the traditional model of public administration in that it recognizes that there are political processes within the administration leading to policy. It is，therefore，more "political" than public administration.

The relationship between managerialism and public policy is not as simple as one superseding the other. Public management uses empirical models, but these are usually those of economics. The policy analysis approach may use economics as only one of the many possible methodologies, most of which are inductive, whereas economics is deductive.

3. Policy analysis

Public policy began with the systematic analysis of data for governmental purposes, from 1930s to 1960s. More occurred after 1960 with the implementation of large-scale government programmes. Only from 1980 that Putt and Springer see what they term a "third stage" in which policy analysis is perceived as "facilitating policy decisions, not displacing them".

4. Empirical methods

Some of the empirical methods used in policy analysis include: 1) benefit-cost analysis; 2) decision theory; 3) optimum-level analysis; 4) allocation theory; 5) time-optimization models.

5. Policy process models

Step 1: Verify, define and detail the problem.

Step 2: Establish evaluation criteria.

Step 3: Identify alternative policies.

Step 4: Evaluate alternative policies.

Step 5: Display and select among alternative policies.

Step 6: Monitor policy outcomes.

6. Limitations of the policy analysis approach

Quantitative methods

Separate public policy discipline

Overemphasis on decisions

Not used, or used less

The rational model

A faculty model of science

Undemocratic

7. Political public policy

The main difference between the two public policy perspectives is the role given to the political process. Policy analysis looks for one best answer from a set of alternatives and has a battery of statistical weapons at its disposal to do so. Political public policy sees information in an advocacy role; that is, it realizes that cogent cases will be made from many perspectives which then feed into the political process.

Chapter 7   Strategic Management

【教学目的与要求】理解战略的含义，明确战略在公共管理中的地位与作用，了解战略的制定过程，并用英语表达。理解中国市场经济体制改革对行政体制改革的影响以及治理现代化理念顶层设计的重大意义。

【教学重点与难点】公共部门的战略管理与私营部门战略管理之间的区别，战略计划的模式。

【教学时数】2 学时。

【教学内容】

1. Introduction

The traditional model of public administration required little conception of strategy; serious forward planning was either not carried out or carried out in rather limited ways. If public managers are to be responsible for results there needs to be thought given to how they can aggregate into the overall purpose or mission of the organization. Therefore, a key part of the managerial programme is to determine overall strategy and set objectives, not just by governments, but by the agency and its various parts.

2. Strategy in the private sector

"Strategy" is a term deriving from the military; it refers to the objective of winning the war, as opposed to "tactics" —the lower-level objective of winning a particular battle.

The first kind of strategic planning is business strategic planning.

The second form of strategic planning is corporate strategic planning.

The third is "strategic management".

3. Strategy in the public sector

There are more problems and constraints compared to the private sector and these range from constitutional arrangements to legislative and judicial mandates, to government-wide rules and regulations, to jurisdictional boundaries, to scarce resources, to political climate factors, to client and constituent interests.

4. Strategic planning models

Initiating and agreeing on a strategic planning process;

Identifying organization mandates;

Clarifying organization mission and values;

Assessing the external environment（opportunities and threats）；

Assessing the internal environment（strengths and weaknesses）；

Identifying the strategic issues facing an organization；

Establishing an effective organization vision for the future.

5. Strategic management

The strategic management plan

Implementation

The biggest implementation problem will be in convincing staff that a strategic focus is useful, and that the changes to follow will be beneficial in the long run.

6. Criticism

The formal strategic planning process is presented as more logical and analytical than it really is or can be.

The formal strategic planning process is too rigid and slow-moving to respond adequately to a rapidly changing, turbulent environment.

The formal process works against creativity and innovation.

7. Conclusion

Strategic planning or management is not something to be done just once. It is the planning process not the plan itself which is important; the use of strategic concepts allow the organization from top management down to develop a shared vision for the future.

Chapter 8　Leadership and Managing People

【教学目的与要求】了解公共管理语境下领导力与人事管理的含义及其在公共管理中地位与作用。

【教学重点与难点】领导力管理的过程与步骤。

【教学时数】2 学时。

【教学内容】

1. Introduction

Two main aspects of internal management will be looked at here: personnel management and performance management. All have seen major changes under the managerial model which attempt to make the organization and its internal management systems achieve results rather more directly than before.

2. Personnel management

The advantages of traditional personnel administration: it provides a measure of stability for those inside. It was designed to be nonpartisan, while the principles of neutrality and anonymity fitted an administrative or technical view of public service.

The problems of traditional personnel administration: unable to cope with rapid change and can and did some self-absorbed and claustrophobic.

Reforms to personnel systems:

First, the personnel function is attempting to become more strategic than administrative in its talks, but within resource constraints structured by the state.

Second, management styles are tending to shift towards more rationalist, performance-driven ones, away from paternalist, pluralist ones.

Third, employment practices are becoming more flexible and less standardized than in the past.

Fourth, employment relations are becoming "dualist", withmost non-managerial staff continuing to have their pay and conditions determined through collective bargaining, whilst public managers are increasingly working under personal contracts of employment.

Fifth, the state is moving away from being a "classical" model employer.

3. Performance management

Performance indicators, that is, some way of measuring the progress the organization has made towards achieving declared objectives.

4. Some problems of the personnel and performance changes

Personnel arrangements

It is very difficult for public mangers if they are expected to achieve results while following the same detailed procedures as in the bureaucratic model. Another problem has been the idea of providing incentives by means of extra pay. Finally, it still remains difficult to measure the performance of personnel in the public sector, so that problems of unfairness are not likely to be solved.

Performance management problems

The bottom line measure of financial performance is not a perfect measure of organizational performance. There are problems in the implementation of performance measurement.

Problems of morale

5. Conclusion

Even if three have been problems in setting up new systems, the direction of reform in internal management is quite clear. Comparisons or studies should not look at how well the reforms work in the abstract, but rather how well they compare with what went before. In this regard, all the changes mentioned here are far better than those that existed under the traditional model of administration.

Chapter 9　Financial and Performance Management

【教学目的与要求】了解政府预算的基本功能与绩效评估的重要性，掌握传统公共行政模式和新公共管理模式下公共部门财政管理的基本特点及其异同、绩效管理及存在的问题，明确财政管理及绩效管理改革的方向。

【教学重点与难点】新公共管理运动中公共部门财政管理改革及绩效管理的基本状况和未来趋势，我国绩效评估改革的重要性及意义。

【教学时数】2 学时。

【教学内容】

1. Introduction

Financial management is the most important part of the internal management of government. Financial management in the traditional model of administration was rather primitive. Reforms to financial management have been one of the keys to overall public management reform. The most important part of financial management is the government budget.

2. The functions of government budget.

Economic functions of the budget

（1）Allocation.

（2）Distribution.

（3）Stabilization.

Financial functions of the budget

（1）An evaluation of total government and public authority expenditures within the budget sector.

（2）The legislature's instrument of accountability and control over the government in its handling of financial matters.

3. Traditional financial management.

The form of traditional financial management: line-item budget.

The features of the traditional budget.

The advantages of the traditional budget.

The problems with the traditional budget.

4. Financial management reforms.

Budgeting reforms.

（1）From line-item budget to programme budget.

（2）Forward estimate.

Accounting reforms.

（1）Accrual accounting.

（2）The more intense use of auditing.

Devolution of budgets

Devolving budget authority to line managers.

Contracting out.

5. Criticisms of financial reforms

Budget reform criticisms.

Problems with the accounting changes.

Problems with contracting.

Chapter 10　E-government

【教学目的与要求】通过本章的学习，掌握电子化政府的基本概念，了解电子化政府的产生过程、发展阶段和存在的问题，理解技术变革对公共管理的影响。

【教学重点与难点】电子化政府的发展阶段和存在的问题，技术变革对公共管理的影响，大数据分析及人工智能在中国政府部门决策中的重要性及意义。

【教学时数】2 学时。

【教学内容】

1. Introduction

With the information revolution，there have been changes to the operations of government. Parallel to developments in the private sector in e-business and e-commerce，"e-government" is becoming more used within public management. The time of e-government has arrived. The public management reforms and e-government are related reform movements.

2. The definition of e-government

A narrow definition of e-government.

A broad definition of e-government.

3. The beginnings of e-government

The development of information and communication technologies in government.

In USA：Gore Report—"electronic government".

In UK：government. direct.

Other countries：national strategies for e-government.

4. E-government stages

Information.

Interaction.

Processing.

Transaction.

5. Problems of e-government

The digital divide.

Privacy and security.

Implications of e-government for politics.

Difficulties with implementation.

6. E-government and the public management reforms

Technology and the administration.

The impact of technological change on bureaucracy.

The impact of e-government on public management reforms.

（四）教学课时分配

表 4-2　教学课时分配

章节名称	课时分配（学时）					
	课堂授课	实验	上机	讨论	课外	备注
Chapter 1　An Era of Change	4					
Chapter 2　The Role of Government	4					
Chapter 3　The traditional Model of Public Administration	4					
Chapter 4　Public management	4					
Chapter 5　Regulation，Contracting and Public Ownership	4					
Chapter 6　Public Policy	2					
Chapter 7　Strategic Management	2					
Chapter 8　Leadership and managing people	2					
Chapter 9　Financial and Performance Management	2					
Chapter 10　E-government	2					
Q&A	2					
合计	32					

章节名称	课时分配（学时）					
	课堂授课	实验	上机	讨论	课外	备注
总授课课时	32					

注：课时分配中的内容可根据课程需要进行设置。

（五）参考阅读书目

［1］王乐夫．公共管理学．中国人民大学出版社，2008.

［2］陈振明．公共管理学原理．中国人民大学出版社，2003.

［3］董克用．公共管理与政策评论．中国人民大学出版社，2007.

［4］谢明．公共管理概论．中国人民大学出版社，2007.

［5］王乐夫．公共管理学：原理、体系与实践．中国人民大学出版社，2007.

三、公共政策学

【课程名称】公共政策学　　　　　　【课程号】0405002054

【课程英文名称】Public Policy

【总学时数/实践学时】32/0　　　　【总学分数/实践学分】2/0

【课程类别】学科基础课　　　　　　【课程类型】☑必修　□选修

【面向专业】管理类　　　　　　　　【依据培养方案版本】2023

【前置课程及说明】管理学、公共管理导论、行政管理学等课程。前置课程内容的学习是学习公共政策学的理论准备，通过以上课程可了解公共管理的基础理论、具体框架和方法。掌握好前置课程相关知识，才能够更好地理解和学习本门课程。

【后续课程及说明】公共管理学方向的其他相关课程。公共政策学作为公共管理学的一门分支学科，和政治学、管理学、社会学及其他专业有着密切的联系。

（一）课程简介

本课程是公共管理学专业的必修课程之一。公共政策学是一门综合性很强的应用经济学科，其综合性、应用性表现在管理学、社会学、政治学、经济学等多个学科的交叉融合，其核心是研究如何发挥公共政策以有效解决社会问题。因此，它是将公共政策与公共管理问题紧密结合的课程，是理论紧密联系实践的课程。

公共政策学是普通高等学校公共管理学科各专业的专业方向基础必修课程，在整个专业体系中，公共政策学是研究公共政策制定、执行、评估、监控、调整和终结的科学。公共政策学作为公共管理学的一门分支学科，和政治学、社会学、经济学及其他专业经济学有着密切的联系，学生在学完公共管理导论之后，能够对公共管理学科有一个整体的理解和把握。

本课程主要培养学生以下几方面的能力：①掌握公共政策学的基本概念和理论；②能从公共政策学角度来分析一些社会公共问题；③能运用规范和实证的研究方法对公共政策的制定、执行、评估、监控、调整、终结等相关问题进行定性和定量分析。

（二）课程目标

学习本课程的目的在于使学生能以公共政策学方法来认识和研究公共政策的制定和执行过程，深刻理解政策有效执行的影响因素，初步了解公共政策问题确认、公共政策规划、公共政策执行、公共政策评估以及公共政策调整和终结机制。同时，培养学生紧密联系实际，学会分析案例，解决实际问题，把学科理论融入公共政策解决社会问题的认识和实践研究之中，切实提高分析问题、解决问题的能力。

1. 熟练掌握基本知识

（1）掌握公共政策的基本概念、类型、特征与功能。

（2）掌握公共政策主体、客体与政策环境之间的作用与关系。

（3）掌握政策分析方法与技术在政策运行中各环节的应用。

（4）深刻认识政策分析模型、方法与技术对提升决策能力的重要性。

2. 开发学生决策能力

（1）跟踪公共政策学研究的最新进展，包括在政策分析上的方法与技术。

（2）掌握用公共政策模型、方法技术来分析与解决问题。

（3）掌握用公共政策技术来开发与提升决策能力。

3. 形成自主探究的学习习惯

（1）基于教学内容与课程体系自主学习。

（2）参与开放性探究式学习。

（3）教师引导下的探究式学习。

（三）课程目标对毕业要求的支撑关系

表4-3　课程目标对毕业要求的支撑关系矩阵

课程目标	毕业要求1	毕业要求2	毕业要求3	毕业要求4	毕业要求5	毕业要求6	毕业要求7	毕业要求8	毕业要求9
知识目标	H	H			H				

课程目标	毕业要求1	毕业要求2	毕业要求3	毕业要求4	毕业要求5	毕业要求6	毕业要求7	毕业要求8	毕业要求9
能力目标			H						
素质目标						H	H		H

注：H表示"强支撑"，M表示"中支撑"，L表示"弱支撑"。

（四）教学方法

牢固树立"教师为主导，学生为主体"的教学观念，强调学生是学习的主体，强调教为学服务。在教学方法的选择上遵循"教学有法、教无定法、贵在得法、教学相长"的原则。突破以往"填鸭式"教学、学生被动接受知识的传统模式，灵活运用多种教学方法，重视发挥学生的主观能动性，强调学生自主学习能力和创新能力的培养，激发学生的创新意识和独立思考能力。

课程运用讲授法、案例讨论法、视频资料观摩法等方法。具体教学方法包括：理论讲授法；案例分析；启发式教学法；思考题引导。

具体教学手段：

注重理论与实际相结合，紧贴社会热点问题；注重培养学生分析问题和解决问题的能力；利用多媒体教学手段。

（1）多媒体课件演示：主要用于课程要点、难点的讲解，图形演示等。

（2）板书：在广泛使用多媒体课件的同时，板书仍然是教学的重要方法之一。

（3）分组案例讨论：针对相关案例进行讨论。

（4）思考题：每一章都有开放性思考题目。

（五）教学内容与教学安排

1. 教学内容与安排

表4-4　教学内容与安排

章节及内容摘要	需要学时数	备注
第一章　绪论	4	
第二章　公共政策系统	3	案例讲解
第三章　公共政策分析模型	4	
第四章　政策问题的认定	4	案例讲解

续表

章节及内容摘要	需要学时数	备注
第五章　政策制定	3	案例讲解
第六章　政策执行	4	案例讲解
第七章　政策评估与监控	2	案例讲解
第八章　政策调整与终结	2	
第九章　公共政策分析方法（一）	2	案例讲解
第十章　公共政策分析方法（二）	2	
答疑	2	

2. 课程思政内容及设计

表4-5　公共政策学课程思政教学设计

课程名称	公共政策学	课程性质	必修课	课程学分	2	
面向专业	管理类	课程负责人		课程团队		
课程教材		《公共政策导论第2版》		是否为"马工程"教材		否
教学章节	知识点	思政元素案例		培养目标		
第一章	绪论	新冠疫情抗疫斗争彰显中国制度优势，抗击疫情斗争取得重大战略成果		充分展现中国共产党领导和中国社会主义制度的优势，引导学生树立社会主义核心价值观。		
第二章	公共政策系统	推进"枫桥经验"法治化，将其纳入新时代推进全面依法治国的整体战略部署，并在党的坚强领导下进行		让学生深入基层，培养学生思考有效提升基层社会治理效能的方法		
第三章	公共政策分析模型	群众路线是中国共产党的生命线和根本工作路线，切实贯彻落实好党的群众路线		理论联系实际，践行全心全意为人民服务的根本宗旨，培养学生为人民服务的社会价值观		
第四章	政策问题的认定	面对疫情，坚持"动态清零"，以科学的方法、态度和精神解决问题，尊重科学、遵循规律		培养学生坚持科学的方法和精神来解决面临的问题，遵循客观规律和坚持实事求是的原则		
第五章	政策制定	"十四五"规划彰显社会主义核心价值和人民至上的价值观念		理论联系实际，培养学生的责任意识、服务意识、科学精神和科学态度		

·119·

教学章节	知识点	思政元素案例	培养目标
第六章	政策执行	北京加大六大行业留抵退税政策力度、免征公共交通运输服务增值税等	让学生通过思考政策的落地过程，培养学生发现社会问题和解决问题的能力
第七章	政策评估与监控	用好一线监督，确保惠农政策一线落实，不断增强人民群众的获得感和幸福感	培养学生坚定不移维护人民利益，践行为人民服务的社会主义核心价值观
第八章	政策调整与终结	公共政策终结是公共政策运行过程中的一个关键衔接点，要加强善治下的公共政策终结	理论联系实际，培养学生的理性思维，加强专业认同感，培养社会主义核心价值观
第九章	公共政策分析方法（一）	十九届四中全会的胜利召开，推进了国家治理体系和治理能力现代化	理论联系实际，让学生关注国家治理体系和治理能力现代化，培养社会主义核心价值观
第十章	公共政策分析方法（二）	从三组数据看"十四五"规划编制过程	理论联系实际，培养学生以人民为中心的社会主义核心价值观

（六）教材

[1] 陈庆云．公共政策分析（第2版）．北京大学出版社，2017.

[2] 谢明．公共政策导论（第3版）．中国人民大学出版社，2017.

[3] 小约瑟夫·斯图尔特（Joseph Stewart Jr.），戴维·M. 赫奇（David M. Hedge），詹姆斯·P. 莱斯特（James P. Lester）．公共政策导论（第3版）．韩红译．中国人民大学出版社，2011.

[4] 陈世香．公共政策案例分析．武汉大学出版社，2016.

[5] 江秀平．实践中的中国公共政策．中国人民大学出版社，2016.

[6] 宁骚．公共政策学案例精选．高等教育出版社，2017.

[7] 谢明．公共政策导论．中国人民大学出版社，2014.

[8] 陈振明．公共政策学：政策分析的理论、方法和技术．中国人民大学出版社，2014.

[9] 威廉·N. 邓恩．公共政策分析导论．中国人民大学出版社，2012.

[10] 约翰·W. 金登．议程、备选方案与公共政策．中国人民大学出版社，2004.

（七）参考阅读书目

[1] 中国行政管理学会：《中国行政管理》。

[2] 国务院发展研究中心：《管理世界》。

[3] 哈尔滨工业大学管理学院：《公共管理学报》。

四、社会保障概论

【课程名称】社会保障概论 　　　　【课程号】0405001929

【课程英文名称】Introduction to Social Security

【总学时数/实践学时】32/0 　　　　【总学分数/实践学分】2/0

【课程类别】学科基础课 　　　　【课程类型】☑必修 　□选修

【面向专业】慈善管理 　　　　【依据培养方案版本】2023

【前置课程及说明】管理学、公共管理导论、微观经济学、社会学、社会科学研究方法等课程。前置课程内容的学习是学习社会保障概论的理论准备，通过以上课程可了解经济、管理理论、实证研究方法和经济运行实践。掌握好前置课程相关知识，才能够更好地理解和学习本门课程。

【后续课程及说明】慈善项目管理、慈善组织人力资源管理、非营利组织会计学等。社会保障概论作为公共管理的一门分支学科，本质上是为保证公众基本生活，这与慈善管理一脉相承。

（一）课程简介

社会保障概论是慈善管理专业的学科基础课。本课程主要介绍社会保障的基本理论，包括：社会保障的内涵；社会保障的功能；社会保障与社会经济发展的关系、社会保障中效率与公平的关系；社会保障制度产生的社会条件及经济条件；社会保障制度产生的历史过程；社会保障的基本理论基础；社会保障体系的构成；社会保障基金的筹集与使用；社会保险制度的构成，特别是养老保险制度、失业保险制度、医疗保险制度和工伤保险制度的构成要素；社会救助制度；社会优抚制度和社会福利制度；中国社会保障制度的内容及改革的趋势。

本课程主要培养学生以下几方面的能力：①掌握社会保障的基本概念和理论；②能从社会保障体系健康运行角度分析社会保障领域的社会热点问题；③能运用规范和实证研究方法研究社会保险、救助、优抚和福利领域前沿学术问题。

（二）课程目标

学习社会保障概论的目的在于使学生了解社会保障的基本理论和基本方法，掌握社会保障制度的基本内容；使学生比较广泛、系统地学习和理解社会保障基础理论和基本知识，掌握社会保障诸范畴的概念、性质、作用以及运用社会保障理论解决如何进行收入分配才能保障社会成员生存的问题；培养和提高学生运用所学知识在分析社会保障实践中提出问题和解决问题的能力，以适应在社会主义市场经济体制下社会保障改革发展的需要。

1. 知识目标

了解相关名词概念和知识的含义，并能对其正确认识和表述；准确区分社会保险、社会救助、社会福利、社会优抚四大模块；了解我国和世界社会保障发展历史。

2. 能力目标

在专业知识的基础上，能较好地理解和把握基本概念、基本方法和分析方法，能掌握相关概念、事实和方法的区别与联系，并能针对实际案例结合书本知识进行分析应用，在学习过程中培养正确的学习方法。

3. 素质目标

（1）能够在学习书本知识的基础上，了解社会经济生活和劳动力市场中的社会保障知识，初步构建起社会保障理论体系。

（2）能够在了解经济生活中社会保障领域相关现象和热点问题的基础上，培养量化分析能力。

（3）能够将思政课内容与自身发展相结合，强化和提升职业实践中德行规范的意识和能力。

（三）课程目标对毕业要求的支撑关系

表4-6　课程目标对毕业要求的支撑关系矩阵

课程目标	毕业要求1	毕业要求2	毕业要求3	毕业要求4	毕业要求5	毕业要求6	毕业要求7	毕业要求8	毕业要求9
知识目标	H			H					
能力目标		H	M						
素质目标						M	H	M	M

注：H表示"强支撑"，M表示"中支撑"，L表示"弱支撑"。

（四）教学方法

本着"效果优先，素质教育"的原则，在教师主导课堂进程的前提下，重视发挥学生的主观能动性，强调学生自主学习能力和创新能力的培养，激发和培养学生的创新意识和独立思考能力。

课程采取"提纲挈领+问答式授课+展示式授课"方法。注重理论与实际相结合，紧贴社会热点问题；注重培养学生分析问题和解决问题的能力；利用多媒体教学手段。具体教学方法包括：理论讲授法；案例分析；启发式教学法；思考题引导。

（五）教学内容与教学安排

1. 教学内容与安排

表 4-7　教学内容与安排

章节及内容摘要	需要学时数	备注
第一章　社会保障概述	2	
第二章　社会保障基金	4	案例讲解+课堂展示
第三章　养老保险	4	案例讲解+课堂展示
第四章　医疗保险	4	案例讲解
第五章　失业保险	2	案例讲解
第六章　工伤保险	4	案例讲解
第七章　生育保险	2	
第八章　社会救助	4	案例讲解+课堂展示
第九章　社会福利		案例讲解
答疑	2	
考试	2	

2. 课程思政内容及设计

表 4-8　社会保障概论课程思政教学设计表

课程名称	社会保障概论	课程性质	选修课	课程学分	2	
面向专业	公共管理	课程负责人		课程团队		
课程教材	《社会保障概论》（2022 年版）			是否为"马工程"教材		是
教学章节	知识点	思政元素案例		培养目标		
第一章	社会保障体系	我国社会保障体系		让学生深切了解党和政府在保障人民基本生活方面所做的工作，培养学生爱国、爱党、爱家的情操		
第二章	社会保障基金	社会保障基金三方筹集原则		培养学生将个人追求与社会价值认可相互结合，引导学生树立社会主义核心价值观		
第三章	养老保险	养老保险制度发展过程中的"老人、新人、中人"		理解我国养老保险政策，培养学生的专业认同感，引导学生树立社会主义核心价值观		
第四章	医疗保险	基本医疗保险费用结算业务		理解我国医疗保险政策，培养学生的专业认同感，引导学生树立社会主义核心价值观		

教学章节	知识点	思政元素案例	培养目标
第五章	失业保险	失业保险待遇核定	理解我国失业保险政策，培养学生的专业认同感，引导学生树立社会主义核心价值观
第六章	工伤保险	工伤保险风险类别划分	理论联系实际，培养学生分析实际问题的能力，加强其专业认同感
第七章	生育保险	生育保险与医疗保险关系	理论联系实际，培养学生分析实际问题的能力，加强其专业认同感
第八章	社会救助	生活救助、医疗救助事例	让学生通过主动思考、查询资料、发表观点、参与讨论的过程，培养学生理性思维，加强其专业认同感
第九章	社会福利	我国社会福利的种类	让学生了解社会福利的方方面面，通过现实事例，增强社会主义自豪感和中华民族荣誉感，引导学生树立社会主义核心价值观

（六）教材

邓大松，杨燕绥．社会保障概论．高等教育出版社，2019.

（七）参考材料资源

[1] 仇雨临．社会保障国际比较．中国人民大学出版社，2019.

[2] 褚福灵．中国社会保障制度解读．天津人民出版社，2020.

[3] 郑功成．社会保障学——理念、制度、实践与思辨．商务印书馆，2020.

[4] 孙光德．社会保障概论．中国人民大学出版社，2019.

[5] 路锦非．社会保障基金管理．清华大学出版社，2023.

[6] 郑功成．中国社会保障制度变革40年．中国劳动保障出版社，2020.

[7] 陈淑君．社会保障研究．中国财富出版社，2010年。

[8] 丛春霞，彭歆茹．社会保障基金运营与管理．清华大学出版社，2022.

[9] 丁建定．社会政策概论．华中科技大学出版社，2021.

[10] [美] 约翰·B. 威廉姆森，弗雷德·C. 帕姆佩尔．养老保险比较分析．法律出版社，2002.

[11] 余桔云．养老保险：理论与政策．复旦大学出版社，2021.

[12] 鲍震宇．基本医疗保险最优支付水平研究．中国经济出版社，2018.

[13] 杨善发．中国农村合作医疗制度变迁研究．南京大学出版社，2012.

[14] 田大洲．失业保险与再就业．社会科学文献出版社，2018.

〔15〕郑秉文，等．失业保险改革探索——兼论国际比较．经济管理出版社，2021.

〔16〕周绿林，李绍华．医疗保险学．科学出版社，2023.

五、行政管理学

【课程名称】行政管理学　　　　【课程号】0405005432

【课程英文名称】Administration Management

【总学时数/实践学时】32/0　　【总学分数/实践学分】2/0

【课程类别】专业基础课　　　　【课程类型】☑必修　□选修

【面向专业】慈善管理　　　　　【依据培养方案版本】2023

【前置课程及说明】管理学、政治学、社会学、微观经济学等课程。前置课程内容的学习是学习行政管理学的理论准备，通过以上课程可了解行政管理学的基础理论、具体框架和方法。掌握好前置课程的相关知识，才能够更好地理解和学习本门课程。

【后续课程及说明】管理方向的其他相关课程。行政管理学作为管理学的一门分支学科，和公共政策学、行政组织学、公共危机管理、生态环境治理及其他政府部门的管理有着密切的联系。

（一）课程简介

行政管理学即行政学，也称公共行政管理学或公共管理学，是研究政府对社会进行有效管理的科学，是公共管理类专业所必备的专业知识。在传授知识的同时要注重知识转化成能力，设计大学生行政管理能力开发的内容、方式、途径等，达到学以致用的目的。

行政管理学作为公共管理类专业的必修课程，是为培养学生的行政管理基本理论知识和应用能力、提高思想政治素质而设置的一门专业核心课程。设置本课程的目的和要求是：使学生全面系统地掌握行政管理学的基本理论、基本知识和基本方法，提高其认识和运用行政管理的一般规律分析和解决行政管理实际问题的能力；培养并提升学生思想政治素质和行政管理所需要的核心能力，其中核心能力包括行政组织能力、行政领导能力、资源管理能力（人、财、信息）、政策分析能力、组织沟通与协调能力、德治法治能力、绩效管理能力等。

（二）课程目标

学习这门课程的目的在于使学生能以行政管理学方法来认识和研究各级政府管理的运行规律，深刻理解行政管理与行政环境之间的互动关系以及应该履行的职能范围，深入了解行政组织、行政领导、公共预算、行政信息、公共政策、行政沟通与协调、行政伦理、依法行政、行政监督等原理以及运行规律。同时，培养学生紧密联系各级政府管理实际，学会案例分析，解决政府管理实际问题，把行政管理理论融入对各级政府以及其他组织存在的管理问题的认识和实践研究之中，切实提高发现问题、分析问题、解决问题的能力。

1. 知识目标

了解相关的名词概念和知识的含义，并能正确认识和表述，包括行政环境与职能、行政组织与领导、公共预算与行政信息、公共政策与沟通协调、行政伦理与依法行政、危机管理与绩效管理等。

2. 能力目标

在学习行政管理知识的基础上，能较好地理解和把握基本概念、基本方法和分析方法，能掌握相关概念、事实和方法的区别与联系，并能针对实际案例结合书本知识进行分析应用，并在学习过程中培养行政组织能力、行政领导能力、资源管理能力（人、财、信息）、政策分析能力、组织沟通与协调能力、德治法治能力、绩效管理能力等。

3. 素质目标

（1）能够在学习行政管理知识的基础上，了解行政管理以及职场相关的知识和惯例，初步培养学习生涯和职业生涯的规划设计能力。

（2）能够在结合实际分析的基础上，培养行政职业岗位的适应能力。

（3）能够将道德的相关理论内化为自觉的意识、自身的习惯、自主的要求，提升行政职业实践中德行规范的意识和能力。

通过课程教学，逐步提高学生走向行政管理岗位所需要的思想、文化、法律、职业等方面的综合素质，重点培养学生良好的职业意识、职业理想、职业道德、职业态度、职业价值观和职业纪律，更好地促进学生成长成材和终身发展。

（三）课程目标对毕业要求的支撑关系

表4-9 课程目标对毕业要求的支撑关系矩阵

课程目标	毕业要求1	毕业要求2	毕业要求3	毕业要求4	毕业要求5	毕业要求6	毕业要求7	毕业要求8	毕业要求9
知识目标	H			H					
能力目标		H	H		H				
素质目标						H	H	M	M

注：H表示"强支撑"，M表示"中支撑"，L表示"弱支撑"。

（四）教学方法

教师遵循知、情、意、信、行"螺旋提升"的人才培养规律，引导学生通过"线上+线下"掌握行政管理知识，并将知识转化成能力，由能力转化成行为，由外在行为检验知识掌握的程度以及能力提升的层级。以行政管理能力开发为主线设计"课程+思政"的教学内容，以问题为导向、以目标为导向、以需求为导向，灵活采用多种教学手段和方法激发学生学习的动力，调动学生学习的自主性、积极性、目的性，使他们"懂理论、明方向、精管理、强能力"。

课程运用讲授法、案例讨论法、视频资料观摩法等方法。具体教学方法包括：理论讲授法；案例分析；启发式教学法；思考题引导。

具体教学手段：

注重理论与实际相结合，紧贴社会热点问题；注重培养学生分析问题和解决问题的能力；利用多媒体教学手段。

（1）每章开头，用相关思政内容引入课程内容。

（2）多媒体课件演示：主要用于课程要点、难点的讲解，图形演示等。

（3）分组案例讨论：针对相关案例进行讨论。

（4）思考题：每一章都有开放性思考题目。

（五）教学内容与教学安排

1. 教学内容与安排

表4-10　行政管理学课程学习进度安排

教学内容	具体内容	教学方式"线上+线下"；"课堂+课后"	学时分配
第一部分：行政管理原理（6学时）	第一章　导论——思想政治库	讲授	2
	第二章　行政环境——生存依据	讲授，案例分析；换位教学法	2
	第三章　行政职能——政府能力范围	讲授，案例分析；课堂、课外讨论	2
第二部分：行政管理的宏观职能（10学时）	第四章　行政组织——开发结构优化的组织力	讲授，案例分析；课堂、课外讨论	2
	第五章　行政领导——开发德才的领导力	讲授，案例分析；换位教学法 翻转课堂	2
	第六章　人事行政——制度管人管事	讲授，案例分析；换位教学法 翻转课堂	2
	第七章　公共预算——超前谋划、主动作为	讲授，案例分析	2
	第八章　行政信息——数字政府	讲授，案例分析；课外讨论	2

续表

教学内容	具体内容	教学方式"线上+线下";"课堂+课后"	学时分配
第三部分: 行政管理的 微观职能 (12学时)	第九章 政策过程与政策分析方法——开发决策力	讲授,结合案例;课外讨论 翻转课堂	2
	第十章 行政沟通——开发沟通协调的能力	讲授,案例分析;换位教学法	2
	第十一章 行政伦理——开发以德行政的能力	讲授,案例分析	2
	第十二章 行政法治——开发依法行政的能力	讲授,案例分析;换位教学法	2
	第十三章 行政监督——开发控制和制约的能力	讲授,案例分析;课堂、课外讨论	2
	第十四章 公共危机管理 ——开发应急管理的能力	讲授,案例分析	2
第四部分: 行政管理的目的 (4学时)	第十五章 政府绩效管理——开发绩效管理的能力	讲授,案例分析	2
	课程答疑		2
	合计		32

2. 课程思政内容及设计

表4-11 行政管理学课程思政教学设计表

课程名称	行政管理学	课程性质	必修课	课程学分	2	
面向专业	公共管理	课程负责人		课程团队		
课程教材		《行政管理学》			是否为"马工程"教材	是
教学章节	知识点	思政元素案例			培养目标	
第一章	导论—— 思想政治库	习近平总书记强调"不断提高政治判断力、政治领悟力、政治执行力"			在熟知行政管理概念的基础上,明确中国特色行政管理学,并结合中国特色创新行政管理	
第二章	行政环境—— 生存依据	"十四五"时期加快构建以国内大循环为主体、国内国际双循环相互促进的新发展格局。这个新发展格局是根据当前和今后一个时期我国发展阶段、环境、条件的变化提出来的,是重塑我国国际合作和竞争新优势的战略举措			理论联系实际,让学生扎实掌握专业理论,了解行政管理的环境与行政管理的关系	

续表

教学章节	知识点	思政元素案例	培养目标
第三章	行政职能——政府能力范围	《中华人民共和国国民经济和社会发展第十四个五年规划和2035年远景目标纲要》中提出，全面加强政府建设、完善国家行政体系，即加快转变政府职能，建设职责明确、依法行政的政府治理体系	与国家对政府职能转变的要求相一致，理论联系实际，让学生扎实掌握专业理论，增强专业认同感以及学习行政职能的动力和兴趣
第四章	行政组织——开发结构优化的组织力	2023年深化党和国家机构改革目标：构建系统完备、科学规范、运行高效的党和国家机构职能体系。即必须以习近平新时代中国特色社会主义思想为指导，在机构设置上更加科学、在职能配置上更加优化、在体制机制上更加完善、在运行管理上更加高效	理解我国行政组织改革目标、依据以及主要内容；培养学生行政组织理论认知和组织力
第五章	行政领导——开发德才兼备的领导力	习近平总书记《干在实处 走在前列——推进浙江新发展的思考与实践》一书，反映了习近平同志在党的十六大后对推进浙江新发展的战略思考和实践探索，是把中央精神和地方实际紧密结合的典范，是执政为民、真抓实干的典范。该书集中彰显了习近平同志的执政风格、领导艺术、工作作风和家国情怀	理论联系实际，让学生扎实掌握行政领导理论，了解模范的行政领导能力、领导艺术。通过课后分组讨论，让学生通过主动思考、查询资料、发表观点、参与讨论的过程、课堂汇报讨论等形式提升领导力
第六章	人事行政——制度管人管事	《中华人民共和国公务员法》自2006年1月施行以来，为建设高素质专业化公务员队伍发挥了重要作用，取得了明显成效。2018年12月，第十三届全国人大常委会第七次会议表决通过了《中华人民共和国公务员法（修订草案）》	使学生理解公务员管理理论，培养学生依法管理的能力，加强专业认同感
第七章	公共预算——超前谋划、主动作为	党的十九届五中全会提出："加强财政资源统筹，加强中期财政规划管理，增强国家重大战略任务财力保障。"这是进一步深化预算管理制度改革、推动建立现代财税体制的重要举措，对有效解决目前财政预算管理中存在的条块分割、支出固化、绩效不高等问题，促进财政预算的规范统一具有重要意义	以我国公共预算存在的问题为导向，引导学生主动思考、查询资料、发表观点、参与讨论；联系国家政策和战略与公共预算关系，培养学生理性思维，加强专业认同感
第八章	行政信息——数字政府	《中华人民共和国政府信息公开条例》（2007年4月5日中华人民共和国国务院令第492号公布，2019年4月3日中华人民共和国国务院令第711号修订）。习近平总书记在"2019中国国际数字经济博览会"致贺信中强调，中国正积极推进数字产业化、产业数字化，引导数字经济和实体经济深度融合，推动经济高质量发展	行政信息理论联系实际经济社会发展，分析数字政府的能力以及优势特点，提升学生行政信息管理能力

慈善管理本科专业人才培养与课程体系

教学章节	知识点	思政元素案例	培养目标
第九章	政策过程与政策分析方法——开发决策力	习近平主席强调："领导干部想问题、作决策，一定要对国之大者心中有数，多打大算盘、算大账，少打小算盘、算小账，善于把地区和部门的工作融入党和国家事业大棋局，做到既为一域争光，更为全局添彩。"	政策过程的理论联系实际，培养学生理性思维，加强专业认同感，提升学生的政策分析能力
第十章	行政沟通——开发沟通协调的能力	习近平说，要善于运用沟通、协商、谈心等方式做好知识分子思想工作	通过语言表达实训，文字表达练习，提高学生的沟通协调能力
第十一章	行政伦理——开发以德行政的能力	2019年3月22日，国家主席习近平在罗马会见意大利众议长菲科时，菲科问："您当选中国国家主席的时候，是一种什么样的心情？"习近平主席的目光沉静而充满力量，他说："这么大一个国家，责任非常重、工作非常艰巨，我将无我，不负人民。我愿意做到一个'无我'的状态，为中国的发展奉献自己。"习主席常说，一枝一叶总关情	熟知行政伦理的理论，理性选择职业、培养正确的价值观，提高道德修养
第十二章	行政法治——开发依法行政的能力	习近平主席在谈到关于法治建设的用典时说，"立善法于天下，则天下治；立善法于一国，则一国治"。他还指出，要加强对权力运行的制约和监督，把权力关进制度的笼子里，形成不敢腐的惩戒机制、不能腐的防范机制、不易腐的保障机制	熟知行政法治原理，学会理论联系实际，培养学生法治思维，加强行政管理专业认同感，培养依法治国理念
第十三章	行政监督——开发控制和制约的能力	2018年12月13日，习近平在十九届中央政治局第十一次集体学习时谈到，权力监督的目的是保证公权力正确行使，更好促进干部履职尽责、干事创业。既要管住乱用滥用权力的渎职行为，又要管住不用弃用权力的失职行为，整治不担当、不作为、慢作为、假作为，注意保护那些敢于负责、敢于担当作为的干部，对那些受到诬告陷害的干部要及时予以澄清，形成激浊扬清、干事创业的良好政治生态	熟知行政监督理论，培养学生的行政监督实践能力，培养学生底线思维意识
第十四章	公共危机管理——开发应急管理的能力	2021年4月20日，四川省凉山州冕宁县石龙镇马鞍村发生森林火灾，后经6天奋战成功扑灭。面对灾情，要坚持"人民至上、生命至上"的理念。面对火势不断扩大蔓延的不利态势和严峻局面，各方"参战"力量每日研判火场态势，及时调整改变战略战术，提升专业化指挥水平，充分整合、释放协同效能，在实践中不断提高面对突发事件的应急处置能力和危机管理能力	掌握公共危机管理原理、分级标准以及要求，培养学生的应变能力和危机意识。

续表

教学章节	知识点	思政元素案例	培养目标
第十五章	政府绩效管理——开发绩效管理的能力	政绩观是党员干部干事创业的"方向盘",直接决定着一个党员干部的选择和作为。为人民谋幸福、为民族谋复兴的初心和使命,是激励中国共产党人不断前进的根本动力,把造福人民作为最重要的政绩,才能永葆干事创业的进取心,保持越是艰险越向前的刚健勇毅。人民是执政的最大底气,坚持人民至上、紧紧依靠人民、不断造福人民、牢牢植根于人民,才能最大限度地激发调动人民群众的积极性、主动性、创造性,凝聚磅礴力量,使现代化新征程更加灿烂辉煌	掌握政府绩效管理原理,了解目前存在的问题,提升学生的绩效管理的能力

（六）参考教材

[1] 夏书章,等.行政管理学（第五版）.高等教育出版社,2013.

[2] 张国庆.公共行政学.北京大学出版社,2016.

[3] 徐双敏.行政管理学（第三版）.科学出版社,2017.

[4] 沈亚平.行政学.南开大学出版社,2001.

[5] 竺乾威.公共行政学.复旦大学出版社,2001.

第三节 经济学类课程教学大纲

一、微观经济学

【课程名称】微观经济学　　　　　　【课程号】0406002411

【课程英文名称】Microeconomics

【总学时数/实践学时】48/0　　　　　【总学分数/实践学分】3/0

【课程类别】专业基础课　　　　　　【课程类型】☑必修　□选修

【面向专业】慈善管理　　　　　　　【依据培养方案版本】2023

（一）教学目的和要求

微观经济学是为经管类专业本科教学的专业基础课,是个量分析的基础经济理论,它也是学生学习其他相关经济门类课程的基础。通过微观经济学的教学可使学生了解和掌握微观经济领域的基本经济理论和相关的经济知识。本课程教学要求学生掌握一些基本理论和微观经济知识，主要包括：消费者行为理论（对产品的需求和要素的供给分析）、生产者行为理论（对产品的供给和对生产要素的需求的行为分析）、成本理论、市场理论（包括完全竞争市场、垄断、寡头和垄断竞争市场）、要素市场的相关理论。教学过程中，要求学生通过学习能利用微观经济理论独立解释和分析微观经济问题，熟悉微观经济政策的作用和目的。

本课程教学应注重对学生基本经济意识的培养，通过学习应使学生具有以下基本经济意识：①理性人意识（人的本性是什么，应如何正确对待人）；②合理定价意识（针对不同的商品特点、不同的地区应采取不同定价销售策略）；③利润最大和成本最低意识（企业如何才能实现利润最大和成本最低）；④市场竞争意识、优胜劣汰意识（企业只有通过要素合理配置和规模经济才能降低成本，增强企业在整个市场中的竞争力，才能立于不败之地）；⑤自由竞争效率意识。

（二）教学中应注意的问题

微观经济学是经管类专业本科生的专业基础课，其前置课程为微积分、线性代数等，要求学生具备一定的高等数学知识。同时本课程具有较强的基础性，是各经管类专业众多专业课的前置课程，因此要求学生必须系统、扎实地学习与掌握本门课程的知识体系，为之后的专业课打下坚实的基础。

因为微观经济学系经济门类专业的专业基础理论课，因此在教学中要注意基础理论授课内容的系统性和完整性，为学生学习其他专业课程打下坚实的理论基础。由于课程性质，本课程在教学方法的选用上，宜主要采取系统讲授的教学方法；同时在系统讲授过程中，要注意和经济实际问题的结合，争取做到用理论来解决实际问题，用经济实践情况来诠释理论。在教学过程中也可以加入一定的课堂讨论，但要注意耗时不能过长，否则会影响整个教学内容的完成。

（三）教学内容与安排

表4-12　微观经济学教学课时分配表

周次	授课内容	课时数	课外作业
1	第一章　引论 第一节　什么是西方经济学 第二节　现代西方经济学的由来和演变 第三节　西方经济学企图要解决的两个问题 第四节　对西方经济学应持有的态度 第五节　为什么要学习西方经济学 第二章　需求和供给曲线概述以及有关的基本概念 第一节　微观经济学的特点 第二节　需求曲线	4	

续表

周次	授课内容	课时数	课外作业
2	第二章　需求和供给曲线概述以及有关的基本概念 　第三节　供给曲线 　第四节　供求曲线的共同作用 　第五节　经济模型 　第六节　弹性的概念 　第七节　运用供求曲线的事例	4	
3	第三章　效用论 　第一节　效用论概述 　第二节　无差异曲线及其特点 　第三节　边际替代率 　第四节　消费者的预算线 　第五节　消费者的均衡 　第六节　消费者的需求曲线	4	
4	第三章　效用论 　第七节　正常物品的替代效应和收入效应 　第八节　低档物品的替代效应和收入效应 　第九节　从单个需求曲线到市场需求曲线 第四章　生产论 　第一节　厂商和生产函数 　第二节　一种可变生产要素的生产函数	4	
5	第四章　生产论 　第三节　两种可变生产要素的生产函数 　第四节　成本方程 　第五节　最优的生产要素组合 　第六节　利润最大化可以得到最优生产要素的组合 　第七节　扩展线 　第八节　规模报酬	4	
6	第五章　成本论 　第一节　成本的概念 　第二节　短期总产量曲线与总成本曲线的关系 　第三节　根据短期总成本曲线可得各种短期成本曲线 　第四节　短期产量曲线与短期成本曲线之间的关系	4	

周次	授课内容	课时数	课外作业
7	第五章　成本论 第五节　长期总成本曲线 第六节　长期平均成本曲线与长期边际成本曲线 第六章　完全竞争市场 第一节　市场的类型 第二节　完全竞争厂商的需求曲线和收益曲线	4	
8	第六章　完全竞争市场 第三节　完全竞争厂商的短期均衡和完全竞争厂商的短期供给曲线 第四节　完全竞争行业的短期供给曲线 第五节　完全竞争厂商的长期均衡	4	
9	第六章　完全竞争市场 第六节　完全竞争行业的长期供给曲线 第七节　消费者统治的说法的理论基础 第七章　不完全竞争市场 第一节　垄断	4	
10	第七章　不完全竞争市场 第二节　垄断竞争 第三节　寡头 第四节　不同市场的经济效率比较	4	
11	第八章　生产要素价格决定的需求方面 第一节　分配论概述 第二节　引致需求 第三节　完全竞争厂商使用生产要素的原则 第四节　完全竞争厂商对生产要素的需求曲线 第五节　从厂商的需求曲线到市场需求曲线	4	
12	第九章　生产要素价格决定的供给方面 第一节　对供给方面的概述 第二节　劳动的供给曲线和工资的决定 第三节　土地的供给曲线和地租的决定 第四节　资本的供给曲线和利息的决定 第五节　洛伦兹曲线和基尼系数 小结　答疑	4	

（四）参考阅读书目

[1]［意］阿列桑德洛·荣卡格利亚．西方经济学思想史．上海社会科学出版社，2009.

[2]［美］小罗伯特·B. 埃克伦德，罗伯特·F. 赫伯特．经济理论和方法史．中国人民大学出版社，2001.

[3]［美］斯坦利 L. 布鲁．经济思想史．机械工业出版社，2006.

[4] 范里安．微观经济学：现代观点．上海人民出版社，1994.

[5] 黎诣远．西方经济学．高等教育出版社，2003.

[6]［美］N. 格里高利·曼昆．经济学原理．北京大学出版社，1999.

[7]［美］R. S. 平狄克，D. L. 鲁宾菲尔德．微观经济学（第三版）．中国人民大学出版社，1997.

[8]［美］约瑟夫·斯蒂格利茨．经济学（上册）．中国人民大学出版社，1997.

[9] 尹伯成．西方经济学简明教程．上海人民出版社，2009.

[10] 余宪忠，等．微观经济学．中国人民大学出版社，2010.

[11] 张维迎．博弈论与信息经济学．上海人民出版社，2004.

[12] 董志勇．行为经济学．北京大学出版社，2005.

[13]［美］沃尔特·尼科尔森．微观经济理论：基本原理与扩展．北京大学出版社，2008.

[14] 梁小民．微观经济学．中国社会科学出版社，1996.

[15]［美］保罗·萨缪尔森．微观经济学．华夏出版社，1999.

[16]［美］赫舒拉发，等．价格理论及其应用．机械工业出版社，2009.

二、公共经济学

【课程名称】公共经济学　　　　　　【课程号】0405001930

【课程英文名称】Public Economics　【总学时数/实践学时】40/0

【课程类别】专业基础课　　　　　　【面向专业】经济类 \ 管理类

【总学分数/实践学分】2.5/0　　　　【课程类型】☑必修　□选修

【依据培养方案版本】2023

【前置课程及说明】微观经济学、公共管理学等课程。前置课程内容的学习是学习供需价格规律，学习政府的组织体系和政府职能，为公共经济学的理论提供基础准备。通过以上课程了解现代经济学的基础理论、具体框架和方法。掌握好前置课程相关知识，才能够更好地理解和学习本门课程。

【后续课程及说明】公共经济学方向的其他相关课程。

（一）课程简介

本课程是经济学专业的必修课程之一。公共经济学是经济学的重要分支，也是一门综合性很强的应用经济学科，其综合性、应用性表现在诸多方面，但其核心是研究如何发挥政府的经济职能。公共经济学从经济的角度，研究如何在公共事务领域界定政府与市场之间的关系，政府如何运用市场的办法来解决公共事务问题等。本课程主要培养学生以下几方面的能力：①掌握经济学的基本概念和理论；②能从经济学角度来分析一些社会热点经济问题；③能运用规范和实证的研究方法对政府运用市场机制来进行微观管理和宏观调控，以及公共选择理论、收入分配理论、政府管理理论、财政政策理论、货币政策理论、国债理论、税收理论等相关问题进行实际分析。

（二）课程目标

学习本课程的目的在于使学生能以经济学方法来认识和研究政府的行为。通过学习该课程使学生系统地掌握现代经济分析的理论和方法，并熟练地应用于公共部门公共管理问题的分析。用适当的模型分析特定的问题，进行政策分析。

教学重点和难点：政府与市场的关系；用公共选择理论探索政府公共政策的有效性；我国政府对经济微观管理，即政府管制改革趋势和方向；政府对经济的宏观管理政策以及手段；我国政府财政支出分析；现代税收的原则；公债的功能以及我国公债规模的分析。

1. 知识目标

了解相关的名词概念和知识的含义，并能正确认识和表述，包括：资源配置的衡量标准、市场失灵的表现和根源、公共选择理论、政府管制理论、宏观调控理论、财政政策和货币政策的工具、税收理论、公债理论、财政收入和财政支出理论等。

2. 能力目标

在专业知识的基础上，能较好地把握基本概念、基本方法和分析方法，能掌握相关概念、事实和方法的区别与联系，并能针对实际案例结合书本知识进行分析应用，并在学习过程中培养正确的学习方法。

3. 素质目标

（1）能够在学习书本知识的基础上，了解与经济生活相关的知识和惯例，初步培养学生学习生涯和职业生涯的规划设计能力。

（2）能够在结合实际分析的基础上，培养学生用经济学理论思考实际需要的问题。

（三）课程目标对毕业要求的支撑关系

表4-13 课程目标对毕业要求的支撑关系矩阵

课程目标	毕业要求1	毕业要求2	毕业要求3	毕业要求4	毕业要求5	毕业要求6	毕业要求7	毕业要求8	毕业要求9
知识目标	H			H					
能力目标		H	M						
素质目标						M	H	M	M

注：H表示"强支撑"，M表示"中支撑"，L表示"弱支撑"。

（四）教学方法

牢固树立"教师为主导，学生为主体"的教学观念，强调学生是学习的主体，强调教为学服务。在教学方法的选择上遵循"教学有法、教无定法、贵在得法、教学相长"的原则。突破以往"填鸭式"教学、学生被动接受知识的传统模式，灵活运用多种教学方法，重视发挥学生的主观能动性，强调学生自主学习能力和创新能力的培养，激发学生的创新意识和独立思考能力。课程运用讲授法、案例讨论法、视频资料观摩法等方法。具体教学方法包括：理论讲授法；案例分析；启发式教学法；思考题引导。

具体教学手段：

注重理论与实际相结合，紧贴社会热点问题；注重培养学生分析问题和解决问题的能力；利用多媒体教学手段。

（1）多媒体课件演示：主要用于课程要点、难点的讲解，图形演示等。

（2）板书：在广泛使用多媒体课件的同时，板书仍然是教学的重要方法之一。

（3）分组案例讨论：针对相关案例进行讨论。

（4）思考题：每一章都有开放性思考题目。

（五）教学内容与教学安排

1. 教学内容与安排

表4-14 教学内容与安排

章节及内容摘要	需要学时数	备注
导论	2	
第一章 市场失灵与政府干预	5	

章节及内容摘要		需要学时数	备注
第二章	公共产品	3	
第三章	外部效应	2	案例讲解
第四章	公共选择	5	案例讲解
第五章	政府管制	5	案例讲解
第六章	宏观调控	5	案例讲解
第七章	财政支出	4	
第八章	财政收入	4	
第九章	公债	2	
答疑		3	
小计		40	

2. 课程思政内容及设计

表4-15 公共经济学课程思政教学设计表

课程名称	公共经济学	课程性质	必修课	课程学分	2.5	
面向专业	慈善管理	课程负责人		课程团队		
课程教材	《政府经济学》《公共财政概论》			是否为"马工程"教材		是
教学章节	知识点	思政元素案例		培养目标		
导论	公共经济学说明经济学的十大原理	我国经济体制改革的历程		经济人假设的含义; 用经济学原理指导学生自觉学习		
第一章	市场失灵和政府干预	我国政府将碳中和作为实现气候目标的重要战略之一,并制定了具体的计划和目标来实现碳中和		要重点掌握实现资源合理配置的基本准则,掌握市场失灵与政府失灵的表现和原因,理解在市场经济发展不同时期政府发挥作用的限度和范围		
第二章	公共产品	税收价格观的树立		如何树立税收价格观,怎样用税收价格观指导自己消费		
第三章	外部效应	环境污染属于哪种外部效应;碳峰值和碳中和的含义		理论联系实际,让学生认识外部效应带来的社会成本和社会收益		
第四章	公共选择	投票中的悖论问题、利益集团问题和中间投票人		使学生理解多数投票规则、阿罗不可能定理、单峰偏好等投票规则,以及预算最大化数学模型		

续表

教学章节	知识点	思政元素案例	培养目标
第五章	政府管制	"315"晚会：网络直播带货的思考 政府对阿里和美团的处罚：垄断的评价和垄断的管制 老坛酸菜事件：对政府食品管制的思考	理论联系实际，让学生扎实、重点掌握垄断的定义、分类和垄断造成资源配置低效的原因，明确自然垄断的范围，理解信息不对称引发的问题及其缓解机制
第六章	宏观调控	李克强总理的政府工作报告：认识宏观调控政策 财政部网站：财政政策的历程，财政政策的手段 中国人民银行网站：货币政策的手段、工具，货币政策的效果	理论联系实际，让学生了解政府经济管理的财政政策、货币政策和收入分配政策，掌握各种政策工具以及应用，探讨我国货币政策效果
第七章	财政支出	财政部的预算和决算报告：财政支出的规律；影响财政支出规模变大的原因分析	理论联系实际，探讨我国政府财政支出的变化规律，探讨规模庞大的原因
第八章	财政收入	财政部的预算和决算报告：财政收入的构成要素；财政收入的变化规律和影响财政收入规模变大的原因分析	理论联系实际，让学生了解我国政府财政收入的变化规律、财政收入的构成要素
第九章	公债	我国公债的历年数据，探讨我国公债产生的原因和规律分析，探究公债的作用和功能	理论联系实际，把握公债的基本功能，了解公债的基本运行过程与环节，掌握公债在宏观调控中的作用并明确二者的关系

（六）教材

[1] 潘明星，等．政府经济学．中国人民大学出版社，2003.

[2]《公共财政概论》编写组．公共财政概论．高等教育出版社，2019.

[3] 乔林碧，王耀才．政府经济学．中国国际广播出版社，2002.

[4] 鲁照旺．政府经济学．河南人民出版社，2002.

[5] 梁小民．西方经济学．中国统计出版社，2003.

（七）参考材料资源

[1] 首都经济贸易大学，《人口与经济》（双月刊）。

[2]《中国行政管理》。

[3]《公共管理评论》。

三、财政学

【课程名称】财政学　　　　　　　　【课程号】0405002096

【课程英文名称】Public Finance

【总学时数/实践学时】32/0　　　【总学分数/实践学分】2/0

【课程类别】专业基础课　　　　　【课程类型】☑必修　□选修

【面向专业】慈善管理　　　　　　【依据培养方案版本】2023

【课程责任教师】　　　　　　　　【联系方式】

【前置课程及说明】微观经济学。前置课程内容的学习是学习财政学的理论准备，通过对微观经济学的学习初步奠定学习财政学的理论基础，形成一定的经济学思维范式。掌握好前置课程相关知识，才能够更好地理解和学习本门课程。

【后续课程及说明】公共经济学。财政学与公共经济学有许多交叠之处，两门课程中均涉及政府对宏观经济的管理和调控。因此，掌握财政学的基本理论可为后续学好公共经济学奠定坚实基础。

（一）课程简介

财政学课程是教育部确定的本科高等院校经济管理类专业的核心课程，具有较强的理论性和实践性。随着改革开放的不断深化以及社会主义市场经济体制的确立和完善，财政活动愈加深刻地影响社会经济生活的方方面面。因此，开设财政学课程对于学生理解和掌握现代经济中财政管理和干预运行机制，适应21世纪我国经济发展对综合人才的需要具有重要意义。本课程要求学生系统学习公共财政的性质、职能、财政收支活动、税收和公债等方面的理论和实务，掌握市场经济中实用的财税基本理论与实践业务知识，尤其是税收业务知识，使学生具备较为扎实的财政税收理论与实践业务技能的"基本功"。

本课程主要培养学生以下几方面的能力：①掌握财政学的基本理论和基本方法；②能利用财税基本理论分析中国现实的财政问题；③掌握基本的税收业务知识，能够进行税收核算。

（二）教学目标

通过本课程的学习，要求学生了解我国财政和税收体制发展和改革的历程，全面、系统、完整地掌握财政学的基本理论和方法，能够运用所学的理论、知识和方法分析并解决财政领域的相关问题，为今后的学习和工作奠定坚实基础。

1. 知识目标

掌握财政学的基本理论和知识，包括财政、税收、财政收入、财政支出、税收管理体制、国债、财政政策、财政平衡等的本质、发展演变和相互关系的基本理论；能够从财政收支和财政政策入手探讨财政政策调控经济的基本原理和运行机制；能够理解公共财政模式与积极且富于弹性的财政政策的积极意义。

2. 能力目标

在专业知识的基础上，能较好运用财政学的基本理论分析和解决财政领域的相关问题，熟练掌握不同税种的税收计算方法，具有财政学科相关问题的分析和研判能力。

3. 素质目标

能够在学习课本知识的基础上，挖掘生活中的财政问题，培养敏锐的经济意识。能够理论结合实际，熟悉国家有关财政的方针、政策和法律法规，积极主动关注国内外财政发展动态，理解国家宏观经济运行中的财税调控，坚定"四个自信"，加强国家意识，增强税收法治观念，具备正确的价值追求和理想信念。

（三）课程目标对毕业要求的支撑关系

表4-16　课程目标对毕业要求的支撑关系矩阵

课程目标	毕业要求1	毕业要求2	毕业要求3	毕业要求4	毕业要求5	毕业要求6	毕业要求7	毕业要求8	毕业要求9
知识目标	H	H							
能力目标			M	H	M				
素质目标						H	M	M	M

注：H表示"强支撑"，M表示"中支撑"，L表示"弱支撑"。

（四）教学方法

牢固树立"学生为主体，教师为主导"的教学理念，打破"填鸭式"教学模式，以问题驱动学生思考，灵活运用多种教学方法，发挥学生的主动性和创造性，提高学生独立思考能力和问题分析能力。主要运用讲授法、案例教学法、问题驱动法、互动式教学法等多种方法。具体来说：

（1）采用讲授法，帮助学生了解并掌握财政学课程中所涉及的基本概念、原理和方法，为学生掌握知识奠定基础。

（2）采用案例教学法，将理论教学与实践相结合，引导学生应用基本理论知识对现实的财政问题展开分析，帮助学生了解财政政策调控经济的基本原理和运行机制。

（3）采用问题驱动教学法，根据理论教学目标与内容，巧妙设置启发式的问题，引导学生思考、发现问题，从而引出课程内容，使学生更好地掌握知识。

（4）采用互动式教学，课内讨论和课外答疑相结合。

（五）教学内容与教学安排

1. 教学内容与安排

表4-17　教学内容与安排简表

章节（或模块主题）及内容摘要	需要学时数	备注
第一章　财政学概论（财政学的对象和基本理论问题）	2	

续表

章节（或模块主题）及内容摘要	需要学时数	备注
第二章　国家预算和预算管理	2	
第三章　财政支出（经常性支出、购买性支出和转移性支出）	6	
第四章　财政收入	4	
第五章　税收原理与税收的经济效应	6	
第六章　我国现行税制	4	案例讲解
第七章　预算收支管理体制——中央与地方财政关系	2	案例讲解
第八章　国债和国债市场	2	
第九章　财政平衡和财政赤字	2	
第十章　财政政策	2	案例讲解
第十一章　开放经济下的财政问题	2	案例讲解
答疑	2	

2. 课程思政内容及设计

表4-18　财政学教学思政教学设计

课程名称	财政学	课程性质	必修课	课程学分		2	
面向专业	慈善管理	课程负责人		课程团队			
课程教材		《财政学（第10版）》			是否为"马工程"教材		否
教学章节	知识点	思政元素案例			培养目标		
第一章	财政学概论（财政学的对象和基本理论问题）	国家医保局通过谈判等措施，引导医保药品目录内的药品价格回归合理，通过医保报销大幅减轻患者负担			引导学生了解国家财政在维持社会公平正义中发挥的重要作用。		
第二章	国家预算和预算管理	抛出问题：为什么政府需要进行预算管理？			理论联系实际，让学生了解预算与预算管理制度，加强对国家预算管理制度的认识		
第三章	财政支出（经常性支出、购买性支出和转移性支出）	带领学生学习2023年中国政府工作报告，分析我国政府财政支出的实际现状以及保障民生的基本措施			通过了解财政支出的意义以及财政支持下中国各项事业取得的成绩，培养学生"取之于民、用之于民"的服务意识，增强学生的民族自信心和自豪感		
第四章	财政收入	抛出问题：中国为什么要实行大规模的减税降费？实行减税降费以来，中国的财政收入如何变化？			通过具体事例和现实数据，引起学生对我国财政状况的关注，同时增强学生对经济社会发展状况和问题的感性认识		

续表

教学章节	知识点	思政元素案例	培养目标
第五章	税收原理与税收的经济效应	许多国家（地区）采用渐进税率制度，根据纳税人不同的收入水平征收不同比例的所得税，即高收入者应该承担相对更多的税额，而低收入者则应该享有更多的税收减免或豁免	使学生了解税收原理在税收政策设计和实施中的应用，学习了解税收系统的公平性、效率性、可行性、透明性和稳定性，培养学生的纳税意识
第六章	我国现行税制	税收制度的演变和中国税制的发展历程	通过梳理中国税制发展的历程，使学生明白了中国财税制度源头、沿革历程以及税制改革的社会经济效应，从而了解财政制度、财政发展与经济水平、社会结构、政治制度、文化传统之间的相互关系
第七章	预算收支管理体制——中央与地方财政关系	引用英国第二大城市——伯明翰政府宣布实质性"破产"的案例，说明财政预算收支管理的重要性；同时通过伯明翰政府"破产"后英国政府的举措来探讨不同政治体制下中央与地方财政的关系	理论结合实际，从现实事件切入，使学生提高运用理论知识来分析现实问题的能力
第八章	国债和国债市场	讲解国债与国债市场	掌握国债的经济效应和政策功能，使学生能够运用分析工具探讨地方政府债务问题
第九章	财政平衡和财政赤字	政府财政统计数据	帮助学生理解财政平衡和财政赤字，引导学生增强个人财政意识，合理规划个人财务，积极参与公共事务，共同推动财政可持续发展
第十章	财政政策	介绍2008年美国金融危机的刺激政策、日本的经济复苏政策和欧洲债务危机的财政紧缩政策	使学生了解不同国家和地区在不同时间和情况下如何通过财政政策来应对经济挑战、促进经济增长和实现经济目标，明确财政政策的具体内容和效果取决于政府的政策取向、经济状况和国家特点
第十一章	开放经济下的财政问题	从国际公共产品、国际税收、国家财政国际支出等角度阐释财政学视域下的"人类命运共同体"理念	强化学生对"人类命运共同体"的认识，同时也加强学生对中国大国担当的民族自豪感

（六）参考教材

［1］陈共．财政学（第10版）．中国人民大学出版社，2020.

［2］张馨．财政学（第2版）．科学出版社，2018.

［3］罗森·盖亚．财政学．郭庆旺，赵志耘译．中国人民大学出版社，2015.

［4］樊丽明，等．公共财政概论．高等教育出版社，2019.

（七）参考阅读书目

钱颖一．现代经济学与中国经济改革．中国人民大学出版社，2003.

第四节　哲学与法学类课程教学大纲

一、公共伦理学

【课程名称】公共伦理学　　　　　【课程号】0405002005

【课程英文名称】Public Ethics　　【总学时数/实践学时】32/0

【总学分数/实践学分】2/0

【课程类别】专业基础课　　　　　【课程类型】☑必修　□选修

【面向专业】慈善管理　　　　　　【依据培养方案版本】2023

【前置课程及说明】管理学、公共管理学等课程。前置课程内容的学习是公共伦理学的理论准备，通过以上课程了解管理的基础理论、具体框架和方法，了解管理中遇到的两难问题。掌握好前置课程相关知识，才能够更好地理解和学习本门课程。

【后续课程及说明】公共管理类方向的其他相关课程。公共伦理学作为哲学的一门分支学科，和管理学、经济学和伦理学有着密切的联系。

（一）课程简介

公共伦理学是一门新兴的学科，它与伦理学、哲学和管理学有着密切联系。公共伦理学既是一门应用伦理学，又是伦理学的分支学科。公共伦理学研究人的管理行为在应该和实际之间的种种表现，因此应该注意管理行为的正当性和合理性。

本课程主要培养学生以下几方面的能力：

①学生学习该课程后，不仅能掌握和公共伦理相关的基本概念和具体的公共伦理规则、规范，而且能使学生用哲学的方法来认识和解决现实的一些管理问题，建立起正确的职业伦理观和工作观。②学生把握正确的伦理导向，提高道德修养。

（二）课程目标

本课程的教学目的是通过系统地教学能够全面系统地掌握马克思唯物主义伦理学道德的本质、道德的发展规律、道德来源等基本观点；同时学习我国的传统伦理以及学会用辩证的观点来认识西方国家的伦理理论，如利己主义、功利主义、利他主义、正义论、绝对命令等。帮助学生树立正确的善恶观、荣辱观、义利观、幸福观。通过道德教育提高学生的道德修养。学会用马克思唯物主义的伦理观来分析生活中遇到的道德问题。了解并掌握我国传统伦理思想的特点以及西方伦理的特征。学会正确对待中国传统思想和西方伦理思想。

1. 知识目标

了解相关的名词概念和知识的含义，并能正确认识和表述。掌握唯物主义伦理学道德的本质、道德的发展规律、道德来源等基本观点。掌握利己主义、功利主义、利他主义、正义论、绝对命令等西方理论的主要观点。

2. 能力目标

在专业知识的基础上，能较好地把握基本概念、基本方法和分析方法，能掌握相关概念、事实和方法的区别与联系，并能针对实际案例结合书本知识进行分析应用，在学习过程中培养正确的学习方法。能用辩证的观点分析现代社会中的各种道德问题。

3. 素质目标

（1）能够在学习书本知识的基础上，了解和道德相关的知识，初步培养学生学习唯物主义思考问题的方法。

（2）能够在结合实际分析的基础上，培养学生用马克思唯物主义的观点，思考现代社会中的有关道德问题，如道德绑架事件、网络直播带货事件、虚假广告事件等。

（3）能够将道德的相关理论内化为自觉的意识、自身的习惯、自主的要求，提升职业实践中德行规范的意识和能力。

（三）课程目标对毕业要求的支撑关系

表4-19　课程目标对毕业要求的支撑关系矩阵

课程目标	毕业要求1	毕业要求2	毕业要求3	毕业要求4	毕业要求5	毕业要求6	毕业要求7	毕业要求8	毕业要求9
知识目标	H			H					
能力目标		H	M						
素质目标						M	H	M	M

注：H表示"强支撑"，M表示"中支撑"，L表示"弱支撑"。

（四）教学方法

牢固树立"教师为主导，学生为主体"的教学观念，强调学生是学习的主体，强调教为学服务。在教学方法的选择上遵循"教学有法、教无定法、贵在得法、教学相长"的原则。突破以往"填鸭式"教学、学生被动接受知识的传统模式，灵活运用多种教学方法，重视发挥学生的主观能动性，强调学生自主学习能力和创新能力的培养，激发学生的创新意识和独立思考能力。

课程运用讲授法、案例讨论法、视频资料观摩法等方法。具体教学方法包括：理论讲授法；案例分析；启发式教学法；思考题引导。

具体教学手段：

注重理论与实际相结合，紧贴社会热点问题；注重培养学生分析问题和解决问题的能力；利用多媒体教学手段。

（1）多媒体课件演示：主要用于课程要点、难点的讲解，图形演示等。

（2）板书：在广泛使用多媒体课件的同时，板书仍然是教学的重要方法之一。

（3）雨课堂：采用雨课堂上课，随时可以对学生的听课效率进行测试。

（4）分组案例讨论：针对相关案例进行讨论。

（5）思考题：每一章都有开放性思考题目。

（五）教学内容与教学安排

1. 教学内容与安排

表4-20　教学内容与安排

章节及内容摘要	需要学时数	备注
第一章　导论	2	
第二章　伦理思想传统	4	
第三章　西方伦理思想结果论	4	案例讲解
第四章　西方伦理思想义务论	4	案例讲解
第五章　马克思伦理思想及其在中国的发展	4	案例讲解
第六章　道德的起源与发展	2	案例讲解
第七章　道德的本质与功能	2	案例讲解
第八章　道德的基本范畴	2	案例讲解
第九章　企业伦理责任	4	案例讲解
答疑	2	
考试	2	

2. 课程思政内容及设计

表4-21 公共伦理学课程思政教学设计表

课程名称	公共伦理学	课程性质	选修课	课程学分	2	
面向专业	管理学	课程负责人		课程团队		
课程教材	《伦理学》			是否为"马工程"教材		是
教学章节	知识点	思政元素案例		培养目标		
第一章	导论	伦理学研究的主要命题；哲学思考问题的方法		将个人追求与社会价值认可结合，引导学生树立社会主义核心价值观		
第二章	伦理思想传统	我国传统伦理思想的主要派别、代表人物和主要伦理思想；毛泽东伦理思想的探究；如何正确对待伦理思想传统		理论联系实际，让学生扎实掌握我国传统伦理思想，了解传统伦理思想产生的背景和意义		
第三章	西方伦理思想结果论	现实生活中的利己主义、功利主义和利他主义者的表现，用辩证唯物主义的观点正确认识这些		理论联系实际，让学生扎实掌握专业理论，并就结果论谈谈自己的看法，增强学生分析问题的能力。		
第四章	西方伦理思想义务论	以德国哲学家康德的墓志铭为例，展开讨论："有两种东西，我对它们的思考越是深沉和持久，它们在我心灵中唤起的惊奇和敬畏就会日新月异，不断增长，这就是我头上的星空和心中的道德定律"		使学生了解道德行为的重要性，并明确人们有责任履行特定的道德义务，而不是仅仅追求个人利益或追求最大的幸福		
第五章	马克思伦理思想及其在中国的发展	认识马克思主义的诞生和重要意义，学习我国近代的伦理思想——毛泽东思想、邓小平理论、江泽民"三个代表"重要思想、胡锦涛科学发展观和习近平的新时代核心价值观		掌握我国近现代领导人对马克思主义伦理思想的创造性改变和创新性发展		
第六章	道德的起源与发展	唯物主义关于道德起源的论述；了解道德发展的历程以及唯物主义对道德发展规律的理论		掌握唯物主义对道德起源和发展的知识，引导学生树立正确的道德观		
第七章	道德的本质和功能	唯物主义关于道德本质和功能的论述		掌握辩证唯物主义对道德本质和功能的论述，用正确的观念来指导学生分析现实生活的不道德行为，使学生会辩证分析社会中的道德万能论和道德无用论的观点		
第八章	道德基本范畴	树立正确的善恶观，正确的荣辱观、幸福观，认识社会中的极端观念和不正确的观点		辩证看待身边的善恶，掌握善恶的运动变化规律；会分析社会中的一些现象		
第九章	企业伦理责任	正确看待管理者决策和工程师的决策；企业应该具备的道德义务；如何看待道德绑架事件		理论联系实际，引导学生正确看待身边的道德绑架事件，以及企业中常常出现的伦理问题的思考		

（六）教材

《伦理学》编写组．伦理学．高等教育出版社，人民出版社，2021.

（七）参考资料

［1］最高人民检察院工作报告．法律出版社，2014.

［2］孟德斯鸠．论法的精神．商务印书馆，2009.

［3］杰拉尔德·E. 蔡登．建立官员腐败的一般理论//王沪宁．腐败与反腐败：当代国外腐败问题研究．上海人民出版社，1990.

二、社会心理学

【课程名称】社会心理学　　　　　【课程号】0405002319

【课程英文名称】Social Psychology

【总学时数/实践学时】32/0　　　　【总学分数/实践学分】2/0

【课程类别】学科基础课　　　　　【课程类型】☑必修　□选修

【面向专业】慈善管理　　　　　　【依据培养方案版本】2023

【前置课程及说明】社会学等课程。前置课程内容的学习是学习社会心理学的理论准备，可通过以上课程了解社会学和心理学的基础理论、框架和方法。掌握好前置课程的相关知识，才能够更好地学习本门课程。

【后续课程及说明】无。

（一）课程简介

本课程是为慈善管理和社会工作专业的学生开设的学科基础课程。教学目的在于使学生了解和掌握有关社会心理学知识，学会用社会心理学的视角思考和观察社会心理与行为，学习将社会心理学知识应用到职业实践。本课程的教学重点在于对社会心理学基本概念和基本理论的掌握，包括社会心理学的研究内容与范围、发展历史、研究方法、社会化、社会认知、社会态度、社会互动、人际沟通、人际关系、利他行为、侵犯行为、群体心理、集群行为、社会运动与大众行为等。本课程教学难点在于把书本知识和生活实际联系起来进行分析，尤其是对一些与常识并不完全相符的知识点的理解，如社会认知、社会态度领域的有关理论和实验内容，是教学时要引导学生着重进行理解的。

本课程主要培养学生以下几方面的能力：①掌握社会心理学的基本概念、原理和规律；②能从社会心理学角度来分析现实生活中群体以及大众的社会心理与行为；③能运用社会心理学的方法对个体社会心理与行为进行具体的分析，为将来进行社会工作奠定坚实的理论基础。

（二）课程目标

通过学习本课程，使学生能以社会心理学的方法来认识和研究社会心理与社会行为，深刻理解社会化、社会认知、社会态度、社会互动、人际沟通、人际关系、群体心理、集群行为、社会运动以及大众行为的有关规律与原理。同时，培养学生紧密联系实际的能力，能学以致用，学会分析和解决实际问题，把理论学习融入对社会实际的认识和研究之中，切实提高学生分析问题以及解决问题的能力。

1. 知识目标

了解相关的概念和原理，能正确认识和理解社会化、社会认知、社会态度、社会互动、人际沟通、人际关系、利他行为、侵犯行为、群体心理、集群行为、社会运动和大众心理等内容。

2. 能力目标

在专业知识的基础上，能较好地理解和把握基本概念、原理、规律和分析方法，并能结合书本知识对实际情况进行分析应用。同时在学习过程中培养正确的学习方法、提高学习能力。

3. 素质目标

（1）能够在学习书本知识的基础上，了解和社会生活相关的原理和规律，初步培养学生运用社会心理学理论、原理分析现实状况的能力。

（2）使学生初步具有从综合性、整体性视角分析社会心理、社会行为现象的知识与能力。

（3）使学生初步具有对多元文化的认知、理解以及沟通能力。

通过课程教学，逐步提高学生走向社会发展所需要的思想、文化、法律、职业等方面的综合素质，提高学生关心社会、认识社会和服务社会等方面的素质，重点培养学生合理地运用相关的理论观点去解释现实社会现象的能力，促进学生更好地成材和发展。

（三）课程目标对毕业要求的支撑关系

表4-22 课程目标对毕业要求的支撑关系矩阵

课程目标	毕业要求1	毕业要求2	毕业要求3	毕业要求4	毕业要求5	毕业要求6	毕业要求7	毕业要求8	毕业要求9
知识目标	H	M							
能力目标			M	H	M				
素质目标						M	M	H	M

注：H表示"强支撑"，M表示"中支撑"，L表示"弱支撑"。

（四）教学方法

牢固树立"教师为主导，学生为主体"的教学观念，强调学生是学习的主体，强调教为学服务。在教学方法的选择上遵循"教学有法、教无定法、贵在得法、教学相长"的原则。突破以往学生被动接受知识的传统模式，灵活运用多种教学方法，重视发挥学生的主观能动性，强调学生自主学习能力和创新能力的培养，激发学生的创新意识和独立思考能力。

课程运用讲授法、案例讨论法、视频资料观摩法等方法。具体教学方法包括：理论讲授法；案例分析法；启发式教学法；讨论法。

具体教学手段：

注重理论与实际相结合，紧贴社会热点问题；注重培养学生分析问题和解决问题的能力；利用多媒体教学手段。

（1）多媒体课件演示：主要用于课程要点、难点的讲解，图形演示等。

（2）分组案例讨论：针对相关案例进行讨论。

（3）思考题：每一章都有开放性思考题目。

（五）教学内容与教学安排

1. 教学内容与安排

表 4-23　教学内容与安排

章节及内容摘要	需要学时数	备注
第一章　社会心理学概述	3	
第二章　社会化与自我	3	
第三章　社会认知	6	
第四章　社会态度	6	
第五章　人际沟通与社会互动	2	
第六章　人际关系	2	
第七章　利他行为与侵犯行为	2	
第八章　群体的社会心理学	4	
第九章　集群行为与社会运动	2	
课堂讨论	2	
合计	32	

2. 课程思政内容及设计

表4-24 社会心理学课程思政教学设计表

课程名称	社会心理学	课程性质	必修课	课程学分		2
面向专业	慈善管理	课程负责人		课程团队		
课程教材		《社会心理学概论》			是否为"马工程"教材	是
教学章节	知识点	思政元素案例			培养目标	
第一章	社会心理学概述	用历史唯物主义观点理解人的社会心理与行为；从我国社会心理学历史与发展角度讨论文化自信问题			使学生了解社会心理学的研究对象、研究范围、学科性质、研究方法、发展历史和发展趋势，使学生对社会心理学有概括性的了解	
第二章	社会化与自我	立足于马克思主义的观点分析人与环境的相互关系			了解社会化的基本阶段及其内容，影响人的社会化的各种因素以及社会中个体自我意识发展的有关内容	
第三章	社会认知	用辩证唯物主义的观点理解人的社会认知在社会实践的基础上发生、发展的过程和规律			使学生掌握社会认知的含义、范围、途径以及印象形成等基本内容，了解常见的社会认知偏差；使学生能了解社会认知的一般规律；使学生能掌握归因的概念和主要的归因理论，并能应用归因理论进行实际分析	
第四章	社会态度	正确的人生态度和生活态度；避免对别人有偏见和歧视			使学生明确社会态度的含义、要素、功能、态度和行为的关系，态度形成和改变的过程及条件，掌握主要的态度理论，对特殊态度——偏见有一定认识，最终能应用有关理论来分析和认识社会中的有关现象	
第五章	人际沟通和社会互动	深刻领悟马克思的社会交往论对社会互动和人际沟通的启示			使学生掌握社会互动的基本理论，了解社会互动的类型；掌握人际沟通的本质，学会更好地使用语言和非语言途径与他人进行良好沟通	
第六章	人际关系	用科学的方法和他人建立真诚、温暖、和谐的人际关系			使学生了解人际关系的概念、人际吸引规律、人际关系发展过程、原则以及人际关系测量方法等；使学生学会和他人建立良好的人际关系	

教学章节	知识点	思政元素案例	培养目标
第七章	利他行为与侵犯行为	亲社会行为和利他行为；惩恶扬善，做守法公民，培养社会正义感。	使学生了解利他行为的含义、特征、种类、过程，以及影响利他行为的因素及有关理论；了解侵犯行为的含义、侵犯行为的种类、影响侵犯行为的因素以及侵犯行为的控制与消除
第八章	群体的社会心理	更好地融入群体生活	使学生理解群体生活的本质和意义，了解社会影响的形式和路径；掌握群体决策、群体领导和群体凝聚力的有关内容
第九章	集群行为与社会运动	学习用马克思主义的社会运动观分析社会运动	使学生掌握集群行为的概念、特点、影响因素和有关理论；了解时尚、流言等大众行为的机制；掌握社会运动的概念、过程以及马克思主义的社会运动观的有关内容

（六）参考教材

［1］《社会心理学概论》编写组．社会心理学概论．高等教育出版社，2021.

［2］侯玉波．社会心理学．北京大学出版社，2018.

（七）参考阅读书目

［1］章志光．社会心理学（第三版）．人民教育出版社，2015.

［2］周晓虹．现代社会心理学．上海人民出版社，1997.

［3］沙莲香．社会心理学（第四版）．中国人民大学出版社，2015.

［4］孙时进．社会心理学导论．复旦大学出版社，2011.

［5］崔丽娟．社会心理学：解读社会　诠释生活．华东师范大学出版社，2008.

［6］埃里奥特·阿伦森．社会心理学．侯玉波等，译．中国轻工业出版社，2005.

三、社会学

【课程名称】社会学　　　　　　　　【课程号】0405002311

【课程英文名称】Sociology

【总学时数/实践学时】32/0　　　　【总学分数/实践学分】2/0

【课程类别】学科基础课　　　【课程类型】☑必修　□选修
【面向专业】慈善管理　　　　【依据培养方案版本】2023
【前置课程及说明】无
【后续课程及说明】社会学是慈善管理专业的学科基础课程，与社会问题、社会调查、社会科学研究方法等课程有着密切的联系。

（一）课程简介

本课程是为慈善管理专业学生开设的学科基础课程。教学目的在于使学生了解和掌握基本的社会学知识，学会用社会学的思维方式思考和观察社会现象，学习将社会学知识应用到职业实践。本课程的教学重点在于对社会学基本概念和基本理论的介绍，包括社会学的历史与理论、社会学的研究方法、文化、地位与角色、社会互动、社会群体与社会组织、社会分层与社会流动、社区、社会制度、越轨行为与社会控制、社会变迁与现代化、全球化与本土化等内容。本课程教学难点主要有社会学的各主要流派的理论观点、社会分层理论、社会流动理论、社会互动理论、社会变迁理论等内容。教学难点还在于如何通过社会学的学习，合理运用相关的理论观点去解释现实的社会现象和问题。

本课程主要培养学生以下几方面的能力：①掌握社会学的基本概念和理论；②能从社会学角度来分析一些社会现象与社会问题；③能运用规范和实证的研究方法对社会化、社会交往、社会组织运行、社区治理、社会制度形成与变迁等相关社会问题进行定性和定量分析。

（二）课程目标

学习本课程的目的在于使学生能以社会学方法来认识和研究社会运行规律，深刻理解社会结构与功能及其变迁、发展的动因，初步形成一个从整体的角度认识社会、改造社会的理念。同时，培养学生紧密联系实际，学会分析案例，解决实际问题，把学科理论的学习融入对社会面临的实际问题的认识和实践研究之中，切实提高分析问题、解决问题的能力。

1. 知识目标

了解社会学相关的名词概念和知识的含义，并能正确认识和表述，包括社会发展中的文化、地位与角色、社会互动、社会群体与社会组织、社会分层与社会流动、社区、社会制度、越轨行为与社会控制、社会变迁与现代化、全球化与本土化等。

2. 能力目标

在专业知识的基础上，能较好地理解和把握基本概念、基本方法和分析方法，能掌握相关概念、事实和方法的区别与联系，并能针对实际案例结合书本知识进行分析应用，并在学习过程中培养正确的学习方法。

3. 素质目标

（1）能够在学习书本知识的基础上，了解与社会生活相关的知识和惯例，初步培养学生运用社会理论分析现实问题的能力。

（2）使学生初步具有从综合性、整体性视角分析社会现象的知识与能力。

（3）使学生初步具有对多元文化的认知、理解与沟通的能力。

通过课程教学，逐步提高学生走向社会发展所需要的关心社会、认识社会和服务社会等方面的综合素质，重点培养学生合理的运用相关的理论观点去解释现实的社会现象和问题，更好地促进学生成长成材和终身发展。

（三）课程目标对毕业要求的支撑关系

表4-25　课程目标对毕业要求的支撑关系矩阵

课程目标	毕业要求1	毕业要求2	毕业要求3	毕业要求4	毕业要求5	毕业要求6	毕业要求7	毕业要求8	毕业要求9
知识目标	H	M							
能力目标			M	H	M				
素质目标						M	M	H	M

注：H表示"强支撑"，M表示"中支撑"，L表示"弱支撑"。

（四）教学方法

牢固树立"教师为主导，学生为主体"的教学观念，强调学生是学习的主人，强调教为学服务。在教学方法的选择上遵循"教学有法、教无定法、贵在得法、教学相长"的原则。突破以往"填鸭式"教学、学生被动接受知识的传统模式，灵活运用多种教学方法，重视发挥学生的主观能动性，强调学生自主学习能力和创新能力的培养，激发学生的创新意识和独立思考能力。

课程运用讲授法、案例讨论法、视频资料观摩法等方法。具体教学方法包括：理论讲授法；案例分析；启发式教学法；思考题引导。

具体教学手段：

注重理论与实际相结合，紧贴社会热点问题；注重培养学生分析问题和解决问题的能力；利用多媒体教学手段。

（1）多媒体课件演示：主要用于课程要点、难点的讲解，图形演示等。

（2）分组案例讨论：针对相关案例进行讨论。

（3）思考题：每一章都有开放性思考题目。

（五）教学内容与教学安排

1. 教学内容与安排

表4-26 教学内容与安排

章节及内容摘要	需要学时数	备注
第一章 社会学的对象与学科性质	2	
第二章 社会及其构成	2	
第三章 社会化与文化	2	
第四章 社会互动	2	
第五章 社会群体	2	
第六章 社会组织	2	
第七章 社会阶级与阶层	2	
第八章 社区	2	
第九章 社会制度	2	
第十章 社会变迁	2	
第十一章 社会现代化	2	
第十二章 社会问题	2	
第十三章 社会控制：失范与越轨	2	
第十四章 社会保障与社会政策	2	
第十五章 社会调查与研究方法	2	
课堂讨论	2	
合计	32	

2. 课程思政内容及设计

表4-27 社会学课程思政教学设计

课程名称	社会学	课程性质	必修课	课程学分		2	
面向专业	慈善管理	课程负责人		课程团队			
课程教材		《社会学概论（第二版）》			是否为"马工程"教材		是
教学章节	知识点	思政元素案例			培养目标		
第一章	社会学的对象与学科性质	了解社会学在中国的兴衰，分析马克思主义对中国道路选择的必然性，了解马克思主义的社会观			从社会学的基本定义、特点入手，介绍了什么是社会学，使学生了解社会学的研究对象、特点等基本内容		
第二章	社会及其构成				了解社会学对社会的基本概念的定义，理解社会概念的基本含义		

教学章节	知识点	思政元素案例	培养目标
第三章	社会化与文化	从文化与社会化的关系角度讨论文化自信问题	了解社会化的基本阶段及其内容，理解影响人的社会化的各种因素以及社会化对个人成长和社会发展的作用
第四章	社会交往	学习马克思主义的社会交往理论	了解社会学关于社会交往的基本理论、社会交往的基本类型，理解几种关于社会交往的理论特色，理解社会角色与社会地位的关系，熟悉角色理论，了解角色扮演过程及其可能存在的问题
第五章	社会群体	学习中国家庭的变迁及其与社会变迁的关系	了解社会学关于社会群体的基本理论；认识初级社会群体；理解初级社会群体对人的社会化的影响
第六章	社会组织	讨论中国"单位"现象产生与其对当时具体社会发展的作用，分析"单位"制度现代改革的历史背景与路径	掌握组织理论的基本观点，了解科层制度的特点，认识到在正式组织内部存在非正式的社会关系并且对社会组织的运行产生影响
第七章	社会阶级与阶层	用马克思主义的社会观分析当代中国社会的分层与流动	掌握社会学分层理论的基本观点，深入理解马克思关于阶级与阶级矛盾的学说；对历史上的分层制度有所认识；理解和认识社会流动的理论，建立适应社会发展需要的流动观念
第八章	社区	讨论中国城市化过程中的城市社会问题	掌握社会学社区研究的理论；理解城市社区与农村社区的特点；认识城市化是近代以来人类历史发展的主要趋势；了解中国城市化发展的现状及城市化战略
第九章	社会制度	了解中国社会目前主要的社会制度	理解社会学关于社会制度的观点；理解社会制度是社会发展过程中一种现象；认识社会制度的复杂性和多样性

续表

教学章节	知识点	思政元素案例	培养目标
第十章	社会变迁	用马克思主义分析早发展国家的现代化与后发展国家的现代化的道路选择	了解什么是社会变迁；理解社会学关于社会变迁的基本理论，认识社会变迁的基本类型；了解影响社会变迁的主要因素，正确看待目前中国的社会变迁现象
第十一章	社会现代化	讨论中国现代化道路选择	了解社会现代化的学术内涵；初步了解西方现代化理论；对早发展国家的现代化与后发展国家的现代化有基本的认识
第十二章	社会问题	了解中国社会目前主要的社会问题，树立克服社会问题的信心	理解社会学关于社会问题的观点；理解社会问题是社会发展过程中一种经常存在的现象；认识社会问题的复杂性和多样性
第十三章	社会控制	针对社会热点问题——"毒教材"展开社会控制的讨论	了解什么是社会控制；理解社会控制的基本理论；认识社会控制的基本类型
第十四章	社会保障与社会政策	学习中国的社会保障制度及其发展历史	了解什么是社会保障、社会政策；理解社会保障的基本理论；认识社会保障的基本类型
第十五章	社会调查与研究方法	运用调查与统计的方法，分析社会主义核心价值观与社会热点问题的关系	熟悉几种主要的研究方法和研究程序

（六）参考教材

［1］"马工程"教材组编．社会学概论（第二版）．人民出版社，2021.

［2］王思斌．社会学教程（第五版）．北京大学出版社，2021.

［3］郑杭生，李强，等．社会学概论新修（第5版）．中国人民大学出版社，2019.

（七）参考阅读书目

［1］邱泽奇．社会学是什么．北京大学出版社，2002.

［2］吉登斯．社会学．北京大学出版社，2003.

［3］郑杭生．社会学概论新修（第五版）．中国人民大学出版社，2019.

［4］米尔斯．社会学的想象力．生活·读书·新知三联书店，2003.

[5] 戴维·波谱. 社会学（第十版）. 中国人民大学出版社，1999.

[6] 费孝通. 乡土中国. 生活·读书·新知三联书店，1985.

四、政治学

【课程名称】政治学　　　　　　　【课程号】0405002001

【课程英文名称】Political science

【总学时数/实践学时】48/0　　　【总学分数/实践学分】3/0

【课程类别】学科基础课　　　　　【课程类型】☑必修　□选修

【面向专业】管理类　　　　　　　【依据培养方案版本】2023

【前置课程及说明】无

【后续课程及说明】行政管理学方向的其他相关课程。政治学作为行政管理学的基础支撑学科，能够为行政管理学的学习起到基本的支持作用。通过对政治学的了解和掌握，我们才能进一步学习行政管理学、电子政务、公共人力资源管理等专业课程。

（一）课程简介

政治学作为行政管理专业的基础性课程，是一门主要研究政治关系及其内在规律的科学，是公共管理所必备的专业知识。作为管理类专业，侧重的是其公共事务管理或治理行为的视野和角度。

本课程主要培养学生以下几方面的能力：①掌握政治学的基本概念和理论；②能从政治学角度来分析一些社会热点问题；③能运用规范政治学研究方法对政治社会领域的相关问题进行系统分析。

（二）课程目标

本课程的目的是使行政管理专业学生系统了解现代社会政治的理论、体制、过程以及相关事务的操作实践等。通过对其了解和掌握，才能进一步学习行政管理学、电子政务、公共人力资源管理等专业课程。

1. 知识目标

了解相关的名词概念和知识的含义，准确把握政治、国家、权力、民主、政党、政治文化、政治发展等基础性概念，并能够基于这些基本概念对政治生活形成一种基础性理解。

2. 能力目标

在专业知识的基础上，能较好地理解和把握基本概念、基本方法和分析方法，能掌握相关概念、事实和方法的区别与联系，并能针对实际案例结合书本知识进行分析应用，并在学习过程中培养正确的学习方法。

3. 素质目标

（1）能够在学习书本知识的基础上，了解现实政治生活运行过程与基本规律，使学生初步形成良好的政治能力素养。

（2）能够在结合实际分析的基础上，形成正确的政治认知和政治价值观。

通过课程教学，逐步提高学生走向社会所需要的基本政治素质，重点培养学生良好的政治价值观、政治判断力、政治理解力，更好地促进学生成长成材和终身发展。

（三）课程目标对毕业要求的支撑关系

表 4-28　课程目标对毕业要求的支撑关系矩阵

课程目标	毕业要求1	毕业要求2	毕业要求3	毕业要求4	毕业要求5	毕业要求6	毕业要求7	毕业要求8	毕业要求9
知识目标	H			H					
能力目标		H	M						
素质目标						M	H	M	M

注：H表示"强支撑"，M表示"中支撑"，L表示"弱支撑"

（四）教学方法

牢固树立"教师为主导，学生为主体"的教学观念，强调学生是学习的主体，强调教为学服务。在教学方法的选择上遵循"教学有法、教无定法、贵在得法、教学相长"的原则。突破以往"填鸭式"教学、学生被动接受知识的传统模式，灵活运用多种教学方法，重视发挥学生的主观能动性，强调学生自主学习能力和创新能力的培养，激发学生的创新意识和独立思考能力。

课程运用讲授法、案例讨论法、视频资料观摩法等方法。具体教学方法包括：理论讲授法；案例分析；启发式教学法；思考题引导。

具体教学手段：

注重理论与实际相结合，紧贴社会热点问题；注重培养学生分析问题和解决问题的能力；利用多媒体教学手段。

（1）多媒体课件演示：主要用于课程要点、难点的讲解，图形演示等。

（2）板书：在广泛使用多媒体课件的同时，板书仍然是教学的重要方法之一。

（3）分组案例讨论：针对相关案例进行讨论。

（4）思考题：每一章都有开放性思考题目。

（五）教学内容与教学安排

1. 教学内容与安排

表4-29　教学与内容安排

章节及内容摘要	需要学时数	备注
导论	4	
第一章　阶级与国家	4	
第二章　国家权力与国家形式	4	
第三章　国家机构	2	案例讲解
第四章　政治民主	4	案例讲解
第五章　政党和政党制度	4	
第六章　政治参与	4	
第七章　政治文化	4	案例讲解
第八章　政治发展	4	案例讲解
第九章　民族与宗教	2	
第十章　国际政治与中国对外政策	4	
课程汇报（一）	2	
课程汇报（二）	2	案例讲解
课程汇报（三）	2	案例讲解
课程汇报（四）	2	

2. 课程思政内容及设计

表4-30　政治学课程思政教学设计表

课程名称	政治学	课程性质	学科基础课	课程学分	3	
面向专业	慈善管理	课程负责人		课程团队		
课程教材		《政治学概论》		是否为"马工程"教材		是
教学章节	知识点	思政元素案例		培养目标		
导论	政治学的发展	马克思主义政治学的发展		把握马克思主义政治学发展的基本脉络		
第一章	国家的性质	社会主义中国的国家性质		深刻理解我的的社会主义性质		
第二章	国家权力与国家形式	社会主义中国的国家形式		理解和把握中国的国家形式		
第三章	国家机构	社会主义中国的国家机构		理解中国国家机构的基本构成		

续表

教学章节	知识点	思政元素案例	培养目标
第四章	政治民主	中国特色社会主义民主	理解中国特色社会主义民主的本质
第五章	政党和政治制度	中国共产党的领导地位	理解和认识中国共产党的领导地位
第六章	政治参与	社会主义中国的政治参与	了解中国政治参与的体制机制和方式
第七章	政治文化	中国特色社会主义政治文化	把握中国特色社会主义政治文化的主要内容
第八章	政治发展	中国特色社会主义政治发展道路	坚定不移走中国特色社会主义政治发展道路
第九章	民族与宗教	中国的民族政策	理解中国的民族政策
第十章	国际政治与中国对外政策	中国对外政策的基本原则	理解中国的外交政策

（六）教材

《政治学概论》编写组．政治学概论．高等教育出版社，2020.

（七）参考阅读书目

［1］马克思恩格斯选集．人民出版社，1995.

［2］马克思恩格斯全集．人民出版社，1965.

［3］列宁选集．人民出版社，1995.

［4］列宁文稿．人民出版社，1980.

［5］毛泽东选集．人民出版社，1991.

［6］邓小平文选．人民出版社，1994.

［7］江泽民文选．人民出版社，2006.

［8］孙中山选集．人民出版社，1981.

［9］孙中山全集．中华书局，1981，1985.

［10］［美］阿兰·艾萨克．政治学的视野与方法．南京大学出版社，1988.

［11］［美］罗伯特·A. 达尔．现代政治分析．上海译文出版社，1987.

［12］布莱克维尔政治学百科全书（修订版）．中国政法大学出版社，2002.

［13］［美］迈克尔·罗斯金．政治科学（第6版）．华夏出版社，2001.

［14］［美］戴维·伊斯顿．政治体系——政治学状况研究．商务印书馆，1993.

［15］［美］加布里埃尔·A. 阿尔蒙德，小G·宾厄姆·鲍威尔．比较政治

学：体系、过程和政策．上海译文出版社，1987.

［16］［美］安东尼·奥罗姆．政治社会学．上海人民出版社，1989.

［17］［美］乔治·霍兰·萨拜因．政治学说史．商务印书馆，1986.

［18］［美］莱斯利·里普森．政治学的重大问题．华夏出版社，2001.

［19］［德］亨利希·库诺．马克思的历史、社会和国家学说．上海世纪出版集团，2006.

［20］中国大百科全书（政治学卷）．中国大百科全书出版社，1992.

［21］马克思主义史．人民出版社，1996.

［22］王沪宁．比较政治分析．上海人民出版社，1987.

［23］王沪宁．政治的逻辑——马克思主义政治学原理．上海人民出版社，2004.

［24］王惠岩．政治学原理（第二版）．高等教育出版社，2006.

［25］王浦劬，等．政治学基础（第二版）．北京大学出版社，2006.

五、社会工作概论

【课程名称】社会工作概论　　　　　【课程号】0505002333

【课程英文名称】Introduction to Social Work

【总学时数/实践学时】64/32　　　　【总学分数/实践学分】2/1

【课程类别】学科基础课　　　　　　【课程类型】☑必修　□选修

【面向专业】慈善管理、社会学类　　【依据培养方案版本】2023

【前置课程及说明】社会学原理、普通心理学等课程。前置课程内容的学习是学习社会工作概论的理论准备，社会学和普通心理学的学习有助于学生理解人和社会的特点，了解相关的社会学理论、心理学理论，为社会工作概论的学习提供基础理论、具体框架和方法。掌握好前置课程相关知识，才能够更好地理解和学习本门课程。

【后续课程及说明】社会工作概论是社会工作专业的基础核心课程，与个案社会工作、团体社会工作、社区社会工作、社工政策与法规、社工实务等课程有着密切的联系。

（一）课程简介

社会工作概论是社会工作专业和慈善管理专业的学科基础课程。社会工作作为一门综合性、应用性较强的学科，涉及社会、文化、经济、政治等多个领域。在当前社会背景下，社会工作的重要性越来越受到人们的关注。因此，开展社会工作概论课程，旨在帮助学生了解社会工作的基本概念、理论和实践方法，提高其综合素质和能力，为将来从事社会工作打下坚实基础。

本课程主要培养学生以下几方面的能力：①掌握社会工作的基本概念和理论；②树立社会工作的专业价值观和从事社会工作的信念；③能够运用社会工作的基本原则和方法为社会有需要的人群提供专业的社会工作服务；④熟悉和了解社会工作在老年人、儿童、妇女、残疾人、企业等领域的具体运用。

（二）课程目标

社会工作概论课程的主要目的是使学生通过掌握社会工作的基本概念和理论，提高其综合素质和能力，为将来从事社会工作服务奠定坚实的基础。

1. 知识目标

理解社会工作的基本概念和理论框架，理解社会工作的各种实践模式，如个案工作、小组工作、社区工作等的基本概念和操作流程。

掌握人本主义理论、社会需求理论、社会功能论、冲突论、优势视角、赋权理论、福利主义理论、危机介入理论等社会工作的基础理论；了解社会工作、社会工作行政以及社会工作研究的主要内容；了解社会工作在老年人、儿童、企业、扶贫等领域的实践内容与原则。

2. 能力目标

（1）培养学生具备社会工作的实践能力，包括沟通、协调、组织、领导等方面的能力。

（2）掌握个案访谈、小组活动方案的设计和策划、社区资源的组织和动员等。

（3）在学习专业知识的基础上，启发学生的思考与反思能力，发挥他们的创新能力，并能结合实际社会问题，运用专业的知识进行分析应用，在学习过程中培养服务社会的职业能力。

3. 素质目标

（1）培养学生的人文素养。社会工作关注人类的和谐，强调对人的关怀和尊重。通过课程的学习可以培养学生的责任感和人文关怀精神，使他们更加关注社会弱势群体的权益和福祉。

（2）提高学生分析和解决问题的能力。社会工作概论课程涉及社会学、心理学、经济学、政治学等多个领域，有助于学生综合运用多学科知识分析和解决社会问题。

（3）增强学生的沟通与协作能力。社会工作过程涉及多个要素，且要与各种各样的服务对象及相关的部门、社区、机构进行合作，因此学习社会工作概论能够培养学生与他人沟通合作的能力，使他们更有效地解决社会问题。

（4）增强学生的使命感，明确职业方向。社会工作是为了促进社会的公平、正义、和谐。通过对理论的学习，学生可以认识到自己的责任感和使命感，从而树立良好的职业意识和职业理想。

（三）课程目标对毕业要求的支撑关系

表4-31　课程目标对毕业要求的支撑关系矩阵

课程目标	毕业要求1	毕业要求2	毕业要求3	毕业要求4	毕业要求5	毕业要求6	毕业要求7	毕业要求8	毕业要求9
知识目标	H	M							
能力目标			M	H	M				
素质目标						M	M	H	M

注：H表示"强支撑"，M表示"中支撑"，L表示"弱支撑"。

（四）教学方法

牢固树立"教师为主导，学生为主体"的教学观念，强调学生是学习的主体，强调教为学服务。在教学方法的选择上遵循"教学有法、教无定法、贵在得法、教学相长"的原则。灵活运用线上线下混合课堂、翻转课堂等多种教学方法，重视发挥学生的主观能动性，强调对学生自主学习能力和创新能力的培养，激发学生的创新意识和独立思考能力。

课程运用讲授法、案例讨论法、视频资料观摩法等方法。具体教学方法包括：理论讲授法；案例分析；启发式教学法；分组讨论。

具体教学手段：

注重理论与实际相结合，紧贴社会热点问题；注重培养学生分析问题和解决问题的能力；利用多媒体教学手段。

（1）多媒体课件演示：主要用于课程要点、难点的讲解，图形演示等。

（2）板书：在广泛使用多媒体课件的同时，板书仍然是教学的重要方法之一。

（3）分组案例讨论：针对相关案例进行讨论。

（4）思考题：每一章都有开放性思考题目。

（五）教学内容与教学安排

1. 教学内容与安排

表4-32　教学内容与安排

章节及内容摘要	需要学时数	备注
第一章　导论	2	

章节及内容摘要	需要学时数	备注
第二章　社会工作发展	2	
第三章　社会工作的价值观	2	案例分析
第四章　社会工作理论	2	
第五章　人的行为与社会环境	2	
第六章　社会工作过程	2	
第七章　个案工作	2	
第八章　小组工作	2	观看视频
第九章　社区工作	2	
第十章　社会工作行政与福利政策	2	
第十一章　社会工作研究	2	
第十二章　老年社会工作	2	
第十三章　儿童社会工作	2	
第十四章　学校社会工作	2	
第十五章　医疗社会工作	2	
第十六章　残疾人社会工作	2	

2. 课程思政内容及设计

表 4-33　社会工作概论课程思政教学设计表

课程名称	社会工作概论	课程性质	必修课	课程学分	3	
面向专业	社会工作、慈善管理	课程负责人		课程团队		
课程教材	《社会工作概论》			是否为"马工程"教材		是
教学章节	知识点	思政元素案例		培养目标		
第一章	导论	介绍社会工作的本质和价值观，强调社会工作是以人为本，关注弱势群体，促进社会公平和公正		与社会主义核心价值观中的公正、和谐等理念相契合，可以引导学生关注社会问题，培养其社会责任感和人文关怀精神		
第二章	社会工作发展	引入汶川地震案例，汶川地震中，社会工作者进行的灾民生活辅导、心理辅导等，了解社会工作在中国实际生活中的应用效果		培养学生的同情心、社会责任感、社会服务意识及对专业发展的信念		

教学章节	知识点	思政元素案例	培养目标
第三章	社会工作的价值观	社会工作价值观的核心：服务社会、公平、关怀、尊重、以人为本等与社会主义核心价值观中的人人平等、尊重他人、关注民生等理念相契合；社会工作者如何关注弱势群体、如何尊重个体差异、如何促进社区发展的案例	让学生理解生活工作价值观的实践意义，增强专业的认同感
第四章	社会工作理论	强调理论对实践的指导作用，尤其是社会工作本土化理论；如何运用社会学、心理学理论介入留守儿童问题，以及独居老人的照料问题等	强调中国社会工作的理论创新和实践创新，培养学生的创新意识和创新能力
第五章	人的行为与社会环境	强调人的行为与环境的相互关系，分析文化背景、家庭环境、教育经历、社会经济等对人的行为的影响，同时介绍社会工作者帮助弱势群体改善家庭关系、提高其社会适应能力的案例	引导学生理解社会环境对人的行为的重要影响，培养其关注社会环境的改善以促进人的健康发展
第六章	社会工作过程	介绍社会工作的基本过程和阶段目标：接案、预估、计划、实施和评估	强调社会工作者在每个阶段的角色和责任，引导学生理解社会工作的逻辑和思路，培养解决问题的能力，培养其职业意识和职业素养
第七章	个案工作	个案工作强调以人为本，关注个体差异，促进个体成长和发展	培养学生尊重他人、关注民生、对工作要严格保密的职业道德素质
第八章	小组工作	小组工作强调互动、合作、参与意识；以环境保护小组为例，通过实践活动，如垃圾分类、植树造林等，感受参与互动带来的改变	通过案例分析，强调培养公民参与意识、社会责任、团队合作的重要性，引导学生积极参与社会建设，为构建和谐社会贡献自己的力量
第九章	社区工作	思考社会工作如何改善基层社区治理	理论联系实际，培养学生理性思维，加强专业认同感，培养其社会主义核心价值观
第十章	社会工作行政与福利政策	福利政策是政府为弱势群体提供帮助和支持的政策工具	思考如何确保政策实施的效果和质量，提升学生分析问题的能力
第十一章	社会工作研究	社会工作需要科学的研究方法，包括定性和定量的研究，应该遵守严格的道德和伦理规范；研究有助于更好地解决社会问题，改善社会福利	培养学生严谨的学术态度、规范的职业操守、良好的职业道德
第十二章	老年社会工作	社会工作如何介入城市独居老人的养老	理论联系实际，培养学生的理性思维，加强专业认同感

续表

教学章节	知识点	思政元素案例	培养目标
第十三章	儿童社会工作	虐待儿童现象的社会工作介入	培养学生的理性思维，加强专业认同感，培养其社会主义核心价值观
第十四章	学校社会工作	大学生网络成瘾的社工介入路径和方法	培养学生的理性思维，加强专业认同感，培养其社会主义核心价值观
第十五章	医疗社会工作	案例：一位女性患者因抑郁症入院治疗，社工的介入为其提供心理支持和情绪疏导	培养学生尊重、接纳他人，倡导积极的生活态度、同理心和沟通能力及多元服务理念和实践能力
第十六章	残疾人社会工作	案例：一位青年因车祸导致双腿截肢，社工介入为其提供心理支持和职业辅导	培养学生人文关怀精神，尊重、接纳残疾人的生活方式和需求，关注残疾人身心健康

（六）参考教材

［1］李迎生. 社会工作概论. 人民大学出版社，2018.

［2］王思斌. 社会工作概论（第四版）. 高等教育出版社，2023.

（七）推荐阅读书目

［1］周永新. 社会工作新论. 商务印书馆，1994.

［2］徐震，林万亿. 当代社会工作. 台湾五南图书出版公司，1990.

［3］高登斯坦. 社会工作（英文版）. 1973.

［4］列维. 社会工作伦理（英文版）. 1976.

［5］狄姆斯. 社会工作价值（英文版）. 1983.

［6］夏学銮. 论社会工作价值教育的问题//现状·挑战·前景. 北京大学出版社，1999.

［7］王思斌. 中国社会工作的经验与发展//发展·探索·本土化：华人社区社会工作教育发展研讨会论文集. 中国和平出版社，1996.

［8］大卫·豪. 社会工作理论导论. 阿仕盖特出版公司，1992.

［9］M. 佩恩. 现代社会工作理论：一个批判性的导论. 麦克米兰出版公司，1991.

［10］Aptekar，Herbet H. The Dynamics of Casework and Counseling. Houghton Mifflim Company，1955.

［11］Buckle，J. Intake Teams. Tavistock Publication，1981.

［12］林万亿. 团体工作.（台湾）三民书局印行，1985.

［13］吴梦珍，等. 小组工作. 香港社会工作人员协会，1992.

［14］隋玉杰．社会工作——理论，方法与实务．中国社会科学出版社，1995.

［15］联合国社会局．社会发展经由社区发展．1955.

［16］联合国．经由社区发展获得社会进步．1955.

［17］胡文龙，林香生．社区工作理论与实践．1994.

［18］陈国均．社会政策与社会行政．（台湾）三民书局印行，1987.

［19］梁伟康．行政管理与实践．香港集贤社，1990.

［20］朱智贤．儿童心理学．人民教育出版社，1980.

［21］蔡汉贤．社会工作理论与实务．（台湾）社会福利研究会，1972.

［22］张修学．中国儿童少年工作百科．吉林人民出版社，1990.

［23］陆士桢．中国大陆儿童社会福利现状与前瞻．（台湾）社会建设，1996.

（八）参考材料资源

1. 期刊

［1］中国社会工作教育协会创办的《中国社会工作研究》（半年刊）

［2］民政部创办的《社会福利》（双月刊）

［3］中国社会科学院社会学研究所主办的《社会政策》

［4］中国人民大学社会学理论与方法研究中心所主办的《社会建设》

2. 影视资料

《飞越疯人院》《生命因爱而动听》等。

第五节　研究方法类课程教学大纲

社会科学研究方法

【课程名称】社会科学研究方法　　　　【课程号】0405002163

【课程英文名称】Research methods of Social Science

【总学时数/实践学时】64/32　　　　【总学分数/实践学分】3/1

【课程类别】学科基础课　　　　【课程类型】☑必修　□选修

【面向专业】管理类、社会学类　　　　【依据培养方案版本】2023

【前置课程及说明】社会学概论。该课程是社会科学研究方法的前导课程，主要介绍社会学的基本概念、理论和方法。通过该课程的学习，学生可以了解社会学的历史和理论体系，掌握社会学的分析方法和工具，为后续学习研究方法和技术打下基础。

【后续课程及说明】社会调查与社会统计。该课程是社会科学研究方法的重要后续课程，主要介绍数据分析的基本原理和方法。通过该课程的学习，学生可以了解数据的来源、数据的处理和清洗、数据的统计分析等环节，为后续进行数据分析奠定基础。

（一）课程简介

本课程是为慈善管理专业学生开设的研究方法类课程。社会科学研究方法课程是一门介绍社会科学研究方法的学科基础课程。它旨在通过对社会科学研究的理论和方法进行全面系统的介绍，使学生掌握并运用在进行社会研究时的资料收集、整理、分析和评估的各种方法和技术，了解熟悉社会科学研究的原理、逻辑策略和科学程序，培养学生以科学的方法认识、分析和解决社会问题的实践能力，为撰写毕业论文打下坚实的基础。

本课程通常涵盖了方法论与基础理论、具体研究方法、研究技术三个层次，以及定性研究和定量研究两个方面。在理论与实践相结合的基础上，本课程介绍了社会科学研究的基本概念、基本原理以及定量与定性两种研究方式。通过相关实践案例的展示和讨论，进一步提升学生的社会科学研究水平。

此外，本课程还注重培养学生的独立思考和研究能力，帮助他们运用所学知识解决实际问题。通过学习本课程，学生将能够了解和掌握社会科学研究的基本方法和技术，为他们在社会科学领域开展独立研究做好准备。

总之，社会科学研究方法课程是一门重要的学科基础课程，旨在帮助学生掌握社会科学研究的基本理论和方法，提高他们的研究能力和实践能力。

（二）课程目标

社会科学研究方法的课程目标是帮助学生掌握社会科学研究的基本理论和方法，提高他们的研究能力和实践能力，培养独立思考和解决问题的能力，以及创新精神和实践能力，为未来的学术研究和职业发展打下基础。同时，课程还强调对科学精神和职业素养的培养，使学生为成为一名合格的学术研究人员或职业人士做好准备。

1. 知识目标

掌握社会科学研究的基本概念、原理和方法，包括研究设计、数据采集、数据分析、研究报告撰写等方面的知识。理解社会科学研究的基本原则、内在联系及变化发展的理论体系。熟悉常用的社会科学研究方法和技术，包括定性研究方法和定量研究方法等。

2. 能力目标

具备灵活运用社会研究方法来提出问题、分析问题、解决问题的能力。能够较好地运用学术语言呈现自己的研究，遵守科学研究规范，遵循学术道德，独立开展社会研究。具备独立思考和解决问题的能力，能够运用所学知识解决实际问题。具备创新精神和实践能力，能够进行独立思考和创新性思维。

3. 素质目标

培养科学世界观和认识论，崇尚"求是"精神。培养具备科学素养和职业道德的学术研究人员或职业人士。培养具备批判性思维和创新能力的高素质人才。培养具备团队合作精神和跨文化交流能力的人才。

总之，社会科学研究方法课程的知识目标、能力目标、素质目标旨在帮助学生掌握社会科学研究的基本理论和方法，提高他们的研究能力和实践能力，培养其独立思考和解决问题的能力，以及创新精神和实践能力，为未来的学术研究和职业发展打下基础。同时，课程还强调科学精神和职业素养的培养，为学生成为一名合格的学术研究人员或职业人士做好准备。

（三）课程目标对毕业要求的支撑关系

表4-34　课程目标对毕业要求的支撑关系矩阵

课程目标	毕业要求1	毕业要求2	毕业要求3	毕业要求4	毕业要求5	毕业要求6	毕业要求7	毕业要求8	毕业要求9
知识目标	H	M							
能力目标			M	H	M				
素质目标						M	M	H	M

注：H表示"强支撑"，M表示"中支撑"，L表示"弱支撑"。

（四）教学方法

社会科学研究方法课程的主要教学方法包括：

（1）课堂讲授：由教师讲解社会科学研究的基本理论、方法和应用，涵盖研究设计、数据采集、数据分析、研究报告撰写等方面的知识。

（2）小组讨论与分享：学生分组进行讨论和分享，通过互相交流和学习，加深对社会科学研究方法的理解和掌握。

（3）课堂练习与实践：通过课堂练习和实践活动，让学生掌握社会科学研究的方法和技术，培养他们实践能力和创新精神。

（4）研究案例分析：通过分析真实的研究案例，让学生了解社会科学研究的实际应用和解决问题的方法。

（5）文献阅读与写作：通过阅读经典文献和写作训练，培养学生对于社会科学研究的理解和分析能力，提高他们独立思考和解决问题的能力。

这些教学方法可以帮助学生全面掌握社会科学研究的基本理论和方法，提高他们的研究能力和实践能力，培养其独立思考和解决问题的能力，以及创新精神和实践能力，为未来的学术研究和职业发展打下基础。同时，课程还强调科学精神和职业素养的培养，使学生为成为一名合格的学术研究人员或职业人士做好准备。

（五）教学内容与教学安排

1. 教学内容与安排

表 4-35　教学内容与安排

章节及内容摘要	需要学时数	备注（实验学时）
第一章　导论	2	2
第二章　理论与研究	2	2
第三章　选题与文献回顾	2	2
第四章　研究设计	2	2
第五章　测量与操作化	2	2
第六章　抽样	2	2
第七章　实验研究	2	2
第八章　调查研究	2	2
第九章　利用文献的定量研究	2	2
第十章　定量资料分析	2	2
第十一章　定量研究的结果表达	2	2
第十二章　定性研究概述	2	2
第十三章　实地研究	2	2
第十四章　定性资料分析	2	2
第十五章　定性研究的结果表达	2	2
课程总结	2	2
合计	32	32

2. 课程思政内容及设计

表4-36　社会科学研究方法课程思政教学设计表

课程名称	社会科学研究方法	课程性质	必修课	课程学分	3	
面向专业	公共管理类	课程负责人		课程团队		
课程教材	《社会研究方法（第六版）》			是否为"马工程"教材		否
教学章节	知识点	思政元素案例			培养目标	
第一章	导论	习近平总书记在纪念马克思诞辰200周年大会上深刻指出：学习和实践马克思主义，必须掌握和运用马克思主义方法论			本次课的教学目标是介绍社会科学研究方法的概念、方法论体系，阐述方法论中的定性研究和定量研究的区别和联系，介绍社会科学研究的特点和困难，引入社会科学研究方法的一般过程	
第二章	理论与研究	习近平关于新时代科技创新的重要论述中反复强调必须牢牢把握科技进步大方向，抢抓科技创新的制高点，依靠科技创新走上世界科技强国之路			本次课的教学目标是明确采用什么类型的研究，采取何种研究方式和资料收集方法，确定研究分析的内容，并最终形成研究的具体方案	
第三章	选题与文献回顾	习近平总书记强调，要科学分析形势、把握发展大势，坚持用全面、辩证、长远的眼光看待当前的困难、风险、挑战，积极引导全社会特别是各类市场主体增强信心，努力在危机中育新机、于变局中开新局			本次课的教学目标是介绍与回顾社会科学的选题与文献，强调选择研究问题时所依据的标准；介绍研究问题的重要性是指其所具有的意义或价值；掌握研究问题的两种方法；介绍文献回顾的工作任务	
第四章	研究设计	"十四五"规划编制工作要立意深远、高屋建瓴，即为了更好地帮助各地方政府与国有企业深刻理解其所面临的经济、政治、社会环境，科学制定"十四五"发展举措与发展路径			本次课的教学目标是了解研究设计的概念，明确研究的三种目的，掌握三种不同研究方式的侧重点，介绍理论性研究与应用性研究的特点；针对不同的研究类型，介绍不同的分析单位和时间跨度及其区别；掌握研究计划书的撰写	
第五章	测量与操作化	习近平总书记在上海考察时强调，"让科技创新在实施创新驱动发展战略、加快新旧动能转换中发挥重大作用"，我国经济由高速增长阶段转向高质量发展阶段			本次课的目的在于让学生了解测量的概念、类型，理解测量的信度与效度；介绍操作化，掌握操作化的方法，会运用操作化方法发展测量指标	

教学章节	知识点	思政元素案例	培养目标
第六章	抽样	习近平强调，人口工作和人口普查非常重要，要通过这次人口普查查清我国人口数量、结构、分布等方面情况，把握人口变化趋势性特征	本次课的目的在于让学生掌握抽样的方法、类型，掌握概率抽样的技术，理解抽样的意义和随机抽样的原理；掌握抽样的一般程序和不同种类
第七章	实验研究	习近平在《之江新语》中写道："多年来的实践证明，转变经济增长方式，是解决经济运行中一系列难题的关键'节点'，是一个复杂的系统工程。"	本次课的目的在于让学生了解实验法的特点，了解实验的种类
第八章	调查研究	习近平总书记在党的十九大报告中强调，问题是时代的声音，人心是最大的政治。新时代我们面对"四大考验"，应对"四种危险"，要实现强身治病、保持肌体健康，用好"大学习、大调研、大改进"这剂"良药"至关重要	本次课的教学目标是掌握调查研究的概念、特征、适用范围；了解问卷的概念和结构，掌握问卷的各部分的作用和设计原则；掌握问卷的不同应用范围的设计原则；学会针对具体研究问题设计问卷
第九章	利用文献的定量研究	习近平谈到"两个三十年"问题时指出，"正确处理改革开放前后的社会主义实践探索的关系，不只是一个历史问题，更主要的是一个政治问题"	本次课的教学目标是让学生了解文献法的用途，理解内容分析法的特点
第十章	定量资料分析	习近平强调，大数据发展日新月异，我们应该审时度势、精心谋划、超前布局、力争主动，加快完善数字基础设施，保障数据安全，加快建设数字中国	本次课的目的在于让学生了解资料分析方法，掌握统计图的制作
第十一章	定量研究的结果表达	习近平总书记在科学家座谈会上要求，切实改善科技创新生态，激发创新创造活力，给广大科学家和科技工作者搭建施展才华的舞台，让科技创新成果源源不断地涌现出来	本次课的教学目标是让学生了解研究报告的类型及撰写步骤，了解导言、方法、结果、讨论、小结、摘要、参考文献及附录撰写的基本要求，以及撰写研究报告应注意的问题
第十二章	定性研究概述	任何政策都建立在对事物差异性的分析和把握之上，没有差异性就没有政策。我国社会差异性特征明显，反映在地域、城乡、民族、人群等多个层面；我们的决策部署有综合性的，也有专项性的	本次课的教学目标是让学生理解定性研究的基本概念和原则，如研究者的观点和解释、情境，文化的重要性等，以及定性研究的数据收集和分析方法

教学章节	知识点	思政元素案例	培养目标
第十三章	实地研究	习近平指出，为老百姓服务的场所、便民利民的场所要搞得好一点，转变作风就是要打破"围城"、"玻璃门"和无形的墙，深入基层，深入群众，多接接地气	本次课的教学目标是让学生了解访问法的特点，掌握访问的技巧，帮助学生学习如何设计和执行定性研究，包括选择合适的研究问题、确定研究目标、选择适当的数据收集方法（如访谈、观察、文件分析等），以及有效地记录和整理数据
第十四章	定性资料分析	习近平强调：对重大改革，要做足调查研究工作，对重要情况、矛盾焦点、群众期盼要心中有数；对实施过程要注意跟踪、掌握实情，改得好的要及时总结，改得不好的要及时调整	本次课的教学目标是让学生培养深入的数据分析和解释能力：定性研究强调对数据的深入分析和解释，教学应该帮助学生掌握有效地分析和解释定性数据的技巧
第十五章	定性研究的结果表达	习近平指出：大兴调查研究之风是克服形式主义、官僚主义的一个有效办法。现在我们了解情况的手段和渠道很多，有地方和基层上报的信息，有新闻媒体报道的材料，有各种会议发言反映的情况，还有互联网传递的社情民意	本次课的教学目标是让学生能够全面了解定性研究的方法和原则，具备设计和执行定性研究的能力，并能够对定性数据进行深入的分析和解释

（六）参考教材

风笑天．社会研究方法（第六版）．中国人民大学出版社，2018.

（七）参考阅读书目

［1］袁方．社会研究方法教程（重排本）．北京大学出版社，2013.

［2］文军，蒋逸民．质性研究概论．北京大学出版社，2010.

第五章　山东工商学院慈善管理专业核心课程体系设计

第一节　山东工商学院慈善管理专业核心课程体系设计依据

慈善管理作为新兴专业，在专业课程体系的建构上既要遵循课程设计价值维度、知识维度与操作维度的一般规则，同时还要突出跨界学科整合的特殊性，对知识与课程进行有机的整合，并厘清专业知识模块的边界。与慈善管理专业相关的专业核心课程体系是整个培养框架中尤其重要的部分，因此，专业核心课程体系的设计要充分体现慈善管理专业与该行业在价值维度、知识维度与操作维度上的特征和优势。

慈善管理专业核心课程体系设计的依据主要包括以下几点：

（1）慈善管理专业的价值维度：慈善事业专业化是手段而非目的，归根结底是为了唤醒民众内心深处的公益慈善精神，以此去解决社会问题、救助弱势群体、呵护他人尊严和彰显社会公平正义。

（2）慈善管理专业的知识维度：慈善本身是一门交叉学科，需要更多元的跨学科视角，如经济学、政治学、社会学、法学、传播学等，慈善管理专业人才还应厘清非营利组织、企业社会责任等相关知识和理论，通过核心课程学习构建较为完整的专业知识框架。

（3）慈善管理专业的操作维度：慈善管理专业核心课程体系还应在培养学生基本理论的基础上，专门培养学生在组织管理及项目运作上的相关知识，使学生不仅能适应慈善组织和企业社会责任部门的管理工作，也能胜任专业化的项目管理工作。核心课程体系的设计同时注重给学生传授系统化的慈善管理方法、技能和实践能力，引导学生逐渐从理论向职业蜕变。

综上所述，慈善管理专业核心课程体系设计需要充分考虑慈善管理专业人才在价值维度、知识维度与操作维度上的核心能力和优势，在未来的公益慈善行业工作中能够胜任相应的岗位并做出显著的业绩。

第二节　慈善管理专业核心课程教学大纲

一、慈善政策与法规

【课程名称】慈善政策与法规　　【课程号】0505002241

【课程英文名称】Charity Policies and Regulations

【总学时数/实践学时】32/0　　【总学分数/实践学分】2/0

【课程类别】专业核心课　　【课程类型】☑必修　□选修

【面向专业】慈善管理　　【依据培养方案版本】2023

【前置课程及说明】社会学、社会工作概论、公益慈善文化概论。前置课程内容的学习是学习公益慈善法规与政策的理论准备，通过以上课程可了解现代社会学及慈善事业的基础理论、具体框架和基本方法，掌握好前置课程相关知识，才能够更好地理解和学习本门课程。

【后续课程及说明】慈善管理专业的其他相关课程。公益慈善法规与政策作为慈善管理专业的核心课程，和非营利组织管理、慈善项目管理、慈善筹资原理与技巧、公益慈善公关与传播、慈善管理案例分析等课程有着密切的联系。

（一）课程简介

慈善政策与法规是慈善管理一门专业课程。通过本课程的教学，可以使学生比较全面系统地掌握慈善事业管理的政策与法规的基本理论、基本知识和基本方法，认识我国当前公益慈善法规与政策的实际情况，明确施助者和受助者的权利和义务，熟悉公益慈善法规与政策运用的工作流程，提高慈善管理专业学生的法学素养，培养学生在现实生活中灵活运用法律来解决实际问题的能力，能够比较好地适应现实社会的需要。

（二）课程目标

学习本课程的目的在于使学生了解公益慈善法规与政策概述、社会政策的运行、社会工作者职业政策与法规、服务机构业务政策与法规、社会救助政策与法规、优抚安置政策与法规、特殊群体保障政策与法规、婚姻家庭政策与法规、劳动就业政策与法规、社会保险政策与法规、医疗卫生和计划生育政策与法规、社区城乡基层群众自治和社区建设政策与法规、社区矫正和人民调解政策与法规等。

1. 知识目标

学习本学科最基本的概念、知识与原理；学习关于公益慈善法规与政策的基本内容，讨论社会建设各个阶段的风险因素、面临的主要问题及相应的各种社会政策，分析影响社会政策的各种社会因素。了解本学科最新的学术研究成果。

2. 能力目标

在专业知识的基础上，能较好地理解和把握基本概念、基本方法和分析方法，能掌握相关概念、事实和方法的区别与联系，并能针对实际案例结合书本知识进行分析应用；讨论当前社会转型期社会工作法规政策与社会变革相互关系的现实案例，并在学习过程中培养正确的学习方法。

3. 素质目标

（1）能够在学习书本知识的基础上，了解影响社会政策的相关知识和惯例，初步培养学生运用社会理论分析现实问题的能力。

（2）使学生初步具有从综合性、整体性视角分析社会政策的知识与能力。

（3）使学生初步具有对多元文化的认知、理解与沟通的能力。

通过课程教学，逐步提高学生走向社会发展所需要的关心社会、认识社会和服务社会等方面的综合素质，重点培养学生合理地运用相关理论观点去解释现实的社会现象和问题，更好地促进学生成长成材和终身发展。

（三）课程目标对毕业要求的支撑关系

表5-1　课程目标对毕业要求的支撑关系矩阵

课程目标	毕业要求1	毕业要求2	毕业要求3	毕业要求4	毕业要求5	毕业要求6	毕业要求7	毕业要求8	毕业要求9
知识目标	H	M							
能力目标			M	H	M				
素质目标						M	M	H	M

注：H表示"强支撑"，M表示"中支撑"，L表示"弱支撑"。

（四）教学方法

牢固树立"教师为主导，学生为主体"的教学观念，强调学生是学习的主体，强调教为学服务。在教学方法的选择上遵循"教学有法、教无定法、贵在得法、教学相长"的原则。突破以往"填鸭式"教学、学生被动接受知识的传统模式，灵活运用多种教学方法，重视发挥学生的主观能动性，强调学生自主学习能力和创新能力的培养，激发学生的创新意识和独立思考能力。

课程运用讲授法、案例讨论法、视频资料观摩法等方法。具体教学方法包括：理论讲授法；案例分析；启发式教学法；思考题引导。

具体教学手段：

注重理论与实际相结合，紧贴社会热点问题；注重培养学生分析问题和解决问题的能力；利用多媒体教学手段。

（1）多媒体课件演示：主要用于课程要点、难点的讲解，图形演示等。

（2）分组案例讨论：针对相关案例进行讨论。

（3）思考题：每一章都有开放性思考题目。

（五）教学内容与教学安排

1. 教学内容与安排

表5-2　教学内容与安排

章节及内容摘要	需要学时数	备注
第一章　我国公益慈善法规与政策的特点与内容	2	
第二章　我国慈善事业管理专业人才队伍建设的政策依据与保障	2	
第三章　我国社会救助法规与政策	2	
第四章　我国特定人群权益保护法规与政策	2	
第五章　我国婚姻家庭法规与政策	2	
第六章　我国人民调解、信访工作和突发事件应对的法规与政策	2	
第七章　我国社区矫正、禁毒和治安管理法规与政策	2	
第八章　我国烈士褒扬与优抚安置法规与政策	2	
第九章　我国城乡基层群众自治和社区建设法规与政策	2	
第十章　我国慈善事业与志愿服务法规与政策	4	
第十一章　我国社会组织法规与政策	4	
第十二章　我国劳动就业法规与政策	2	
第十三章　我国健康、人口与计划生育法规与政策	2	
第十四章　我国社会保险法规与政策	2	
合计	32	

2. 课程思政内容及设计

表5-3　慈善政策与法规课程思政教学设计表

课程名称	慈善政策与法规	课程性质	必修课	课程学分	2	
面向专业	慈善管理	课程负责人		课程团队		
课程教材	《社会工作法规与政策》			是否为"马工程"教材	否	

教学章节	知识点	思政元素案例	培养目标
第一章	我国公益慈善法规与政策的特点与内容	结合新中国社会发展历程，讨论我国不同阶段社会政策的重点关注方向及其原因	了解公益慈善法规与政策的特点，公益慈善法规与政策的主要内容，分析其和慈善事业管理实践的关系
第二章	我国慈善事业管理专业人才队伍建设的政策依据与保障	回顾改革开放以来我国社会工作建设历程，分析慈善事业管理发展与社会建设的需求关系	学习加强慈善事业管理专业人才队伍建设的相关政策
第三章	我国社会救助法规与政策	回顾中国特色的社会救助法规与政策发展历程，分析改革前后社会救助主体变化的原因	学习社会救助法规与政策的一般规定，以及各类社会救助的法规与政策
第四章	我国特定人群权益保护法规与政策	结合案例，分析中国特色的老年群体权益保护政策	学习老年人、妇女、未成年人、残疾人权益保护的法规与政策
第五章	我国婚姻家庭法规与政策	结合案例，分析中国特色的婚姻家庭法规与政策	学习婚姻家庭关系法规与政策、收养关系法规与政策、财产继承法规与政策
第六章	我国人民调解、信访工作和突发事件应对的法规与政策	观看视频，了解中国特色的民间矛盾化解方式	学习人民调解法规与政策、信访工作法规与政策、应对突发事件的法规与政策
第七章	我国社区矫正、禁毒和治安管理法规与政策	观看视频，了解中国特色的人性化社区矫正政策	学习社区矫正法规与政策、禁毒法规与政策、治安管理处罚法规与政策
第八章	我国烈士褒扬与优抚安置法规与政策	讨论中国特色的拥军政策体系的必要性与必然性	学习烈士褒扬法规与政策、军人抚恤优待法规与政策、退役士兵安置法规与政策、军队离退休干部安置法规与政策
第九章	我国城乡基层群众自治和社区建设法规与政策	讨论中国特色的基层治理方式及其模式	学习城市社区居民自治法规与政策、农村居民自治法规与政策、城乡社区建设法规与政策、城乡社区服务法规与政策
第十章	我国慈善事业与志愿服务法规与政策	回顾中国特色的慈善事业发展路程，试探索我国的慈善之路	学习慈善事业法规与政策、志愿服务法规与政策

教学章节	知识点	思政元素案例	培养目标
第十一章	我国社会组织法规与政策	回顾中国特色的社会组织发展路程，试探索我国的多元社会建设模式	学习社会团体管理法规与政策、社会服务机构（民办非企业单位）管理法规与政策、基金会管理法规与政策、社区社会组织管理法规与政策
第十二章	我国劳动就业法规与政策	讨论中国特色的劳动就业法规与政策完善之路	学习促进就业的法规与政策，劳动合同的规定，工资、工作时间和休息休假的规定，劳动保护与职业培训的规定，劳动保障监察和劳动争议处理，集体协商的法规与政策
第十三章	我国健康、人口与计划生育法规与政策	回顾中国特色的人口政策，分析我国的人口困境，试预测我国人口的发展趋势	学习我国健康政策的总体框架、公共卫生法规与政策、医疗服务体制法规与政策
第十四章	我国社会保险法规与政策	回顾中国特色的社会保障建设历程，试探索我国的社会保障完善之路	学习养老保险法规与政策、医疗保险和生育保险法规与政策、失业保险和工伤保险法规与政策、社会保险管理法规与政策、军人保险法规与政策

（六）参考教材

全国社会工作者职业水平考试教材编委会．社会工作法规与政策．中国社会出版社，2023．

二、非营利组织管理

【课程名称】非营利组织管理　　　【课程号】0505002227

【课程英文名称】Non-profit Organization Management

【总学时数/实践学时】32/0　　　【总学分数/实践学分】2/0

【课程类别】专业核心课　　　【课程类型】☑必修　□选修

【面向专业】慈善管理　　　【依据培养方案版本】2023

【前置课程及说明】慈善管理学、公益慈善文化概论。前置课程内容的学习是学习非营利组织管理的理论准备，通过以上课程可了解现代社会学及慈善管理的基础理论、具体框架和基本方法。掌握好前置课程相关知识，才能够更好地理解和学习本门课程。

【后续课程及说明】慈善管理专业的其他相关课程。非营利组织管理作为慈善管理专业的核心课程，和慈善项目管理、慈善筹资原理与技巧、公益慈善公关与传播、慈善管理案例分析等课程有着密切的联系。

（一）课程简介

非营利组织管理是慈善管理专业的一门专业课程。非营利组织指的是不以营利为目的、介于政府和社会个体之间向社会或集体提供社会服务的组织。非营利组织在我国公共管理中具有重要的意义和价值，它不仅能够促进社会发展、满足人们的多元化需求，还能对政府构建运转新模式产生重大影响。非营利组织利益相关方涉及受益人、正式员工、志愿者、理事、捐助方、其他非营利组织及对该组织感兴趣的人，如决策者、研究机构、媒体、公众、政府机构或企业。本课程主要介绍非营利组织管理的研究内容、研究方法、发展趋势以及它在现实中的应用状况，使学生了解非营利组织管理的相关理论与实践技能，掌握非营利组织管理的有关内容，从而增强学生的理论素质和实践能力。

（二）课程目标

学习本课程的目的在于使学生了解非营利组织的概念、非营利组织的基本理论、国外非营利组织概况、中国非营利组织概况、非营利组织的创立、非营利组织的治理、非营利组织的战略管理、非营利组织的合作关系管理、非营利组织的项目管理、非营利组织的营销管理、非营利组织的人力资源管理、非营利组织的会计制度与财务管理、非营利组织的评估、非营利组织的风险管理、非营利组织的问责机制等。

1. 知识目标

学习本学科最基本的概念、知识与原理；学习关于非营利组织管理的基本内容，讨论与非营利组织相关的各种运营环节和影响因素。了解本学科最新学术研究成果。

2. 能力目标

在专业知识的基础上，能较好地理解和把握基本概念、基本方法和分析方法，能掌握相关概念、事实和方法的区别与联系，并能针对实际案例结合书本知识进行分析应用，讨论当前社会转型期现实案例，在学习过程中培养正确的学习方法。

3. 素质目标

（1）能够在学习书本知识的基础上，了解影响非营利组织的相关知识和惯例，初步培养学生运用社会理论分析现实问题的能力。

（2）使学生初步具有从综合性、整体性视角分析非营利组织的知识与能力。

（3）使学生初步具有对多元文化的认知、理解与沟通的能力。

通过课程教学，逐步提高学生走向社会发展所需要的关心社会、认识社会和服务社会等方面的综合素质，重点培养学生合理地运用相关理论观点去解释现实的社会现象和问题，更好地促进学生成长成材和终身发展。

（三）课程目标对毕业要求的支撑关系

表5-4　课程目标对毕业要求的支撑关系矩阵

课程目标	毕业要求1	毕业要求2	毕业要求3	毕业要求4	毕业要求5	毕业要求6	毕业要求7	毕业要求8	毕业要求9
知识目标	H	M							
能力目标			M	H	M				
素质目标						M	M	H	M

注：H表示"强支撑"，M表示"中支撑"，L表示"弱支撑"。

（四）教学方法

牢固树立"教师为主导，学生为主体"的教学观念，强调学生是学习的主体，强调教为学服务。在教学方法的选择上遵循"教学有法、教无定法、贵在得法、教学相长"的原则。突破以往"填鸭式"教学、学生被动接受知识的传统模式，灵活运用多种教学方法，重视发挥学生的主观能动性，强调学生自主学习能力和创新能力的培养，激发学生的创新意识和独立思考能力。

课程运用讲授法、案例讨论法、视频资料观摩法等方法。具体教学方法包括：理论讲授法；案例分析；启发式教学法；思考题引导。

具体教学手段：

注重理论与实际相结合，紧贴社会热点问题；注重培养学生分析问题和解决问题的能力；利用多媒体教学手段。

（1）多媒体课件演示：主要用于课程要点、难点的讲解，图形演示等。

（2）分组案例讨论：针对相关案例进行讨论。

（3）思考题：每一章都有开放性思考题目。

（五）教学内容与教学安排

1. 教学内容与安排

表5-5　教学内容与安排

章节及内容摘要	需要学时数	备注
第一章　非营利组织概论	2	
第二章　非营利组织基本理论	2	

章节及内容摘要	需要学时数	备注
第三章　国外非营利组织概况	2	
第四章　中国非营利组织概况	2	
第五章　非营利组织的创立	2	
第六章　非营利组织的治理	2	
第七章　非营利组织的战略管理	2	
第八章　非营利组织的合作关系管理	2	
第九章　非营利组织项目管理	2	
第十章　非营利组织的营销管理	2	
第十一章　非营利组织人力资源管理	2	
第十二章　非营利组织会计制度与财务管理	2	
第十三章　非营利组织的评估	2	
第十四章　非营利组织风险管理	2	
第十五章　非营利组织的问责	2	
课程总结	2	
合计	32	

2. 课程思政内容及设计

表5-6　非营利组织管理课程思政教学设计表

课程名称	非营利组织管理	课程性质	必修课	课程学分	2	
面向专业	慈善管理	课程负责人		课程团队		
课程教材	《非营利组织管理：理论、制度与实务》			是否为"马工程"教材	否	
教学章节	知识点	思政元素案例		培养目标		
第一章	非营利组织概论	学习了解新中国成立以来首家民间公益性环保组织"自然之友"的主要情况以及北京采桑子文化艺术发展中心案例		了解非营利组织概念、特征与制度，非营利组织和企业的区别与联系，非营利组织的分类，非营利组织的功能与贡献		
第二章	非营利组织基本理论	城市土地研究中心；给约翰·霍普金斯大学"造"个好邻居		了解非营利组织基本理论及制度环境、国家—社会关系理论、需求方理论、供给方理论		
第三章	国外非营利组织概况	德国富翁为什么批评扎克伯格的捐赠承诺；非营利部的信息平台——导航星		了解发达经济体非营利部门、发展中经济体和转型经济体的非营利部门、国外非营利组织的制度		

教学章节	知识点	思政元素案例	培养目标
第四章	中国非营利组织概况	导读案例：免费年餐 总结案例：阿拉善 SEE 生态协会	了解中国非营利组织的发展历程，了解改革开放以来中国非营利组织的发展、中国非营利组织的法律制度、中国港台地区非营利组织的概况
第五章	非营利组织的创立	马军和他的"水污染地图" 绿化网络：我们的目标不是种树	了解非营利组织的创始人、非营利组织的创业机会、非营利组织的创业行动
第六章	非营利组织的治理	案例：格莱珉银行告别尤努斯；湖北省浙江企业联合会的治理结构	了解非营利组织治理的概念及特点、国外非营利组织的治理、中国非营利组织的治理
第七章	非营利组织的战略管理	观看视频，了解案例：天鹅面包房；私人美术的出路	了解非营利组织战略管理的基本概念、非营利组织的战略沟通
第八章	非营利组织的合作关系管理	了解案例：上海市政府购买服务；农机安全会的制度	了解非营利组织合作关系管理概述，以及非营利组织与政府的合作关系、与企业的合作关系
第九章	非营利组织项目管理	了解案例：中国光华科技基金会的项目管理、资助方式	了解非营利组织项目管理的概念、项目选择与申请、项目运作管理
第十章	非营利组织的营销管理	了解案例：冰桶挑战；潘石屹给哈佛大学捐款	了解非营利组织营销的概念与特点、非营利组织营销管理、非营利组织的营销创新
第十一章	非营利组织人力资源管理	了解案例："协作者"的年终晚会；大学生支教志愿者组织"灯塔计划"	了解非营利组织人力资源管理过程、志愿者管理相关制度与方法
第十二章	非营利组织会计制度与财务管理	了解导读案例：巴尼斯先生的遗嘱难题；南都基金会的"新公民学校"	了解非营利组织的会计核算与会计制度、非营利组织的财务管理、非营利组织的筹款方式及其创新
第十三章	非营利组织的评估	了解导读案例：民间组织评估指标体系；通向卓越的非营利组织标准	了解我国非营利组织的评估、非营利组织的绩效评估方法
第十四章	非营利组织风险管理	了解导读案例：民间组织舆情风险；成功的非营利组织风险管理	了解非营利组织的风险管理概述、非营利组织的风险管理方法
第十五章	非营利组织的问责	了解导读案例：中国基金会中心网；曹德旺的中国慈善问责第一单	了解非营利组织的问责概念、非营利组织的外部问责、非营利组织自律与行业自律
课程总结		本学期课程内容以及校内外实践学习情况	回顾中国特色的非营利组织及行业人才发展历程，结合实践学习内容进行总结分析和讨论

（六）参考教材

张远凤，邓汉慧，徐军玲．非营利组织管理：理论、制度与实务．北京大学出版社，2016.

（七）参考阅读书目

［1］王名．非营利组织管理．中国人民大学出版社，2023.

［2］金锦萍．非营利法人治理结构研究．北京大学出版社，2005.

［3］NPO 信息咨询中心．非营利组织的治理．中国书籍出版社，2008.

［4］彼得·德鲁克．非营利组织的管理．机械工业出版社，2023.

三、慈善项目管理

【课程名称】慈善项目管理　　　　　【课程号】0505002242

【课程英文名称】Philanthropic Programme Management

【总学时数/实践学时】32/0　　　　【总学分数/实践学分】2/0

【课程类别】专业核心课　　　　　　【课程类型】☑必修　　□选修

【面向专业】慈善管理　　　　　　　【依据培养方案版本】2023

【前置课程及说明】慈善管理学、公益慈善文化概论、非营利组织管理。前置课程内容的学习是学习公益慈善项目管理的理论和实践准备，通过以上课程可了解与公益慈善事业相关的基础理论、具体框架和基本方法。掌握好前置课程相关知识，才能够更好地理解和学习本门课程。

【后续课程及说明】慈善管理专业的其他相关课程。公益慈善项目管理作为慈善管理专业的核心课程，和慈善筹资原理与技巧、公益慈善公关与传播、慈善管理案例分析等课程有着密切的联系。

（一）课程简介

慈善项目管理是慈善管理专业的一门专业课程。公益慈善项目是指为社会大众或社会中某些群体谋求利益而实施的不以营利为目的的项目，例如：政府发起实施的救助灾害、救济贫困、辅助残疾人等社会困难群体和个人的活动；教育、科学、文化、卫生、体育事业；环境保护、社会公共设施建设；促进社会发展和进步的其他社会公共和福利事业等项目；民间组织发起实施的扶贫、帮助妇女儿童等项目；企业所做的公益慈善项目。本课程主要介绍公益慈善项目管理的研究内容、研究方法、发展趋势以及它在现实中的应用状况，使学生了解公益慈善项目管理的相关理论与实践技能，掌握公益慈善项目管理的有关内容，从而增强学生的理论素质和实践能力。

（二）课程目标

学习本课程的目的在于使学生了解公益慈善项目管理、公益慈善项目概念、公益慈善项目基本理论、公益慈善项目管理的政策法规、公益慈善项目策划、公益慈善项目组织管理、公益慈善项目招标投标、公益慈善项目实施、公益慈善项目品牌塑造与传播、公益慈善项目评估、公益慈善项目风险管理、公益慈善项目信息平台建设、公益慈善项目沟通管理实务、公益慈善项目收尾管理实务、公益慈善项目管理创新、公益慈善项目管理发展趋势等。

1. 知识目标

学习本学科最基本的概念、知识与原理；学习关于公益慈善项目管理的基本内容，讨论与公益慈善项目相关的各种运营环节和影响因素。了解本学科最新学术研究成果。

2. 能力目标

在专业知识的基础上，能较好地理解和把握基本概念、基本方法和分析方法，能掌握相关概念、事实和方法及其区别与联系，并能针对实际案例结合书本知识进行分析应用，讨论当前社会转型期现实案例，并在学习过程中培养正确的学习方法。

3. 素质目标

（1）能够在学习书本知识的基础上，了解影响公益慈善项目的相关知识和惯例，初步培养学生运用社会理论分析现实问题的能力。

（2）使学生初步具备从综合性、整体性视角分析公益慈善项目的知识与能力。

（3）使学生初步具备对多元文化的认知、理解与沟通的能力。

通过课程教学，逐步提高学生走向社会发展所需要的关心社会、认识社会和服务社会等方面的综合素质，重点培养学生合理地运用相关的理论观点去解释现实的社会现象和问题，更好地促进学生成长成材和终身发展。

（三）课程目标对毕业要求的支撑关系

表 5-7 课程目标对毕业要求的支撑关系矩阵

课程目标	毕业要求 1	毕业要求 2	毕业要求 3	毕业要求 4	毕业要求 5	毕业要求 6	毕业要求 7	毕业要求 8	毕业要求 9
知识目标	H	M							
能力目标			M	H	M				
素质目标						M	M	H	M

注：H 表示"强支撑"，M 表示"中支撑"，L 表示"弱支撑"。

（四）教学方法

牢固树立"教师为主导，学生为主体"的教学观念，强调学生是学习的主体，强调教为学服务。在教学方法的选择上遵循"教学有法、教无定法、贵在得法、教学相长"的原则。突破以往"填鸭式"教学、学生被动接受知识的传统模式，灵活运用多种教学方法，重视发挥学生的主观能动性，强调学生自主学习能力和创新能力的培养，激发学生的创新意识和独立思考能力。

课程运用讲授法、案例讨论法、视频资料观摩法等方法。具体教学方法包括：理论讲授法；案例分析；启发式教学法；思考题引导。

具体教学手段：

注重理论与实际相结合，紧贴社会热点问题；注重培养学生分析问题和解决问题的能力；利用多媒体教学手段。

（1）多媒体课件演示：主要用于课程要点、难点的讲解，图形演示等。

（2）分组案例讨论：针对相关案例进行讨论。

（3）思考题：每一章都有开放性思考题目。

（五）教学内容与教学安排

1. 教学内容与安排

表5-8 教学内容与安排

章节及内容摘要	需要学时数
第一章 公益慈善项目管理概念	2
第二章 公益慈善项目管理原理	2
第三章 公益慈善项目管理的政策法规	2
第四章 公益慈善项目策划及能力开发	2
第五章 公益慈善项目组织管理及能力开发	2
第六章 公益慈善项目招标投标及能力开发	2
第七章 公益慈善项目实施及能力开发	2
第八章 公益慈善项目品牌塑造与传播	2
第九章 公益慈善项目评估及能力开发	2
第十章 公益慈善项目风险管理及能力开发	2
第十一章 公益慈善项目信息平台建设	2
第十二章 公益慈善项目管理创新	2
第十三章 公益慈善项目管理发展趋势	2
第十四章 公益慈善项目沟通管理实务	2

章节及内容摘要	需要学时数
第十五章 公益慈善项目收尾管理实务	2
第十六章 公益慈善项目管理课程总结	2
合计	32

2. 课程思政内容及设计

表5-9 慈善项目管理课程思政教学设计表

课程名称	慈善项目管理	课程性质	必修课	课程学分	2
面向专业	慈善管理	课程负责人		课程团队	
课程教材	《公益慈善项目管理：理论、制度与实务》			是否为"马工程"教材	否
教学章节	知识点	思政元素案例		培养目标	
第一章	公益慈善项目管理概念	学习了解中国特色的公益慈善项目管理规律，为我国"一带一路"倡议中公益慈善项目管理设计中国方案		了解公益慈善项目管理概念、公益慈善项目管理发展简史、公益慈善项目管理主要模式	
第二章	公益慈善项目管理原理	了解案例：东成印刷、"任天堂"		了解与公益慈善项目管理相关的系统管理原理、目标管理原理、要素管理原理、整体性治理原理	
第三章	公益慈善项目管理的政策法规	学习案例：框架合作协议的蹊跷、捐赠岂能随意撤回、专款应该专用、捐赠意愿需尊重、慈源基金会等		了解公益慈善项目管理政策法规的概念、社会组织管理的政策法规、公益慈善项目管理的政策法规、政府购买公益慈善项目的规定	
第四章	公益慈善项目策划及能力开发	公益慈善项目管理能力开发实训案例：公益项目策划书《走近街道美容师，向环卫工人致敬》		了解公益慈善项目策划概念、公益慈善项目的需求分析、公益慈善项目的可行性分析、公益慈善项目决策分析、公益慈善项目策划能力开发	
第五章	公益慈善项目组织管理及能力开发	志愿者招募实例：共同成长计划支教志愿者招募、公益组织项目主管招聘		了解公益慈善项目组织结构设计、公益慈善项目的人员配置、公益慈善项目的团队管理、公益慈善项目的组织管理能力开发	
第六章	公益慈善项目招标投标及能力开发	公益慈善项目管理能力开发实训案例：汇丰社区伙伴计划（联合苏州福彩金）、双塔街道招标公告		了解公益慈善项目招标投标概念、公益慈善项目招标、公益慈善项目投标、公益慈善项目招标投标能力开发	

续表

教学章节	知识点	思政元素案例	培养目标
第七章	公益慈善项目实施及能力开发	公益慈善项目管理能力开发实训案例：声声相伴、与梦童行项目计划书；"我们是一家人"新市民子女社会融入项目	了解公益慈善项目实施概念、公益慈善项目实施计划管理、公益慈善项目实施控制、公益慈善项目实施能力开发
第八章	公益慈善项目品牌塑造与传播	学习案例：中英人寿对留守儿童进行关爱的一项大型公益活动——"星星点灯"项目	了解公益慈善项目品牌概念、公益慈善项目品牌塑造、公益慈善项目品牌传播、公益慈善项目品牌塑造和传播能力开发
第九章	公益慈善项目评估及能力开发	公益慈善项目管理能力开发实训案例：公益慈善项目评估指标体系设计	了解公益慈善项目评估概念、公益慈善项目评估价值取向和评估原则、公益慈善项目评估方法、公益慈善项目评估标准及评估指标体系、公益慈善项目评估能力开发
第十章	公益慈善项目风险管理及能力开发	学习案例：百瑞信托一周内发起两单慈善信托	了解公益慈善项目风险管理概念、公益慈善项目风险识别、公益慈善项目风险评估、公益慈善项目风险应对、公益慈善项目风险管理能力开发
第十一章	公益慈善项目信息平台建设	学习案例："瓷娃娃"发起者和代言人奕鸥在 NGOCN 的微信公众平台接受访谈，回答一些提问和质疑	了解公益慈善项目信息平台建设的概念、公益慈善项目信息平台的构建、公益慈善项目网络营销与能力开发
第十二章	公益慈善项目管理创新	学习案例：免费午餐、2004 年张妙娥网络公开募捐	了解公益慈善项目管理创新概念、公益慈善项目管理内容创新、公益慈善项目管理形式创新
第十三章	公益慈善项目管理发展趋势	公益慈善项目管理能力开发实训案例：公益慈善项目管理发展趋势及应对策略	了解国外公益慈善项目管理发展趋势、我国公益慈善项目管理发展趋势、国际公益慈善项目管理发展趋势、公益慈善项目管理的应对策略
第十四章	公益慈善项目沟通管理实务	导读案例：萨提亚沟通管理模型	了解公益慈善项目沟通管理概念、公益慈善项目沟通管理的过程、公益慈善项目冲突管理
第十五章	公益慈善项目收尾管理实务	公益慈善项目管理能力开发实训案例：烟台市"希望小屋"公益项目	了解公益慈善项目收尾管理概念、公益慈善项目审计、公益慈善项目工作总结
第十六章	公益慈善项目管理课程总结	本学期课程内容以及校内外实践学习情况	回顾中国特色的公益慈善项目管理发展路径，结合实践学习内容进行总结分析和讨论

（六）参考教材

于秀琴，刘永策，赵书亮，武幺．公益慈善项目管理与能力开发．清华大学出版社，2020.

（七）扩展推荐阅读

［1］王冬芳．慈善项目管理．中国社会出版社，2018.

［2］李健．公益慈善项目管理．西安交通大学出版社，2018.

四、慈善组织人力资源管理

【课程名称】慈善组织人力资源管理　【课程号】0505002235

【课程英文名称】HR Management of Charity Organizations

【总学时数/实践学时】32/16　　　　　【总学分数/实践学分】2.5/0.5

【课程类别】专业必修课　　　　　　　【课程类型】☑必修　□选修

【面向专业】慈善管理　　　　　　　　【依据培养方案版本】2023

【前置课程及说明】管理学、微观经济学、宏观经济学等课程。前置课程内容的学习是学习慈善组织人力资源管理的理论准备，通过以上课程可了解现代管理的基础理论、具体框架和方法。掌握好前置课程相关知识，才能够更好地理解和学习本门课程。

【后续课程及说明】人力资源管理方向的其他相关课程。人力资源管理作为管理学的一门分支学科，和绩效管理、薪酬管理等其他课程有着密切的联系。

（一）课程简介

慈善组织人力资源管理是一门系统地研究慈善组织内人力资源管理中的选拔、培训、使用等规律的学科。本课程以人力资源管理理论为基础，重点探讨工作分析、招聘、培训、职业生涯管理、绩效评估、薪酬管理等人力资源管理的具体问题。希望通过本课程的学习，帮助学生了解和掌握人力资源管理的基本理论与方法，以提高分析与解决人力资源管理实际问题的能力。

（二）课程目标

慈善组织人力资源管理的课程目标是，通过该课程的学习，促进学生明确现代人力资源管理的基本概念和原理；掌握现代企业人力资源管理的各项实务活动的内容及具体操作、方法；并能够以人力资源管理框架为基础开展后续的深入思考和实践；掌握在不同情境下运用所学知识解决实际管理问题的能力。

1. 知识目标

了解相关的名词概念和知识的含义，并能正确认识和表述：

（1）人力资源管理的基本概念和原理：学生应了解人力资源管理的基本概念、原理和发展历程，掌握人力资源管理的基本理论框架和核心概念。

（2）人力资源规划与招聘：学生应了解人力资源规划的重要性，掌握人力资源规划的方法和技巧，学习如何进行有效的招聘和选拔。

（3）培训与发展：学生应了解培训与发展的理论和实践，了解员工培训的目的和方法，掌握培训需求分析和培训评估等技术。

（4）绩效管理与激励：学生应了解绩效管理的概念和原理，了解绩效评估的方法和技巧，学习如何制定有效的激励机制，提高员工的工作动力和满意度。

（5）员工关系与员工福利：学生应了解员工关系管理的重要性，了解员工关系的基本原则和管理技巧，学习如何提供合理的员工福利和解决员工问题。

2. 能力目标

在专业知识的基础上，使学生能较好地理解和把握基本概念、基本方法和分析方法，能掌握相关概念、事实和方法的区别与联系，并能针对实际案例结合书本知识进行分析应用，在学习过程中培养正确的学习方法。

（1）沟通与协调能力：学生应具备良好的沟通能力和协调能力，能够在企业中与员工和管理层进行有效的沟通和协调，解决各种人力资源管理问题。

（2）团队合作能力：学生应具备团队合作意识和能力，能够在团队中协作完成各项任务，并处理好团队内部的关系。

（3）问题解决能力：学生应具备问题识别、问题分析和问题解决的能力，能够独立思考和解决各种人力资源管理问题。

（4）决策能力：学生应具备良好的决策能力，能够根据情况做出准确的决策，并承担相应的责任和后果。

（5）跨文化管理能力：学生应具备跨文化管理的意识和能力，能够适应不同文化背景下的人力资源管理工作，并处理好跨文化交流和合作。

3. 素质目标

（1）职业道德与职业操守：学生应具备良好的职业道德和职业操守，能够遵循职业道德规范，处理好职业道德与利益的关系。

（2）自我管理与自我发展：学生应具备自我管理和自我发展的意识和能力，能够对自己的学习和职业发展进行规划和管理。

（3）创新与创业精神：学生应具备创新和创业的精神，能够在人力资源管理实践中不断创新，提出新的解决方案和改进措施。

（4）社会责任感与可持续发展观念：学生应具备社会责任感和可持续发展观念，能够在人力资源管理实践中关注社会责任和可持续发展。通过课程教学，逐步提高学生走向社会发展所需要的思想、文化、法律、职业等方面的综合素质，重点培养学生良好的职业意识、职业理想、职业道德、职业态度、职业价值观和职业纪律，更好地促进学生成长成材和终身发展。

（三）课程目标对毕业要求的支撑关系

表 5-10　课程目标对毕业要求的支撑关系矩阵

课程目标	毕业要求 1	毕业要求 2	毕业要求 3	毕业要求 4	毕业要求 5	毕业要求 6	毕业要求 7	毕业要求 8	毕业要求 9
知识目标	H			H					
能力目标		H	M						
素质目标						M	H	M	M

注：H 表示"强支撑"，M 表示"中支撑"，L 表示"弱支撑"。

（四）教学方法

牢固树立"教师为主导，学生为主体"的教学观念，强调学生是学习的主体，强调教为学服务。在教学方法的选择上遵循"教学有法、教无定法、贵在得法、教学相长"的原则。突破以往"填鸭式"、学生被动接受知识的传统教学模式，灵活运用多种教学方法，重视发挥学生的主观能动性，强调学生自主学习能力和创新能力的培养，激发学生的创新意识和独立思考能力。

课程运用讲授法、案例讨论法、视频资料观摩法等方法。具体教学方法包括：理论讲授法；案例分析；启发式教学法；思考题引导。

具体教学手段：

注重理论与实际相结合，紧贴社会热点问题；注重培养学生分析问题和解决问题的能力；利用多媒体教学手段。

（1）多媒体课件演示：主要用于课程要点、难点的讲解，图形演示等。

（2）板书：在广泛使用多媒体课件的同时，板书仍然是教学重要的方法之一。

（3）分组案例讨论：针对相关案例进行讨论。

（4）思考题：每一章都有开放性思考题目。

（五）教学内容与教学安排

表 5-11　学时分配

章次	章目	学时分配	备注
第一章	人力资源管理概述	4	
第二章	人力资源管理基础理论	4	
第三章	工作分析与评价	4	
第四章	人力资源规划	4	
第五章	人力资源招聘与选拔	4	

续表

章次	章目	学时分配	备注
第六章	人力资源培训与开发	4	
第七章	员工绩效管理	4	
第八章	员工薪酬福利管理	4	
合计		32	

（六）参考教材

[1] 董克用. 人力资源管理概论. 中国人民大学出版社，2019.

[2] 加里·德斯勒. 人力资源管理（第 10 版）. 中国人民大学出版社，2007.

[3] 雷蒙德·A. 诺伊，等. 人力资源管理：赢得竞争优势（第 5 版）. 中国人民大学出版社，2005.

[4] 彭剑锋. 人力资源管理概论. 复旦大学出版社，2003.

[5] 詹姆斯·W. 沃克. 人力资源战略. 中国人民大学出版社，2001.

五、慈善筹资原理与技巧

【课程名称】慈善筹资原理与技巧　　【课程号】0505002232

【课程英文名称】Philanthropy Fundraising：Principles and Practic

【总学时数/实践学时】64/32　　　　【总学分数/实践学分】3/1

【课程类别】专业任选课　　　　　　【课程类型】☑必修　□选修

【面向专业】慈善管理　　　　　　　【依据培养方案版本】2023

【前置课程及说明】社会学、慈善管理学、公益慈善文化概论等课程。前置课程内容的学习是学习慈善筹资原理与技巧的理论准备，通过以上课程可了解慈善筹资原理与技巧的基础理论和研究方法。掌握好前置课程相关知识，才能够更好地理解和学习本门课程。

【后续课程及说明】慈善管理专业的其他相关课程。慈善筹资原理与技巧作为慈善管理专业一门专业核心课程，和非营利组织会计学、慈善项目管理和公益慈善公关与传播等课程有着密切的联系。

（一）课程简介

本课程是慈善管理专业的必修课程之一。本课程以公益筹资理论与技巧为主要内容，兼顾筹款理论与实务，重点涉及公益机构存在的价值、公益筹款的过程和方法、公益筹款的手法的具体运用、筹资案例分析、筹款实践、筹资能力培养、筹资伦理等内容。

本课程主要培养学生以下几方面的能力：①掌握慈善筹资的基本概念和理论；②能从慈善管理的角度分析公益慈善领域的筹资问题；③能运用规范和实证的研究方法对慈善筹资的类型、流程管理、客户服务与劝募、团队组建与考核、品牌建设、管理法规等相关问题进行定性和定量分析。

（二）课程目标

通过本课程的学习，学生可在基本了解和掌握公益机构的价值、组织机构、核心业务等知识的基础上，掌握慈善筹资的理念、流程和方法，培养基本的筹资能力和素质。同时，本课程可培养学生紧密联系实际，学会分析案例，解决实际问题，把学科理论的学习融入对公益慈善组织筹资领域相关问题的认识和实践研究之中，切实提高分析问题、解决问题的能力。

1. 知识目标

了解相关的名词概念和知识的含义，并能正确认识和表述筹资方式、筹资形式、募捐前期分析、项目申请书填报、募捐后期管理、公益慈善品牌建设、客户服务与劝募、活动类募捐、网络募捐、大客户募捐、募捐团队的组建与考核、募捐管理法规等模块。

2. 能力目标

在专业知识的基础上，能较好地理解和把握基本概念、基本方法和分析方法，能掌握相关概念、事实和方法及其区别与联系，并能针对实际案例结合书本知识进行分析应用，在学习过程中培养正确的学习方法。

3. 素质目标

（1）能够在学习书本知识的基础上，了解和熟悉公益慈善组织筹资项目设计的相关知识和惯例，初步培养学生根据不同要求设计筹资项目的能力。

（2）能够在结合实际分析的基础上，培养不同类型筹资活动流程的管理能力。

（3）能够将道德的相关理论内化为自觉的意识、自身的习惯、自主的要求，提升职业实践中德行规范的意识和能力。

通过课程教学，逐步提高学生走向社会发展所需要的思想、文化、法律、职业等方面的综合素质，重点培养学生良好的职业意识、职业道德、职业态度和职业价值观，更好地促进学生成长成材和终身发展。

（三）课程目标对毕业要求的支撑关系

表5-12　课程目标对毕业要求的支撑关系矩阵

课程目标	毕业要求1	毕业要求2	毕业要求3	毕业要求4	毕业要求5	毕业要求6	毕业要求7	毕业要求8	毕业要求9
知识目标	H			H					

课程目标	毕业要求1	毕业要求2	毕业要求3	毕业要求4	毕业要求5	毕业要求6	毕业要求7	毕业要求8	毕业要求9
能力目标		H	M						
素质目标						M	H	M	M

注：H表示"强支撑"，M表示"中支撑"，L"弱支撑"。

（四）教学方法

牢固树立"教师为主导，学生为主体"的教学观念，强调学生是学习的主体，强调教为学服务。在教学方法的选择上遵循"教学有法、教无定法、贵在得法、教学相长"的原则。突破以往"填鸭式"、学生被动接受知识的传统教学模式，灵活运用多种教学方法，重视发挥学生的主观能动性，强调学生自主学习能力和创新能力的培养，激发学生的创新意识和独立思考能力。

课程运用讲授法、案例讨论法、视频资料观摩法等方法。具体教学方法包括：理论讲授法；案例分析；启发式教学法；思考题引导。

具体教学手段：

注重理论与实际相结合，紧贴社会热点问题；注重培养学生分析问题和解决问题的能力；利用多媒体教学手段。

（1）多媒体课件演示：主要用于课程要点、难点的讲解，图形演示等。

（2）板书：在广泛使用多媒体课件的同时，板书仍然是教学的重要方法之一。

（3）分组案例讨论：针对相关案例进行讨论。

（4）思考题：每一章都有开放性思考题目。

（五）教学内容与教学安排

1. 教学内容与安排

表5-13　教学内容与安排

章节及内容摘要	需要学时数	备注
第一章　绪论：募捐概述、基本原则与影响因素	4	
第二章　募捐市场定位与分析	4	案例讲解
第三章　品牌建设与管理	2	
第四章　客户服务与劝募	3	
第五章　募捐基本流程管理	4	案例讲解

章节及内容摘要		需要学时数	备注
第六章	活动募捐流程与管理	3	
第七章	网络募捐流程与管理	3	
第八章	大客户募捐流程与管理	3	案例讲解
第九章	募捐团队建设	2	案例讲解
第十章	政府募捐管理	2	
答疑		2	
合计		32	

2. 课程思政内容及设计

表5-14 慈善筹资原理与技巧课程思政教学设计表

课程名称	慈善筹资原理与技巧	课程性质	必修课	课程学分	3	
面向专业		课程负责人		课程团队		
课程教材	《社会组织募捐管理》			是否为"马工程"教材	否	
教学章节	知识点	思政元素案例		培养目标		
第一章	绪论：募捐概述、基本原则与影响因素	"大眼睛"女孩苏明娟成为希望工程的代言人；《中国慈善蓝皮书》相关数据与案例		正确认识慈善筹资对我国慈善事业发展的重要性，引导学生树立社会主义核心价值观		
第二章	募捐市场定位与分析	疫情防控常态化形势下慈善捐赠工作；中国公益慈善项目大赛		理论联系实际，让学生扎实掌握专业理论，了解筹资活动的前期流程与管理		
第三章	品牌建设与管理	壹基金的品牌建设与管理；于芬基金的品牌营销		理论联系实际，让学生扎实掌握专业理论，增强公益慈善品牌意识		
第四章	客户服务与劝募	免费午餐项目的信息披露；高校基金会的服务理念		理解筹资活动中的服务理念和社会心理，掌握劝募活动的相关技巧		
第五章	募捐基本流程管理	公益慈善组织参与公益创投的流程分析；公益慈善组织向基金会申请相关项目的具体要求		理论联系实际，让学生扎实掌握专业理论，了解公益慈善筹资活动的完整流程与管理内容		
第六章	活动募捐流程与管理	宋庆龄基金会慈善晚宴的流程分析；上海联劝公益基金会的"一个鸡蛋暴走"的项目分析		熟悉和掌握不同类型活动募捐的流程和管理的相关内容，明确其中的相关要求		

续表

教学章节	知识点	思政元素案例	培养目标
第七章	网络募捐流程与管理	通过对腾讯99公益日上线项目的分析，讨论互联网项目的设计、推广与申请	让学生通过主动思考、查询资料、发表观点、参与讨论，熟悉互联网募捐的相关内容与案例，培养学生的理性与创新思维，加深学生对互联网筹资技巧的认知
第八章	大客户募捐流程与管理	上海慈善教育培训中心与汇丰银行慈善基金、汇丰中国的长期合作关系与项目分析	熟悉和掌握大客户募捐的流程，明确进行大客户募捐需要掌握的基本知识和技巧
第九章	募捐团队建设	习近平对党的建设和组织工作作出重要指示：《关于进一步加强党建带团建工作的若干措施》	了解和熟悉不同类型募捐团队的组建方式，掌握募捐团队考核的基本指标
第十章	政府募捐管理	《中华人民共和国慈善法》的制定与修订；《山东省慈善条例》解读	了解和熟悉我国募捐管理的相关法律和存在的问题，树立遵纪守法的意识和政策倡导的理念

（六）教材

1. 选用教材

褚蓥. 社会组织募捐管理. 中国社会出版社，2016.

2. 建议参考书

[1] 冯利，章一琪. 公益组织筹资策略. 社会科学文献出版社，2015.

[2] 卢咏. 公益筹款. 社会科学文献出版社，2014.

[3] ［美］米歇尔·诺顿. 全球筹款手册. 张秀琴，江立新译. 中国人民大学出版社，2005.

[4] 褚蓥. 募捐成功宝典. 知识产权出版社，2013.

[5] ［美］杰罗德·帕纳斯. 教你如何口到钱来. 曾记，陈岑译. 广东人民出版社，2016.

[6] ［美］金姆·弗朗金. 策略性施予的本质. 谭宏凯译. 中国社会劳动保障出版社，2013.

[7] ［美］彼得·克莱恩. 成功筹款宝典. 招晓杏，张嘉译. 广东人民出版社，2016.

[8] 褚蓥. 新募捐的本质. 知识产权出版社，2015.

[9] 杨团. 中国慈善发展报告. 社会科学文献出版社，2020.

[10] ［美］阿伦·L. 温德诺夫. 项目筹资活动管理. 周晶，刘祥亚译. 机械工业出版社，2003.

六、慈善信托管理

【课程名称】慈善信托管理　　　【课程号】0505002243

【课程英文名称】Charity Trust Management

【总学时数/实践学时】32/0　　　【总学分数/实践学分】2/0

【课程类别】学科基础课　　　　【课程类型】☑必修　□选修

【面向专业】慈善管理　　　　　【依据培养方案版本】2023

【前置课程及说明】微观经济学、宏观经济学、慈善管理概论、投资学等课程。前置课程内容的了解是学习慈善信托管理的理论准备。通过以上课程可了解现代财富管理与公益慈善管理的基础理论、具体框架和方法。掌握好前置课程相关知识，才能够更好地理解和学习本门课程。

【后续课程及说明】慈善信托管理是慈善管理专业的学科基础课程，与慈善项目管理、慈善筹资原理与技巧、慈善政策与法规等课程有着密切的联系。

（一）课程简介

自 2016 年《中华人民共和国慈善法》颁布以来，慈善信托呈爆炸式增长趋势，被称为 21 世纪推动慈善事业发展的强劲力量。作为财富管理的"爱心推手"，慈善信托如何操作？其业务流程如何设计？在国际与国内的发展中有着怎样的"前世今生"？发展慈善信托对我国社会发展和信托机构的影响是什么？制约慈善信托发展壮大的主要因素及其未来的发展方向又是什么？这些关乎慈善信托理论和实务操作的问题都在本课程中得到系统学习和深入探讨。

本课程运用理论分析和实务分析相结合的教学方法，从慈善信托的起源出发，对慈善信托的历史沿革、功能分类、业务模式、操作流程、法律法规等实务与理论均做了具体介绍。重点从当前信托行业发展慈善信托的业务实践出发，详细介绍了慈善信托的设立、财产运用、产品模式、业务流程等实务操作。

（二）课程目标

学习本课程的目的在于使学生掌握慈善信托的基本概念与特征、慈善信托制度的发展历程、法律法规、参与结构、管理与实施备案、优惠政策等内容，了解我国慈善信托发展创新情况和存在的问题，熟练运用相应的理论和方法，学会分析案例，解决实际问题，把学科理论的学习融入对社会面临的实际问题的认识和实践研究之中，切实提高分析问题、解决问题的能力。

1. 知识目标

了解慈善信托管理基础，包括慈善信托的概念、理论、模式、法律法规、管理现状和发展趋势。掌握慈善信托管理的主体、工具、治理，信托目的与信托财产，信托模式创新管理理论。掌握慈善信托管理实务，包括慈善信托的设立与备案、慈善信托管理与实施、慈善信托与财富管理、慈善信托与慈善项目管理等。

2. 能力目标

在专业知识的基础上，能较好地理解和把握基本概念、基本方法和分析方法，能掌握相关概念、事实和方法及其区别与联系，并能针对实际案例结合书本知识进行分析应用，在学习过程中培养正确的学习方法。

3. 素质目标

（1）能够在学习书本知识的基础上，了解与经济社会生活和职业相关的知识和惯例，初步培养学生学习生涯和职业生涯的规划设计能力。

（2）能够在结合实际分析的基础上，培养学生的适应能力。

（3）能够将慈善和信托的相关理论内化为自觉的意识、自身的习惯、自主的要求，提升职业实践中德行规范的意识和能力。

通过课程教学，逐步提高学生走向社会发展所需要的关心社会、认识社会和服务社会等方面的综合素质，重点培养学生综合运用经济学、社会学、管理学相关的理论观点去解释现实的社会现象和问题，更好地促进学生成长成材和终身发展。

（三）课程目标对毕业要求的支撑关系

表5-15　课程目标对毕业要求的支撑关系矩阵

课程目标	毕业要求1	毕业要求2	毕业要求3	毕业要求4	毕业要求5	毕业要求6	毕业要求7	毕业要求8	毕业要求9
知识目标	H	M							
能力目标			H	H	M				
素质目标						M	M	M	M

注：H表示"强支撑"，M表示"中支撑"，L表示"弱支撑"。

（四）教学方法

牢固树立"教师为主导，学生为主体"的教学观念，强调学生是学习的主体，强调教为学服务。在教学方法的选择上遵循"教学有法、教无定法、贵在得法、教学相长"的原则。突破以往"填鸭式"、学生被动接受知识的传统教学模式，灵活运用多种教学方法，重视发挥学生的主观能动性，强调学生自主学习能力和创新能力的培养，激发学生的创新意识和独立思考能力。

课程运用讲授法、案例讨论法、视频资料观摩法等方法。具体教学方法包括：理论讲授法；案例分析；启发式教学法；思考题引导。

具体教学手段：

注重理论与实际相结合，紧贴理论前沿和实践热点问题；注重培养学生分析问题和解决问题的能力；利用多媒体教学手段。

（1）多媒体课件演示：主要用于课程要点、难点的讲解，图形演示等。

（2）分组案例讨论：针对相关案例进行讨论。

（3）思考题：每一章都有开放性思考题目。

（五）教学内容与教学安排

1. 教学内容与安排

表5-16　教学内容与安排

章节及内容摘要	需要学时数	备注
第一章　慈善信托的概念和分类	2	
第二章　慈善信托的起源与发展	2	
第三章　慈善信托的相关法律法规	2	
第四章　慈善信托的主体	2	
第五章　慈善信托的目的与信托财产	2	
第六章　慈善信托的模式与创新	2	
第七章　慈善信托的设立与备案	2	
第八章　慈善信托财产管理与运行	2	
第九章　慈善信托项目实施管理	2	
第十章　慈善信托变更、终止和信息披露	2	
第十一章　慈善信托治理与风险管理	2	
第十二章　我国慈善信托的现状与发展	2	
第十三章　慈善信托国际比较	2	
案例讨论与讲解	4	
课堂讨论	2	
合计	32	

2. 课程思政内容及设计

表5-17　慈善信托管理课程思政教学设计表

课程名称	慈善信托	课程性质	必修课	课程学分	2	
面向专业	慈善管理	课程负责人		课程团队		
课程教材	《慈善信托理论与实务》			是否为"马工程"教材	否	

教学章节	知识点	思政元素案例	培养目标
第一章	慈善信托的概念和分类	习近平总书记关于慈善、第三次分配和共同富裕的论述；范仲淹家族范氏义庄与信托	掌握慈善信托财产的概念、范围和种类
第二章	慈善信托的起源与发展		了解慈善信托制度产生的根源与在实践中的拓展运用
第三章	慈善信托的相关法律法规	解读党的十八大以来慈善信托相关发展论述	掌握慈善法、信托法、慈善信托管理办法，关于慈善信托的相关规定及其法理和实践依据
第四章	慈善信托的主体	2016 年以来，慈善信托在实现第三次分配和共同富裕中的作用	理解委托人、受托人、受益人、监察人等主体的权利和义务
第五章	慈善信托的目的与信托财产		理解慈善信托的目的和公益性要求，了解慈善信托财产的特征
第六章	慈善信托的模式与创新	我国古代慈善信托；当代共同富裕目标下的创新	理解信托模式的特征、优势、适用条件和我国的模式创新
第七章	慈善信托的设立与备案	慈善信托管理中的"放管服"改革	掌握慈善信托策划、设立、备案的流程，培养办理实务的能力
第八章	慈善信托财产管理与运行		掌握慈善信托财产的转移、分账管理、投资策略、利益分配等业务流程，培养学生办理实务的能力
第九章	慈善信托项目实施管理		掌握项目选定、受益人选择、支出形式、效果评估知识
第十章	慈善信托变更、终止和信息披露		掌握慈善信托变更和清算条件程序，了解慈善信托近似目的的运用
第十一章	慈善信托治理与风险管理	中国特色社会主义现代化和共同富裕背景下慈善信托的特征和优势	理解慈善信托治理的主体、结构、模式，掌握慈善信托风险管理的方法和工具
第十二章	我国慈善信托的现状与发展		了解我国慈善信托的现状、特点、优势，以及面临的问题和发展趋势
第十三章	慈善信托国际比较		了解国外信托制度与发展模式

（六）参考教材

[1] 夏雨．比较法视野下的慈善信托．中国社会科学出版社，2018.

[2] 金锦萍．公益信托与慈善信托专论．社会科学文献出版社，2020.

[3] 胡仕波．慈善、信托与家族传承——基于中国视角、法律逻辑与实物经验．法律出版社，2022.

（七）参考阅读书目

[1] 陈斌．改革开放以来慈善事业的发展与转型研究．社会保障评论，2018（7）：148-158.

[2] 旷涵潇．家族慈善信托中的利益冲突行为与分配受益人保护．中国政法大学学报，2021（1）：81-97.

[3] 李泳昕，曾祥霞．中国式慈善基金会．中信出版社，2019.

[4] 李德健．后《慈善法》时代慈善信托制度的反思与重构．社会保障评论，2021，5（3）：136-148.

[5] 联合国开发计划署．释放中国慈善潜力．联合国开发计划署在线出版物，2015.

[6] 林静．慈善信托——慈善事业与财富管理的跨界融合．福建金融，2017（3）：14-18.

[7] 刘迎霜．我国公益信托法律移植及其本土化——一种正本清源与直面当下的思考．中外法学，2015（1）：151-159.

[8] 王道远，等．信托的逻辑——中国信托公司做什么．中信出版社，2019.

[9] 王名，刘求实．中国非营利组织发展的制度分析．中国非营利评论，2007（1）：92-145.

[10] 王湘平．论范仲淹的宗法思想与义庄的慈善信托机制．原道，2019（2）：141-152.

[11] 王振耀．慈善组织税收优惠政策研究//郑秉文，施德容．新时代慈善十大热点．社会科学文献出版社，2018.

[12] 夏雨．比较法视野下的慈善信托．中国社会科学出版社，2018.

[13] 赵廉慧．"后《慈善法》时代"慈善信托制度的理论与实践．中国非营利评论，2017，19（1）：20-34.

[14] 郑功成．中国慈善事业发展：成效、问题与制度完善．中共中央党校（国家行政学院）学报，2020，24（6）：52-61.

七、投资学

【课程名称】投资学   【课程号】0507002895

【课程英文名称】Investment

【总学时数/实践学时】32/0　　　　【总学分数/实践学分】2/0

【课程类别】专业核心课　　　　【课程类型】☑必修　□选修

【面向专业】慈善管理　　　　【依据培养方案版本】2023

【前置课程及说明】慈善管理学、公益慈善文化概论

【后续课程及说明】慈善筹资原理与技巧、公益慈善公关与传播

（一）课程简介

投资学课程是慈善管理专业一门重要的专业核心课，程教学目的是为学习者提供资产定价与投资的"全景式视野"，即如何把经济主体（包括个人、家庭与企业及金融机构）的有限财富或者资源投资配置到包括股票、债券、金融衍生品等在内的各种金融资产上，以获得合理的现金流量和收益。本课程内容包括三大部分：第一部分（教材前六章），重点讲授基础的投资学知识和主要投资品种的估值分析；第二部分（教材第七至第十章），重点讲授投资组合管理的理论和实践知识；第三部分（教材第十一至第十三章），介绍投资流派与市场异象等部分投资专题。通过对这门课的学习，使学生掌握投资学的相关概念和理论、投资学在国内外的发展现状、营销的整体思路、环境分析和计划制订与执行、绩效评估等；同时，还要求学生通过对投资方法的学习，了解和掌握如何进行投资方法的环境分析，如何选定目标受众，并对开发投资方法战略和管理投资项目有一定的认识，培养学生的综合能力。

本课程主要培养学生以下几方面的能力：①掌握投资学和投资方法的基本概念和理论；②培养学生的公益意识和社会责任感，提高学生的创新能力和团队合作能力；③通过实践案例分析和课堂讨论，提高学生的思辨能力和问题解决能力。

（二）课程目标

1. 知识目标

学习本课程的目的在于使学生了解课程内容和学习目标，明确课程的重点与难点，掌握本课程的学习方法。

本课程的教学内容主要包括以下几个方面：

第一，投资的概念、特点和发展趋势。

第二，投资的策略和方法，包括公益慈善品牌建设、公益慈善活动设计和实施、公益慈善资源整合和管理等。

第三，投资的案例分析和课堂讨论，包括国内外投资的成功案例和失败案例。

第四，学生团队合作设计和实施投资活动，包括公益慈善品牌设计、公益慈善活动策划和实施、公益慈善资源整合和管理等。

2. 能力目标

培养提升学生的实践能力，通过学习能够帮助企业及社会组织制订有效的营销方案和计划。

3. 价值目标

培养自学能力，使学生具备自主学习、自我发展的能力；培养创新能力，使学生具备创新思维、创新意识和创新能力；培养社会责任感，使学生具备关注社会、关心他人、积极参与公益事业的意识和能力；培养国际视野，使学生具备全球化视野及跨文化交流和合作的能力；培养人文素养，使学生具备人文关怀、人文精神和人文价值观。

4. 素养目标

培养学生慈善管理的职业素养，包括责任心、诚信、专业能力、团队合作等方面的素质。

（三）课程目标对毕业要求的支撑关系

表5-18　课程目标对毕业要求的支撑关系矩阵

课程目标	毕业要求1	毕业要求2	毕业要求3	毕业要求4	毕业要求5	毕业要求6	毕业要求7	毕业要求8	毕业要求9
知识目标	H	M			H				
能力目标			H	H					
素质目标						M	M	H	L

注：H表示"强支撑"，M表示"中支撑"，L表示"弱支撑"。

（四）教学方法

本课程采用多种教学方法，包括讲授、案例分析、课堂讨论、团队合作设计和实施投资活动等。具体教学方法如下：

（1）讲授：通过讲授投资的理论和实践，让学生了解投资的概念、特点和发展趋势，掌握投资的策略和方法。

（2）案例分析：通过分析国内外投资的成功案例和失败案例，让学生了解投资的实践经验和教训，提高学生的思辨能力和问题解决能力。

（3）课堂讨论：通过课堂讨论，让学生分享自己的看法和经验，提高学生的交流能力和合作能力。

（4）团队合作设计和实施投资活动：通过团队合作设计和实施投资活动，让学生实践投资的策略和方法，提高学生的创新能力和团队合作能力。

（五）教学内容与教学安排

1. 教学内容与安排

表5-19 教学内容与安排

章节及内容摘要	需要学时数	备注
第一章 投资选择过程概览	2	课堂讲解
第二章 投资品种分类	2	课堂讲解
第三章 股票市场运行	2	课堂讲解
单元测试	2	测试（开卷或闭卷）
第四章 普通股估值一（股利贴现模型与剩余收益模型）	2	课堂讲解
第五章 普通股估值二（自由现金流模型与价格比率分析模型）	2	课堂讲解
第六章 有效市场、行为金融与投资策略选择	2	课堂讲解
期中测试	2	课堂讲解
第七章 利率变动与债券估值	2	测试（开卷或闭卷）
第八章 分散化与风险投资组合	2	课堂讲解
第九章 资本资产定价模型	2	课堂讲解
单元测试	2	测试（开卷或闭卷）
第十章 投资组合业绩评估与风险管理	2	课堂讲解
第十一章 金融衍生品在投资组合中的运用	2	课堂讲解
第十二章 投资实务与分组展示	2	课堂讲解
期末复习与课程答疑	2	同学展示

2. 课程思政内容及设计

表5-20 投资学课程思政教学设计表

课程名称	投资方法	课程性质	必修课	课程学分		2
面向专业	慈善管理	课程负责人		课程团队		
课程教材		《投资学》			是否为"马工程"教材	否
教学章节	知识点	思政元素案例		培养目标		
第一章	投资选择过程概览	观看视频，思考解决社会问题的多种方式		提升学生对社会问题的关注度，培养其公共精神		
第二章	投资品种分类	观看《华尔街》的节选片段，讨论生意的"用秤之道"		引导学生挖掘我国古代早期商业活动中的投资方法观念元素，激发学生学习的兴趣		

慈善管理本科专业人才培养与课程体系

续表

教学章节	知识点	思政元素案例	培养目标
第三章	股票市场运行	查阅"青岛金融示范区"公益项目的相关资料，谈谈对该投资因何成功的看法	通过案例教学使学生能够掌握国内外投资方式的异同，并激发学生思考如何结合我国的具体情况开展投资行为
	单元测试	布置作业：设计一个方案，优化烟台南山集团公司的投资方案	使学生全面了解不同的企业采用的投资模式，并积极探索如何设计投资方案，着重培养学生的思考能力、分析能力及辩证思维
第四章	普通股估值一（股利贴现模型与剩余收益模型）	阅读案例，加强对"股利贴现与剩余收益"的理解	使学生全面了解投资方法的基本内涵，培养学生的交流能力与思考能力，形成对投资方法的初步印象
第五章	普通股估值二（自由现金流模型与价格比率分析模型）	阅读案例，谈谈对自由现金流模型与价格比率分析模型的认识和理解	使学生全面了解调研的基本内涵与作用，培养学生的交流能力、思考能力与动手能力，并引导学生思考如何制订调研计划以及调研在实际投资方法中的用途
第六章	有效市场、行为金融与投资策略选择	查阅"金融风暴"的相关资料，用所学的理论框架对此投资活动进行分析	通过让学生主动思考、查询资料、发表观点、参与讨论，着重培养学生的思考能力、分析能力及辩证和发散思维
	期中测试	完成期中试卷	以评促学，以评促教
第七章	利率变动与债券估值	观看视频，以视频中的投资活动为例，讨论对投资方法中"4P"理论的理解	激发学生思考如何在现实中应用相关理论策略
第八章	分散化与风险投资组合	阅读案例，加强对"分散化与风险投资组合"的理解	使学生全面了解分散化与风险投资组合的基本内涵，培养学生的交流能力与思考能力
第九章	资本资产定价模型	阅读案例，谈谈对自由现金流模型与价格比率分析模型的认识和理解	培养学生的交流能力、思考能力与动手能力，并引导学生思考如何制订计划、掌握实际投资方法
	单元测试	完成单元测试目标	及时评估和反馈
第十章	投资组合业绩评估与风险管理	阅读案例，加强对"投资组合业绩评估与风险管理"的理解	提升学生对投资组合业绩评估与风险管理的掌握，培养其风险防控意识
第十一章	金融衍生品在投资组合中的运用	阅读案例，谈谈对金融衍生品在投资组合中的运用的认识和理解	引导学生挖掘金融商业活动中的投资观念元素，激发学生学习的兴趣

教学章节	知识点	思政元素案例	培养目标
第十二章	投资实务与分组展示	自主选题，分组活动	加强交流和互动，使学生掌握投资实务的方法
	期末复习与课程答疑	完成期末复习、回顾和答疑	统揽课程内容，并及时评估和反馈

（六）教材

许荣，李勇，邱嘉平. 投资学. 中国人民大学出版社，2020.

（七）参考材料资源

［1］Bodie Z，Kane A，Marcus A J. Essentials of Investments（11th Edition）. McGraw-Hill，2019.

［2］《中国证券报》。

［3］国泰安经济金融数据库或其他类型金融市场数据库。

八、社会营销

【课程名称】社会营销　　　　　　【课程号】0505002245

【课程英文名称】Social Marketing

【总学时数/实践学时】32/0　　　 【总学分数/实践学分】2/0

【课程类别】专业核心课　　　　　【课程类型】☑必修　□选修

【面向专业】慈善管理　　　　　　【依据培养方案版本】2023

【前置课程及说明】慈善管理学、公益慈善文化概论

【后续课程及说明】慈善筹资原理与技巧、公益慈善公关与传播

（一）课程简介

本课程是慈善管理专业一门重要的专业核心课，其主要内容包括两个方面：一是公益营销，二是社会营销。本课程是学习其他公益慈善管理课程必不可少的基础。通过对这门课的学习，使学生掌握公益营销的相关概念和理论、公益营销在国内外的发展现状、营销的整体思路、环境分析和计划制订与执行、绩效评估等；同时，还要求学生通过对社会营销的学习，了解和掌握如何进行社会营销的环境分析，如何选定目标受众，并对开发社会营销战略和管理社会营销项目有一定的认识，培养学生进行公益营销和社会营销的综合能力。

本课程主要培养学生以下几方面的能力：①掌握公益营销和社会营销的基本概念和理论；②培养学生的公益意识和社会责任感，提高学生的创新能力和团队合作能力；③通过实践案例分析和课堂讨论，提高学生的思辨能力和问题解决能力。

（二）课程目标

1. 知识目标

本课程的目的在于使学生了解课程内容和学习目标，明确课程的重点与难点，掌握本课程的学习方法。

本课程的教学内容主要包括以下几个方面：

第一，公益慈善营销的概念、特点和发展趋势。

第二，公益慈善营销的策略和方法，包括公益慈善品牌建设、公益慈善活动设计和实施、公益慈善资源整合和管理等。

第三，公益慈善营销的案例分析和课堂讨论，包括国内外公益慈善营销的成功案例和失败案例。

第四，学生团队合作设计和实施公益慈善营销活动，包括公益慈善品牌设计、公益慈善活动策划和实施、公益慈善资源整合和管理等。

2. 能力目标

培养学生提升实践能力，使他们通过学习能够帮助企业及社会组织制订有效的营销方案和计划。

3. 价值目标

培养自学能力，使学生具备自主学习、自我发展的能力；培养创新能力，使学生具备创新思维、创新意识和创新能力；培养社会责任感，使学生具备关注社会、关心他人、积极参与公益事业的意识和能力；培养国际视野，使学生具备全球化视野及跨文化交流和合作的能力；培养人文素养，使学生具备人文关怀、人文精神和人文价值观。

4. 素养目标

培养学生慈善管理的职业素养，包括责任心、诚信、专业能力、团队合作等方面的素质。

（三）课程目标对毕业要求的支撑关系

表5-21 课程目标对毕业要求的支撑关系矩阵

课程目标	毕业要求1	毕业要求2	毕业要求3	毕业要求4	毕业要求5	毕业要求6	毕业要求7	毕业要求8	毕业要求9
知识目标		M			H				
能力目标			H	H					
素质目标						M	M	H	L

注：H表示"强支撑"，M表示"中支撑"，L表示"弱支撑"。

（四）教学方法

本课程采用多种教学方法，包括讲授、案例分析、课堂讨论、团队合作设计和实施公益慈善营销活动等。具体教学方法如下：

（1）讲授：通过讲授公益慈善营销的理论和实践，让学生了解公益慈善营销的概念、特点和发展趋势，掌握公益慈善营销的策略和方法。

（2）案例分析：通过分析国内外公益慈善营销的成功案例和失败案例，让学生了解公益慈善营销的实践经验和教训，提高学生的思辨能力和问题解决能力。

（3）课堂讨论：通过课堂讨论，让学生分享自己的看法和经验，提高学生的交流能力和合作能力。

（4）团队合作设计和实施公益慈善营销活动：通过团队合作设计和实施公益慈善营销活动，让学生实践公益慈善营销的策略和方法，提高学生的创新能力和团队合作能力。

（五）教学内容与教学安排

1. 教学内容与安排

表 5-22　教学内容与安排

章节及内容摘要	需要学时数	备注
第一章　认识公益营销	2	
第二章　公益营销的理论基础	4	
第三章　公益营销在国内外的发展	2	
第四章　公益营销的整体思路	2	案例讲解
第五章　认识社会营销	2	
第六章　分析社会营销的环境	4	案例讲解
第七章　选择目标受众与运动目标	6	案例讲解
第八章　开发社会营销策略	8	案例讲解
答疑	2	

2. 课程思政内容及设计

表 5-23　社会营销课程思政教学设计表

课程名称	社会营销	课程性质	必修课	课程学分		2
面向专业	慈善管理	课程负责人		课程团队		
课程教材	《社会营销：如何改变目标人群的行为》《善因营销》			是否为"马工程"教材		否

教学章节	知识点	思政元素案例	培养目标
第一章	公益营销、社会营销等概念及彼此之间的关系	观看视频，思考解决社会问题的多种方式	提升学生对社会问题的关注度，培养其公共精神
第二章	公益营销的理论基石、作用、优势及风险，企业社会责任	观看《一代大商孟洛川》的节选片段，讨论生意的"用秤之道"	引导学生挖掘我国古代早期商业活动中的社会营销观念元素，激发学生学习的兴趣
第三章	公益营销在国内外的发展	查阅"伊利方舟"公益项目的相关资料，谈谈对该公司公益营销活动因何成功的看法	通过案例教学使学生能够掌握国内外实施公益营销方式的异同，并激发学生思考如何结合我国的具体情况开展公益营销
第四章	公益营销的原则与分类	布置作业：设计优化昆嵛山天然矿泉水公司的公益营销方案	使学生全面了解不同企业采用的公益营销模式，并积极探索如何设计公益营销方案，着重培养学生的思考能力、分析能力及辩证思维
第五章	定义并识别社会营销、社会营销的主要特征	阅读案例《产房里的致命信仰》，并通过社会工作中"案主自决"的实践原则来加强对"正面效益"的理解	使学生全面了解社会营销的基本内涵，培养学生的交流能力与思考能力，形成对社会营销的初步印象
第六章	需求调研与选择、如何定义社会问题	以《关于在全党大兴调查研究的工作方案》为例，谈谈对调研的认识和理解	使学生全面了解营销调研的基本内涵与作用，培养学生的交流能力、思考能力与动手能力，并引导学生思考如何制订调研计划以及调研在实际社会营销中的用途
第七章	细分、选择以及评估目标受众，设定行为目的与目标，确定障碍、收益、动机、竞争及其他影响方	查阅"冰桶挑战"的相关资料，用所学的理论框架对此社会营销活动进行分析	通过让学生主动思考、查询资料、发表观点、参与讨论，着重培养学生的思考能力、分析能力及辩证和发散思维
第八章	社会营销的"4P"理论及应用	观看视频《无障碍电子护理床》，以该社会营销活动为例，讨论对社会营销中"4P"理论的理解	激发学生思考社会营销工作者如何在现实中应用相关理论策略

（六）教材

[1] 南希·R. 李，等. 社会营销：如何改变目标人群的行为（第5版）. 俞利军，译. 格致出版社，2018.

[2] 苏·阿德金斯. 善因营销. 中国财政经济出版社，2006.

（七）参考材料资源

［1］［美］菲利普·科特勒（Philip Kotler）．营销革命3.0：从价值到价值观的营销．机械工业出版社，2019.

［2］［美］安德里亚森，［美］科特勒．战略营销：非营利组织的视角．机械工业出版社，2010.

［3］［美］菲利普·科特勒．脱离贫困：社会营销之道．电子工业出版社，2015.

［4］马贵侠，周荣庭．社会营销——公益组织服务项目运作机理研究．知识产权出版社，2015.

［5］［美］吉维·勒鲁·米勒．公益组织市场营销指南．广西师范大学出版社，2016.

九、公益慈善公关与传播

【课程名称】公益慈善公关与传播　　【课程号】0505002233

【课程英文名称】Philanthropy Public Relations and Communication

【总学时数/实践学时】48/32　　　　【总学分数/实践学分】2/0

【课程类别】专业核心课　　　　　　【课程类型】☑必修　□选修

【面向专业】慈善管理　　　　　　　【依据培养方案版本】2023

【前置课程及说明】社会心理学、慈善政策与法规、慈善项目管理等课程。前置课程内容的学习是学习公益慈善公关与传播的理论准备，通过以上课程可了解公益慈善公关与传播的相关基础理论、法规政策和研究方法。掌握好前置课程相关知识，才能够更好地理解和学习本门课程。

【后续课程及说明】慈善管理的其他相关课程。公益慈善公关与传播作为慈善管理专业的一门学科基础课程，和组织协调与沟通、慈善筹资等课程有着密切的联系。

（一）课程简介

本课程是慈善管理本科专业的专业核心课程之一，是系统研究公益慈善组织如何提高知名度、美誉度，树立良好形象的一门专业课程。通过本课程的学习，可使学生熟悉和掌握从事沟通协调、信息传播、调查评估、开展专题活动、进行危机处理等公共关系工作的相关知识和技能，助力提升公益慈善组织的社会形象与影响力。本课程的主要内容包括现代公共关系产生的历史与发展趋势、公共关系的主要职能与基本原则、公共关系工作的一般程序、公共关系的专题活动、公共关系的危机管理、公共关系礼仪规范、慈善传播的基本功能与基本原则、当代中国慈善传播的现状与发展趋势等知识点。

本课程主要培养学生以下几方面的能力：①能进行小型公共关系活动的策划并组织实施；②能开展一般的公共关系传播活动；③能运用合理的原则与程序处理公共关系危机。

（二）课程目标

本课程的目的在于使学生具备基本的公共关系意识，熟悉和掌握塑造和维护组织形象、策划和实施组织传播活动、建立与组织协调的内外关系所应具备的基础理论和相关技巧。同时，培养学生紧密联系实际，学会分析案例，解决实际问题，把学科理论融入对公益慈善组织面临的实际公关与传播问题的认识和实践研究之中，切实提高分析问题、解决问题的能力。

1. 知识目标

了解相关的名词概念和知识的含义，并能正确认识和表述，包括：公共关系的基本原则、公共关系的组织架构、公共关系的人员素质与选拔、对象型公共关系、公共关系工作的一般程序、公共关系专题活动、公共关系中的人际交往、公共关系广告、公共关系活动模式、危机处理的公关技巧等。

2. 能力目标

在专业知识的基础上，能较好地理解和把握基本概念、基本方法和分析方法，能掌握相关概念、事实和方法及其区别与联系，并能针对实际案例结合书本知识进行分析应用，在学习过程中培养正确的学习方法。

3. 素质目标

（1）能够在学习书本知识的基础上，了解和掌握公益慈善领域的相关知识和惯例，初步培养学生进行公益慈善公关与传播活动的策划能力。

（2）能够在结合实际分析的基础上，培养学生实施小型公关与传播活动的能力。

（3）能够将道德的相关理论内化为自觉的意识、自身的习惯、自主的要求，提升自觉遵守公关职业道德的意识和能力。

通过课程教学，逐步提高学生走向社会发展所需要的思想、文化、法律、职业等方面的综合素质，重点培养学生良好的职业意识、职业技能、职业道德和职业规范，更好地促进学生成长成材和终身发展。

（三）课程目标对毕业要求的支撑关系

表5-24　课程目标对毕业要求的支撑关系矩阵

课程目标	毕业要求1	毕业要求2	毕业要求3	毕业要求4	毕业要求5	毕业要求6	毕业要求7	毕业要求8	毕业要求9
知识目标	H	M		H					

课程目标	毕业要求 1	毕业要求 2	毕业要求 3	毕业要求 4	毕业要求 5	毕业要求 6	毕业要求 7	毕业要求 8	毕业要求 9
能力目标			M		M				
素质目标						M	H	M	M

注：H 表示"强支撑"，M 表示"中支撑"，L 表示"弱支撑"。

（四）教学方法

牢固树立"教师为主导，学生为主体"的教学观念，强调学生是学习的主体，强调教为学服务。在教学方法的选择上遵循"教学有法、教无定法、贵在得法、教学相长"的原则。突破以往"填鸭式"、学生被动接受知识的传统教学模式，灵活运用多种教学方法，重视发挥学生的主观能动性，强调学生自主学习能力和创新能力的培养，激发学生的创新意识和独立思考能力。

课程运用讲授法、案例讨论法、视频资料观摩法等方法。具体教学方法包括：理论讲授法；案例分析；启发式教学法；思考题引导。

具体教学手段：

注重理论与实际相结合，紧贴社会热点问题；注重培养学生分析问题和解决问题的能力；利用多媒体教学手段。

（1）多媒体课件演示：主要用于课程要点、难点的讲解，图形演示等。

（2）板书：在广泛使用多媒体课件的同时，板书仍然是教学的重要方法之一。

（3）分组案例讨论：针对相关案例进行讨论。

（4）思考题：每一章都有开放性思考题目。

（五）教学内容与教学安排

1. 教学内容与安排

表 5-25　教学内容与安排

章节及内容摘要	需要学时数	备注
第一章　公共关系概论	3	
第二章　公共关系的组织机构与人员	3	
第三章　几种常见的对象型公共关系	2	课堂讨论
第四章　公共关系工作的一般程序	2	
第五章　公共关系专题活动	3	

续表

章节及内容摘要	需要学时数	备注
第六章　公共关系中的人际交往	2	课堂讨论
第七章　公共关系广告	3	
第八章　公共关系活动模式	4	
第九章　危机处理的公关技巧	4	案例讲解
第十章　CI 战略	2	
第十一章　慈善传播的基本原则与相关要领	2	
答疑	2	
合计	32	

2. 课程思政内容及设计

表5-26　公益慈善公关与传播课程思政教学设计表

课程名称	公益慈善公关与传播	课程性质	必修课	课程学分	2
面向专业	慈善管理	课程负责人		课程团队	
课程教材	《公共关系：理论、实务与技巧（第8版）》			是否为"马工程"教材	否

教学章节	知识点	思政元素案例	培养目标
第一章	公共关系概论	中国文化传统中的"公共性""关系性"理念，与公共关系的契合点；成功的公关案例，展示如何树立、挽回、巩固社会组织形象	坚定文化自信，了解中国传统文化价值在公共关系中的体现；践行社会主义核心价值观，培植诚实守信的职业素养
第二章	公共关系的组织机构与人员	习近平关于组织机构的重要性和人才培养的论述；新的国际形势下，公关人员面临的挑战与机遇	培养新的国际形势下公共关系行业的"通才""专才"；塑造社会组织良好形象，讲好中国故事
第三章	几种常见的对象型公共关系	党的十八大以来的各方面成就；习近平关于企业要善待员工和关于人民群众对美好生活的追求的论述	理论联系实际，让学生扎实掌握专业理论，增强专业认同感，提升爱国热情与民族自豪感
第四章	公共关系工作的一般程序	"没有调查就没有发言权"——毛泽东关于调查研究的论述与实践；习近平关于调查研究的论述和实践	培养公共关系工作四步工作法的职业习惯，掌握实施公共关系方案和行之有效的公共关系工作方式
第五章	公共关系专题活动	北京冬奥会中可口可乐创新包装的案例；北京大学建校124周年"云校庆"活动案例	树立正确的公关专题活动观念，理解在互联网新时代中如何更有新意地策划各种公共关系活动

教学章节	知识点	思政元素案例	培养目标
第六章	公共关系中的人际交往	晏子劝谏齐景公、触龙劝赵太后等案例中公关劝说技巧及效果	重视中国古代的说服智慧与技巧，提高学生的人际交往能力
第七章	公共关系广告	习近平关于"广告宣传也要讲导向"的重要论述；习近平在《人民日报》社就全媒体时代和媒体融合发展主持中共中央政治局第十二次集体学习时发表的重要讲话	领悟公共关系广告在现代社会中不可或缺的作用，坚信公关广告媒介是广告者与其宣传者对象之间的重要纽带和桥梁
第八章	公共关系活动模式	习近平关于战略、战术的重要论述；中西方战略、战术思想的比较	强化正确的公共关系活动模式的意识，提高公关工作人员适时适度开展公共关系工作的实战本领
第九章	危机处理的公关技巧	习近平在看望参加全国政协十三届三次会议的经济界委员并参加联组会时强调"努力在危机中育新机、于变局中开新局"的重要论述	培育危机公关意识，掌握公共关系危机处理的艺术和技巧
第十章	CI 战略	习近平关于战略定位的重要论述；CI 在各国和地区的发展历程及与各国和地区文化间的关系	树立用 CI 战略彰显中国文化软实力的观念，培养和提高学生立足于战略的高度总揽全局的能力
第十一章	慈善传播的基本原则与相关要领	腾讯公益 99 公益日宣传案例；"不为人知的第一名"等公益传播经典案例	培养学生针对不同主题和不同媒介进行公益传播的策划与实施方案的能力

（六）教材

周安华，林升栋．公共关系：理论、实务与技巧（第 8 版）．中国人民大学出版社，2022.

（七）参考阅读书目

［1］殷娟娟．公共关系教程（第二版）．中国人民大学出版社，2017.

［2］周如南．公益传播．西安交通大学出版社，2019.

［3］王卫明．慈善传播：历史、理论与实务．社会科学文献出版社，2014.

［4］金旗奖编委会．最具公众影响力公共关系案例集 2019．中国财富出版社，2020.

［5］吴少华．公共关系理论与实务（第二版）．人民邮电出版社，2020.

（八）参考材料资源

1．期刊

（1）天津市慈善协会、中华慈善总会：《慈善》（双月刊）

（2）中国新闻社：《中国慈善家》（双月刊）

（3）河北省国际国内公共关系协会：《公关世界》（半月刊）

2. 相关网站

（1）中国公关网，网址：http：//www.chinapr.com.cn/

（2）中国营销传播网，网址：http：//www.emkt.com.cn/

（3）中国管理传播网，网址：http：//manage.org.cn/

（4）中国公共关系协会，网址：http：//www.cpra.org.cn/

十、非营利组织会计学

【课程名称】非营利组织会计学　　【课程号】0404001504

【课程英文名称】Accounting for Non-profit Organization

【总学时数/实践学时】48/0　　　　【总学分数/实践学分】3/0

【课程类别】专业基础课　　　　　【课程类型】☑必修　□选修

【面向专业】慈善管理　　　　　　【依据培养方案版本】2023

【前置课程及说明】非营利组织管理。前置课程内容的学习是学习非营利组织会计学的理论准备，通过以上课程可了解非营利组织管理的理论基础。掌握好前置课程相关知识，才能够更好地理解和学习本门课程。

【后续课程及说明】无。

（一）课程简介

非营利组织会计学是慈善管理专业的专业基础课之一。非营利组织会计学是会计学的一个分支，它是一门应用性强、核算方法有特色的应用专业会计课程。它用会计学的一般方法和理论，阐明非营利组织会计核算的基本理论、基本方法和基本技能。开设本课程有助于学生比较全面系统地了解非营利组织会计的性质、职能和特点。做好会计工作对加强非营利组织经济管理，提高业务工作效率、社会效益和经济效益具有重要意义。本课程的主要内容为行政事业单位会计和民间非营利组织会计。本课程设计中主要介绍行政单位会计、公立非营利组织（事业单位）会计和民间非营利组织会计核算的内容和方法。

本课程主要培养学生以下几方面的能力：①掌握非营利组织会计的基本理论和会计核算方法；②能利用非营利组织会计的原理和账务处理方法分析实践中涉及的具体账务问题；③能够读懂非营利组织财务报表，并对非营利组织的绩效进行评估。

（二）教学目标

通过对本课程的学习，使学生了解我国非营利组织会计发展和改革的历程，全面、系统、完整地掌握我国现在行政单位会计、公立非营利组织会计和民间非营利组织会计核算的内容和方法，正确理解非营利组织会计准则和会计制度，从而使学生充分掌握在非营利组织会计岗位上的工作内容，具备在非营利组织工作的基本会计技能。

1. 知识目标

掌握有关行政事业单位和民间非营利组织会计的基本概念、核算方法。理解行政事业单位和民间非营利组织的性质以及资产、负债、收入、支出（费用）、净资产的核算方法。对各会计要素进行账务处理，了解行政事业单位和民间非营利组织会计报表的构成。

2. 能力目标

在专业知识的基础上，能较熟练地运用会计核算的基本方法处理和分析实践中涉及的账务问题。能根据要求熟练准确地编制会计分录，进行会计核算，具备读懂并做好分析非营利组织财务报告的基本能力。

3. 素质目标

（1）能够在学习课本知识的基础上，挖掘生活中的财务问题，培养敏锐的财务意识。

（2）能够理论结合实际，提高个人财务素养，培养适应非营利组织财务工作的基本技能和职业素养。

（3）能够将"讲规矩、守纪律"内化于职业意识中，增强法律意识，严格遵守财务法律法规。

（三）课程目标对毕业要求的支撑关系

表5-27　课程目标对毕业要求的支撑关系矩阵

课程目标	毕业要求1	毕业要求2	毕业要求3	毕业要求4	毕业要求5	毕业要求6	毕业要求7	毕业要求8	毕业要求9
知识目标	H	M							
能力目标			M	H	M				
素质目标						H	M	H	M

注：H表示"强支撑"，M表示"中支撑"，L表示"弱支撑"。

（四）教学方法

牢固树立"以学生为主体，以教师为主导"的教学理念，打破"填鸭式"教学模式，灵活运用多种教学方法，注重师生在教学中的互动，强调教师与学生互动、学生与学生互动，发挥学生的主动性和创造性，提高学生独立思考能力和创新创造能力。主要运用讲授法、案例讨论法、启发式教学法、互动式教学法、作业教学法等多种方法。具体来说：

（1）采用讲授法帮助学生了解并掌握非营利组织会计学课程中涉及的基本概念、原理和会计核算方法，为学生掌握知识奠定基础。

（2）采用案例教学。理论教学与实践相结合，引导学生应用基本理论知识对业务进行会计处理。同时，引导学生对经典财务案例展开深入分析。

（3）采用启发式教学，激发学生主动学习的兴趣，培养学生独立思考、分析问题和解决问题的能力，引导学生主动通过实践和自学获得自己想学到的知识。

（4）采用互动式教学。课内讨论和课外答疑相结合。

（5）课堂讲授之后，围绕不同业务类型的账务处理问题，布置一定数量的课堂和课后作业，要求学生运用所学知识做出相应的账务处理，提高学生的业务处理实践能力。

此外，采用多种教学手段提高教学效率，提升教学效果。具体包括：

（1）采用电子教案及课件，播放视频、图形演示等方法，提高课堂教学信息量，增强教学的直观性。

（2）善用板书，通过板书帮助学生强化账务处理过程中会计科目名称规范意识以及账务处理形式规范意识，引导学生逐渐深化对非营利组织会计知识的认识。

（五）教学内容与教学安排

1. 教学内容与安排

表 5-28　教学内容与安排

章节及内容摘要	需要学时数	备注
第一章　导论、基础会计知识补充	4	补充基础
第二章　政府与非营利组织会计概论和会计方法	2	
第三章　行政单位资产的核算	4	
第四章　行政单位负债与净资产的核算	4	
第五章　行政单位收入、支出的核算	4	随堂测试
第六章　行政单位会计报表分析	2	案例讲解
第七章　事业单位会计的概述及资产核算	2	
第八章　事业单位负债和净资产的核算	4	
第九章　事业单位收入、支出的核算	4	随堂测试
第十章　事业单位会计报表的分析	2	案例讲解
第十一章　民间非营利组织会计概述	2	

续表

章节及内容摘要	需要学时数	备注
第十二章 民间非营利组织资产、负债的会计核算	4	
第十三章 民间非营利组织收入、费用和净资产的核算	4	随堂测试
第十四章 民间非营利组织财务报表	4	案例讲解
答疑	2	

2. 课程思政内容及设计

表 5-29　非营利组织会计学课程思政教学设计表

课程名称	非营利组织会计学	课程性质	必修课	课程学分	3
面向专业	慈善管理	课程负责人		课程团队	
课程教材	《政府与非营利组织会计（第四版）》《政府与非营利组织会计（第六版）》			是否为"马工程"教材	否

教学章节	知识点	思政元素案例	培养目标
第一章	导论、基础会计知识补充	提篮桥监狱案例；为什么财务工作者需要遵守法律法规	引导学生坚守财务法律法规底线
第二章	政府与非营利组织会计的组成体系及其关系	行政事业单位违规私设"小金库"的典型案例以及为什么要进行政府会计改革的问题	理论联系实际，让学生了解与时俱进的政府和非营利组织会计制度，引导学生树立民族文化自信，告诫学生应与时俱进，不断更新知识结构
第三章	行政单位资产的概念、内容和会计核算	虚构票据违规报销的案例	告诫学生作为会计工作人员在工作中应严肃认真，让学生扎实掌握专业理论，掌握行政单位会计核算的基本方法，同时树立正确的职业观
第四章	行政单位负债和净资产的核算		让学生扎实掌握专业理论，掌握行政单位会计核算的基本方法
第五章	行政单位收入和支出核算		让学生扎实掌握专业理论，掌握行政单位会计核算的基本方法
第六章	行政单位会计报表的结构和编制方法	抛出问题：领导让会计做假账时，会计应该怎么办？	引导学生在利益诱惑面前应坚守诚信、严格遵守法律法规和职业道德。理论联系实际，增强学生的会计思维，引导学生遵守职业道德的法律规范

教学章节	知识点	思政元素案例	培养目标
第七章	事业单位的概念、特点、科目、凭证和账账户以及资产的核算		让学生扎实掌握专业理论，掌握事业单位会计核算的基本方法
第八章	事业单位负债和净资产的核算		让学生扎实掌握专业理论，掌握事业单位会计核算的基本方法
第九章	事业单位收入和支出的核算		让学生扎实掌握专业理论，掌握事业单位会计核算的基本方法
第十章	事业单位会计报表的编制		理论联系实际，增强学生的会计思维，培养学生认识、领会、运用、综合分析的能力
第十一章	民间非营利组织会计概述	韩红基金会、壹基金等多家基金会财务风波的案例，抛出问题：为什么慈善管理专业的学生需要学习非营利组织会计学？	通过现实案例，增强学生对非营利组织管理工作的认识，拓展学生的专业技能
第十二章	民间非营利组织资产和负债的核算		让学生扎实掌握专业理论，掌握非营利组织会计核算的基本方法
第十三章	民间非营利组织收入、费用、净资产的核算		让学生扎实掌握专业理论，掌握非营利组织会计核算的基本方法
第十四章	民间非营利组织财务报告的编制要求、现金流量表的列报方法	"四川省慈善公益事业发展基金会"被撤销登记的案例	从财务案例分析结果，引申出深化职业道德教育，培养学生拥有良好的会计道德修养和素质，树立正确的商业伦理观，遵守职业操守和道德规范，使其在未来的会计岗位上拥有事业心、责任感和严谨的工作态度，以及遵纪守法的意识

（六）教材

[1] 赵建勇．政府与非营利组织会计（第 4 版）．中国人民大学出版社，2018.

[2] 王彦，王建英，赵西卜．政府与非营利组织会计（第 6 版）．中国人民大学出版社，2019.

[3] 毛淑珍．政府与非营利组织会计（第 1 版）．东北财经大学出版社，2017.

[4] 潘立新，周宁．会计学——原理、方法与中国情境案例．中国人民大学

出版社，2023.

［5］陈爱玲，崔智敏．会计学基础（第8版），中国人民大学出版社，2023.

（七）参考阅读书目

［1］《非营利组织会计制度（2004）》

［2］《民间非营利组织会计制度》若干问题的解释

十一、慈善管理案例分析

【课程名称】慈善管理案例分析　　【课程号】0505002246

【课程英文名称】Philanthropy management case study

【总学时数/实践学时】32/32　　【总学分数/实践学分】1/1

【课程类别】专业核心课　　【课程类型】☑必修　□选修

【面向专业】慈善管理　　【依据培养方案版本】2023

【前置课程及说明】慈善管理学、公益慈善文化概论、非营利组织管理、公益慈善项目管理。前置课程内容的学习是学习公益慈善管理案例分析的理论和实践准备，通过以上课程可了解公益慈善事业相关的基础理论、具体框架和基本方法。掌握好前置课程相关知识，才能够更好地理解和学习本门课程。

【后续课程及说明】慈善管理专业的其他相关课程。慈善管理案例分析作为慈善管理专业的核心课程，和慈善筹资原理与技巧、公益慈善公关与传播等课程有着密切的联系。

（一）课程简介

慈善管理案例分析是慈善管理专业的一门专业课程。慈善管理案例分析课程针对以下相关内容进行学习：困境救助、服务成长，社会参与、社会企业四种主要类型，以及各类救助灾害、救济贫困、辅助残疾人等社会困难群体和个人的活动；教育、科学、文化、卫生、体育事业；环境保护、社会公共设施建设；促进社会发展和进步的其他社会公共和福利事业等事业；民间组织发展实施的扶贫、妇女儿童发展等事业；企业所做的公益慈善事业。本课程主要介绍公益慈善管理案例分析的研究内容、研究方法、发展趋势以及它在现实中的应用状况，使学生了解公益慈善管理案例分析的相关理论与实践技能，掌握公益慈善管理案例分析的有关内容，从而增强学生的理论素质和实践能力。

（二）课程目标

本课程的目的在于使学生了解公益慈善管理案例分析中困境救助、服务成长、社会参与、社会企业四种主要类型，了解公益慈善管理案例以及公益慈善管理案例分析活动相关资料，进行课程导读。以复习的形式来帮助学生加深对公益慈善概念的认识，引入公益慈善管理案例分析的理念，公益慈善管理案例分析观念的演进、梳理公益慈善管理案例分析理论的几个来源，使学生掌握公益慈善管理案例分析的必要性和公益慈善管理案例分析的作用等。

1. 知识目标

学习本学科最基本的概念、知识与原理；学习关于公益慈善管理案例分析的基本内容，讨论与公益慈善项目相关的各种运营环节和影响因素；了解本学科最新学术研究成果。

2. 能力目标

在专业知识的基础上，能较好地理解和把握基本概念、基本方法和分析方法，能掌握相关概念、事实和方法及其区别与联系，并能针对实际案例结合书本知识进行分析应用，讨论当前社会转型期现实案例，在学习过程中培养正确的学习方法。

3. 素质目标

（1）能够在学习书本知识的基础上，了解影响公益慈善项目的相关知识和惯例，初步培养学生运用社会理论分析现实问题的能力。

（2）使学生初步具有从综合性、整体性视角分析公益慈善项目的知识与能力。

（3）使学生初步具有对多元文化的认知、理解与沟通的能力。

通过课程教学，逐步提高学生走向社会发展所需要的关心社会、认识社会和服务社会等方面的综合素质，重点培养学生合理地运用相关理论观点去解释现实的社会现象和问题，更好地促进学生成长成材和终身发展。

（三）课程目标对毕业要求的支撑关系

表5-30　课程目标对毕业要求的支撑关系矩阵

课程目标	毕业要求1	毕业要求2	毕业要求3	毕业要求4	毕业要求5	毕业要求6	毕业要求7	毕业要求8	毕业要求9
知识目标	H	M							
能力目标			M	H	M				
素质目标						M	M	H	M

注：H表示"强支撑"，M表"中支撑"，L表示"弱支撑"。

（四）教学方法

牢固树立"教师为主导，学生为主体"的教学观念，强调学生是学习的主体，强调教为学服务。在教学方法的选择上遵循"教学有法、教无定法、贵在得法、教学相长"的原则。突破以往"填鸭式"、学生被动接受知识的传统教学模式，灵活运用多种教学方法，重视发挥学生的主观能动性，强调学生自主学习能力和创新能力的培养，激发学生的创新意识和独立思考能力。

课程运用讲授法、案例讨论法、视频资料观摩法等方法。具体教学方法包括：理论讲授法；案例分析；启发式教学法；思考题引导。

具体教学手段：

注重理论与实际相结合，紧贴社会热点问题；注重培养学生分析问题和解决问题的能力；利用多媒体教学手段。

（1）多媒体课件演示：主要用于课程要点、难点的讲解，图形演示等。

（2）分组案例讨论：针对相关案例进行讨论。

（3）思考题：每一章都有开放性思考题目。

（五）教学内容与教学安排

1. 教学内容与安排

表5-31 教学内容与安排

章节及内容摘要	需要学时数	备注
第一章 课程介绍（说课）	4	
第二章 困境救助类公益慈善管理案例	4	
第三章 服务成长类公益慈善管理案例	4	
第四章 社会参与类公益慈善管理案例	4	
第五章 社会企业类公益慈善管理案例	4	
第六章 公益慈善组织案例	4	
第七章 公益慈善人物案例	4	
第八章 公益慈善管理案例分析课程总结	4	
合计	32	

2. 课程思政内容及设计

表5-32 慈善管理案例分析课程思政教学设计表

课程名称	慈善管理案例分析	课程性质	必修课	课程学分	1	
面向专业	慈善管理	课程负责人		课程团队		
课程教材	《慈善之美——公益项目案例集》			是否为"马工程"教材	否	

续表

教学章节	知识点	思政元素案例	培养目标
第一章	课程介绍（说课）	学习公益慈善事业的概念，引入公益慈善管理案例分析实务等概念	分析导读案例以及公益慈善管理案例分析活动相关资料，进行课程导读；以复习的形式来帮助学生加深对公益慈善概念的认识，引入公益慈善管理案例分析、社会实务等概念
第二章	困境救助类公益慈善管理案例	留守儿童书信陪伴项目；艾滋病人生产自救项目；尘肺农民医疗救治项目；慈弘图书角项目；免费午餐项目	学习Ⅰ类公益中的五个陷阱、Ⅰ类公益的流程化、流程化面临的两个问题
第三章	服务成长类公益慈善管理案例	学习案例：弘慧助学服务体系、逆风飞翔·事实孤儿同行计划、开心屋游戏项目、"在城长"生活馆项目学习补充案例：太平街生活馆、同伴学堂、春晖妈妈项目、心目影院项目、炎症性肠病患者服务项目、重度精神病患者关爱行动项目、朝阳区第三医院精神残障者社区同伴支持项目、灾后"微卓越"现象等	学习Ⅱ类公益
第四章	社会参与类公益慈善管理案例	缅甸的社区林业保护项目、悦读成长计划项目、安心驿站项目、"微微一孝"养老志愿服务项目等补充案例：LP村备灾管理项目、QF村草场保护项目、SP村社区发展基金、社区议事协商项目、社区综合发展项目、社区协议保护项目	学习Ⅲ类公益、参与式发展体系
第五章	社会企业类公益慈善管理案例	神奇亲子园流动儿童早期发展项目、黄金村养老院项目	了解认识社会企业，了解相关的其他公益项目案例
第六章	公益慈善组织案例	收集检索公益慈善组织相关资料，完成公益慈善组织案例文本，提交随堂作业	了解、分析公益慈善组织既有成果、存在的问题与发展策略
第七章	公益慈善人物案例	收集检索公益慈善人物相关资料、完成公益慈善人物案例文本，提交随堂作业	了解、分析公益慈善人物既有成果、存在的问题与发展策略
第八章	公益慈善管理案例分析课程总结	了解、分析公益慈善领域与事件既有成果、存在的问题与发展策略，完成课程总结	以公益慈善案例管理分析能力开发与提升的"目标+需求+问题"导向为核心贯穿整个教学过程

（六）参考教材

刘程程，陶传进．慈善之美——公益慈善案例集．中国财政经济出版社，2022.

（七）参考阅读书目

［1］杨晓燕，王哲，闫雯．无公益，不长江——长江商学院社会创新思想与行动2021．中国财富出版社，2021.

［2］李健．公益慈善管理案例分析．西安交通大学出版社，2018.

第六章 山东工商学院慈善管理专业拓展课程体系设计

第一节 慈善管理专业拓展课程体系设计依据

慈善管理专业作为一门新设的专业，具有鲜明的综合性和交叉性，学生除了要具备本专业必要的专业知识，还应具备与之相关的其他领域的专业知识，从而为未来的专业学习和职业发展打下坚实的理论基础。因此，在进行专业课程体系的设计时，山东工商学院设计了与慈善管理专业相关的专业拓展课程体系。专业拓展课程体系的设计，既要考虑与慈善管理相关的专业知识和技能，又要考虑慈善管理专业未来的发展。

慈善管理专业拓展课程体系设计的依据主要包括以下几点：

（1）行业发展需求：根据慈善事业的发展趋势，了解行业对慈善管理人才的需求，以及对具体职业技能和素质的要求，为拓展课程设计提供参考。

（2）学科理论构建：基于慈善管理的学科理论，对该专业的基础知识、基本理论、基本技能进行梳理和构建，为拓展课程提供理论支撑。

（3）课程内在逻辑：按照慈善管理专业人才培养的目标和要求，对现有课程进行梳理和整合，找出课程之间的内在逻辑关系，为拓展课程设计提供思路。

（4）学生发展需要：根据学生的兴趣、特长和职业规划，结合市场需求，设计符合学生发展需要的拓展课程，以增强学生的综合素质和就业竞争力。

（5）国内外经验借鉴：借鉴国内外相关领域的教学经验和实践成果，为拓展课程设计提供参考和启示。

综上所述，慈善管理专业拓展课程体系设计需要充分考虑行业发展需求、学科理论构建、课程内在逻辑和学生发展需要等多方面因素，同时借鉴国内外经验，以培养出符合市场需求的高素质慈善管理人才。

第二节 慈善管理专业拓展课程教学大纲

一、志愿服务管理

【课程名称】志愿服务管理　　　　【课程号】0605002231

【课程英文名称】Volunteerism Management

【总学时数/实践学时】48/32　　　【总学分数/实践学分】2/1

【课程类别】专业拓展课　　　　　【课程类型】□必修　☑选修

【面向专业】慈善管理　　　　　　【依据培养方案版本】2023

【前置课程及说明】慈善管理学、公益慈善文化概论、非营利组织管理

【后续课程及说明】组织资源规划模拟、慈善管理案例分析、公益慈善公关与传播

（一）课程简介

志愿服务管理课程旨在培养学生对志愿服务管理的理论和实践进行系统的学习和掌握，使学生能够在志愿服务组织或相关机构中担任管理职位，有效地组织和管理志愿服务活动。

本课程主要包括以下几个方面内容：

（1）志愿服务管理的基本概念和原理：介绍志愿服务的定义、特点和意义，探讨志愿服务管理的基本概念和原理。

（2）志愿服务组织的建立与发展：讲解志愿服务组织的建立和发展过程，包括组织结构设计、人员招募与培训、资源筹集和合作伙伴关系建立等方面的内容。

（3）志愿服务活动的策划与实施：介绍志愿服务活动的策划与实施过程，包括目标设定、活动设计、志愿者管理、风险控制等方面的内容。

（4）志愿服务项目的评估与监控：讲解志愿服务项目的评估与监控方法，包括效果评估、质量控制、监测与反馈等方面的内容。

（5）志愿服务管理的案例分析：通过分析实际的志愿服务案例，让学生了解志愿服务管理的实际问题和解决方法。

通过对本课程的学习，学生可掌握志愿服务管理的基本理论和实践技能，能够在志愿服务组织或相关机构中进行志愿服务项目的组织和管理工作，为社会公益事业做出积极贡献。

（二）课程目标

1. 知识目标

本课程的目的在于使学生了解课程内容和学习目标，明确课程的重点与难点，掌握本课程的学习方法。

（1）理解志愿服务的概念和意义：学生应该能够理解志愿服务的定义、特点和意义，认识到志愿服务对社会发展和个人成长的重要性。

（2）掌握志愿服务管理的基本理论：学生应该能够掌握志愿服务管理的基本概念、原理和方法，了解志愿服务组织的建立和发展过程。

（3）熟悉志愿服务组织的运作机制：学生应该了解志愿服务组织的组织结构设计、人员招募与培训、资源筹集和合作伙伴关系建立等方面的运作机制。

（4）掌握志愿服务活动的策划与实施技巧：学生应该能够掌握志愿服务活动的策划与实施过程，包括目标设定、活动设计、志愿者管理和风险控制等方面的技巧和方法。

（5）熟练运用志愿服务管理工具：学生应该能够熟练运用志愿服务管理工具，如项目评估与监控方法，以提高志愿服务项目的效果和质量。

通过达到以上知识目标，学生将具备全面的志愿服务管理知识，能够在志愿服务组织或相关机构中进行志愿服务项目的组织和管理工作。

2. 能力目标

（1）组织和管理志愿服务项目的能力：学生应该能够组织和管理志愿服务项目，包括项目策划、志愿者招募和培训、活动组织和执行等方面。

（2）发展和维护志愿者团队的能力：学生应该能够有效地发展和维护志愿者团队，包括团队建设、激励和管理等方面，以确保志愿服务项目的顺利进行。

（3）进行志愿服务需求分析和评估的能力：学生应该能够进行志愿服务需求分析和评估，了解社区或组织的需求，以便根据需求进行志愿服务项目的规划和实施。

（4）进行志愿服务项目的监督和评估的能力：学生应该能够进行志愿服务项目的监督和评估，包括活动过程的监控、效果的评估和问题的解决等方面，以提高志愿服务项目的质量和效果。

（5）进行志愿服务项目的沟通和协调的能力：学生应该能够进行志愿服务项目的沟通和协调，与志愿者、合作伙伴和利益相关方进行有效的沟通和协调，以确保项目的顺利进行。

通过达到以上能力目标，学生将具备组织和管理志愿服务项目的能力，能够有效地发展和维护志愿者团队，以及进行志愿服务项目的需求分析、监督和评估工作。

3. 价值目标

（1）培养社会责任感和公民意识：通过学习志愿服务管理，学生能够深入了解社会问题和需求，培养社会责任感和公民意识，激发他们对社会公益事业的关注和参与。

（2）培养领导和组织能力：学生通过学习志愿服务管理，能够培养领导和组织能力，学会策划和管理志愿服务项目，提升自己的领导力和组织能力。

（3）培养团队合作和沟通能力：学生在志愿服务项目中需要与志愿者、合作伙伴和利益相关方进行合作和沟通，通过学习志愿服务管理，能够培养团队合作和沟通能力，提升自己的人际关系和沟通技巧。

（4）促进个人成长和发展：通过参与志愿服务管理，学生能够提升自我意识、自我管理和自我发展能力，培养解决问题和应对挑战的能力，促进个人成长和发展。

（5）促进社区发展和社会进步：志愿服务管理的目标是服务社区和社会，通过学习志愿服务管理，学生能够为社区发展和社会进步做出贡献。

（三）课程目标对毕业要求的支撑关系

表 6-1　课程目标对毕业要求的支撑关系矩阵

课程目标	毕业要求 1	毕业要求 2	毕业要求 3	毕业要求 4	毕业要求 5	毕业要求 6	毕业要求 7	毕业要求 8	毕业要求 9
知识目标	H	H							
能力目标			H	H	M				
素质目标						H	M	H	L

注：H 表示"强支撑"，M 表示"中支撑"，L 表示"弱支撑"。

（四）教学方法

本课程的教学方法包括以下几种：

（1）讲授与讨论：教师通过讲授相关理论知识和案例分析，引导学生了解志愿服务管理的基本概念、原理和方法。同时，鼓励学生参与讨论，分享自己的观点和经验，促进学生的思考和交流。

（2）实践项目：通过组织学生参与实践项目，让学生亲身体验志愿服务管理的实际操作和挑战，学生可以参与社区服务、公益活动等，通过实践项目提升自己的管理和领导能力。

（3）小组合作：将学生分成小组，让他们合作完成一些志愿服务管理的任务和项目。通过小组合作，学生可以提升团队合作、协调沟通和分工合作等技能。

（4）研讨和案例分析：组织学生进行研讨和案例分析，让学生通过分析实际案例，探讨问题的解决方案和管理策略，培养学生分析问题和解决问题的能力。

（5）实地考察和观摩：带领学生进行实地考察和观摩，参观一些成功的志愿服务项目和组织，让学生见证志愿服务管理的实际运作和效果，激发学生的学习兴趣和动力。

综合运用以上教学方法，可以使学生在理论与实践相结合的情况下，全面了解和掌握志愿服务管理的知识和技能，提高学生的学习效果和应用能力。

（五）教学内容与教学安排

1. 教学内容与安排

表6-2　教学内容与安排

章节及内容摘要	需要学时数	备注
第一章　志愿服务的相关概念	2	
第二章　志愿服务的理论基础	2	
第三章　志愿服务的功能与价值	2	案例讲解
第四章　志愿文化与志愿服务伦理	2	案例讲解
第五章　志愿服务事业的发展与管理体系	2	
第六章　志愿服务法治建设	2	案例讲解
第七章　志愿服务组织的创建	2	案例讲解
第八章　国外与我国港澳台地区志愿服务	2	
第九章　志愿者管理	6	
第十章　志愿服务能力建设	6	
第十一章　志愿服务项目的管理	4	
第十二章　志愿服务项目的设计	6	
第十三章　志愿服务项目的执行	6	
课程汇报	4	

2. 课程思政内容及设计

表6-3　志愿服务管理课程思政教学设计表

课程名称	志愿服务管理	课程性质	选修课	课程学分	2	
面向专业	慈善管理	课程负责人		课程团队		
课程教材	《志愿服务概论》			是否为"马工程"教材	否	
教学章节	知识点		思政元素案例		培养目标	
第一章	志愿服务的相关概念		观看央视报道"大连"的故事		学习志愿者与志愿行为、志愿服务、志愿服务组织、志愿精神等相关概念，引导学生思考并讨论疫情期间志愿者发挥的作用，使他们形成对志愿服务的初步认识	
第二章	志愿服务的理论基础		介绍某社区"5+3"社区横纵网格治理现代化体系		引导学生从经济学、政治学、心理学、管理学和社会学学科视角来看待志愿服务，拓展学科视角	
第三章	志愿服务的功能与价值		介绍本地义工的先进事迹		引导学生树立正确的价值观，并能正确认识志愿服务的功能与价值	
第四章	志愿文化与志愿服务伦理		观看"大学生志愿服务西部计划"的宣传片		引导学生思考如何树立正确的人生观与价值观、如何面对未来对职业的选择	
第五章	志愿服务事业的发展与管理体系		介绍青年志愿垦荒队开发建设北大荒的历史学习习近平写给志愿服务队伍的三封信		使学生了解志愿服务发展的历程、发展过程中取得的成就，以及志愿服务管理事业体系的组成	
第六章	志愿服务法治建设		讨论"9·11"恐怖事件如何促进美国"国家服务纪念日"的确立；观看公益短片《云上致富路》，了解乡村振兴新思路		使学生了解志愿服务事业法制的含义、基本原则、功能与当前存在的问题；了解国内外志愿服务立法与志愿服务法治建设的内容	
第七章	志愿服务组织的创建		志愿服务组织中党组织发挥的先锋战斗堡垒作用		了解志愿服务组织的登记管理、组织架构、年审管理的相关内容及志愿服务组织的党组织	

续表

教学章节	知识点	思政元素案例	培养目标
第八章	国外与我国港澳台地区志愿服务	联系历史上美国对黑奴制的抵抗，讨论：志愿服务作为社会生活的重要组成，对于现代公民社会的文化塑造具有怎样的意义？	了解各国和地区志愿服务的发展历史及发展特点，以及我国港澳台地区志愿服务的发展历程与现状
第九章	志愿者管理	完成任务：模拟面试，模拟培训	学习掌握进行志愿者管理的重要性、了解志愿者岗位规划和人员招募、了解如何对志愿者进行培训以及对志愿服务进行督导
第十章	志愿服务能力建设	案例：《做一个坏情绪的终结者》以练代讲	掌握志愿服务的能力要求、基本能力与基本技巧
第十一章	志愿服务项目的管理		掌握志愿服务项目的概念特点和基本属性，了解志愿服务、公益服务和慈善服务之间的联系与区别，了解志愿服务项目管理的流程与内容
第十二章	志愿服务项目的设计	实战演练，深入社区进行调研，为公益创投设计志愿服务项目	学习如何进行志愿服务项目的立项调研和可行性分析，初步掌握撰写项目策划书的技能
第十三章	志愿服务项目的执行	收集志愿服务大赛获奖项目	了解志愿服务项目执行计划的内容、作用、流程、方法与工具，学习优秀项目的设计及执行经验，学习志愿服务项目的执行实施

（六）教材

[1] 魏娜. 志愿服务概论. 中国人民大学出版社，2018.

[2] 王中平，沈立伟. 志愿服务组织建设与项目管理. 中国人民大学出版社，2018.

（七）参考阅读书目

[1] 北京志愿服务发展研究会. 中国志愿服务大辞典. 中国大百科全书出版社，2014.

[2] 宾图. 项目管理. 机械工业出版社，2007.

［3］曾胜光，曾华源．志愿服务概论．扬智文化事业股份有限公司，2003.

［4］柴田谦治．论志愿者：从拓宽到加深．Minerva 书房，2010.

［5］陈武雄．志愿服务理念与实务．扬智文化事业股份有限公司，2004.

［6］冯英，张惠秋，白亮．外国的志愿者．中国社会出版社，2008.

［7］共青团广州市委员会．从 0 到 1：青年社会组织组建及运行攻略．广州出版社，2015.

［8］联合国志愿人员组织．志愿服务与幸福感．2014.

［9］陆士桢，张晓红，郭新保．北京志愿服务模式研究．北京出版社，2009.

［10］谬其克·威尔逊．志愿者．魏娜译．中国人民大学出版社，2013.

［11］莫于川．中国志愿服务立法的新探索．法律出版社，2009

［12］王名．志愿组织管理概论（修订版）．中国人民大学出版社，2010.

［13］王忠平．志愿服务管理理论与实务．北京交通大学出版社，2015.

［14］魏娜，等．经验·价值·影响：北京奥运会、残奥会志愿者工作成果转化研究．中国人民大学出版社，2010.

［15］中共中央办公厅．关于加强社会组织党的建设工作的意见（试行）．2015.

［16］中国志愿服务联合会．中国志愿服务发展报告．社会科学文献出版社，2017.

二、社会问题

【课程名称】社会问题　　　　　　　【课程号】0605002311

【课程英文名称】Social Problems

【总学时数/实践学时】32/0　　　　【总学分数/实践学分】2/0

【课程类别】专业拓展课　　　　　　【课程类型】□必修　☑选修

【面向专业】慈善管理　　　　　　　【依据培养方案版本】2023

【前置课程及说明】社会学、社会科学研究方法、管理学、微观经济学等课程。前置课程内容的学习是学习社会问题的理论准备，通过以上课程可了解社会学的基础理论、具体框架和方法。掌握好前置课程相关知识，才能够更好地理解和学习本门课程。

【后续课程及说明】慈善管理专业的其他相关课程。社会问题作为慈善管理专业的核心课程，和公益慈善文化概论、慈善项目管理、公益慈善筹资原理与技巧、公益慈善公关与传播等课程有着密切的联系。

（一）课程简介

本课程是慈善管理专业的选修课程之一，是为社会工作专业以及慈善专业学生开设的知识拓展课程。教学目的在于使学生能够运用社会学理论和方法分析社会问题，阐述社会问题研究的基本理论、基本方法，分析社会问题的特点及产生原因，探寻预防与解决社会问题的对策。教学安排为，基本理论部分适当延长时间，专题部分则适当缩短时间，同时让学生课外阅读相关著作，使学生得到初步的思维训练。

本课程主要培养学生以下几方面的能力：①掌握社会问题的基本概念和理论；②能从社会学角度来分析一些社会现象与社会问题；③了解社会问题的主要类别，如人口问题、失业问题、贫困问题、犯罪问题、生态环境问题、弱势群体问题等；④能在一定程度上掌握规范化的社会问题研究方法，开展对于社会问题的研究。

（二）课程目标

本课程的目的在于使学生能以社会学的理论和方法来认识和研究社会问题，深刻理解社会问题的特点及其成因，初步形成社会学的"想象力"，即透过社会现象的表面看本质的"穿透力"，从而更好地认识自身、他人与整个社会。同时，培养学生紧密联系实际，学会分析案例，解决实际问题，把学科理论融入对社会面临的实际问题的认识和实践研究之中，切实提高分析问题、解决问题的能力。

1. 知识目标

了解相关的名词概念和外延，并能正确认识和表述，如社会问题、社会秩序、社会控制、社会失范等。

2. 能力目标

在专业知识的基础上，能较好地理解和把握基本概念、基本方法和分析方法，能掌握相关概念、事实和方法及其区别与联系，能针对实际案例结合书本知识进行分析应用，在学习过程中培养正确的学习方法。

3. 素质目标

（1）能够在学习书本知识的基础上，了解和社会生活相关的知识和惯例，初步培养学生运用社会理论分析现实问题的能力。

（2）使学生初步具有从综合性、整体性视角以及理论的视角分析社会现象的知识与能力。

（3）使学生初步具有对社会现象和社会问题的认识和分析能力，对于转型期中国社会问题的复杂性和多样性有更加深刻的认识。

通过课程教学，逐步提高学生走向社会发展所需要的关心社会、认识社会和服务社会等方面的综合素质，重点培养学生合理地运用相关的理论观点去解释现实的社会现象和问题，更好地促进学生成长成材和终身发展。

（三）课程目标对毕业要求的支撑关系

表6-4　课程目标对毕业要求的支撑关系矩阵

课程目标	毕业要求1	毕业要求2	毕业要求3	毕业要求4	毕业要求5	毕业要求6	毕业要求7	毕业要求8	毕业要求9
知识目标	H	M							
能力目标			M	H	M				
素质目标						M	M	H	M

注：H表示"强支撑"，M表示"中支撑"，L表示"弱支撑"。

（四）教学方法

牢固树立"教师为主导，学生为主体"的教学观念，强调学生是学习的主体，强调教为学服务。在教学方法的选择上遵循"教学有法、教无定法、贵在得法、教学相长"的原则。突破以往"填鸭式"、学生被动接受知识的传统教学模式，灵活运用多种教学方法，重视发挥学生的主观能动性，强调学生自主学习能力和创新能力的培养，激发学生的创新意识和独立思考能力。

课程运用讲授法、案例讨论法、视频资料观摩法等方法。具体教学方法包括：理论讲授法；案例分析；启发式教学法；思考题引导。

具体教学手段：

注重理论与实际相结合，紧贴社会热点问题；注重培养学生分析问题和解决问题的能力；利用多媒体教学手段。

（1）多媒体课件演示：主要用于课程要点、难点的讲解，图形演示等。

（2）分组案例讨论：针对相关案例进行讨论。

（3）思考题：每一章都有开放性思考题目。

（五）教学内容与教学安排

1. 教学内容与安排

表6-5　教学内容与安排

章节及内容摘要	需要学时数	备注
第一章　社会问题概述	4	导论
第二章　社会控制与社会问题	2	

章节及内容摘要	需要学时数	备注
第三章　社会秩序与社会问题	2	
第四章　社会失范与社会问题	2	案例讲解
第五章　社会问题研究方法	2	案例讲解
第六章　社会问题的成因及解决方法	2	期中考试（开卷）
第七章　人口问题	2	
第八章　失业问题	2	案例讲解
第九章　农村问题	2	案例讲解
第十章　犯罪问题	2	
第十一章　生态环境问题	2	
第十二章　特殊群体问题	4	案例讲解
答疑	2	
期末考试（开卷）	2	
合计	32	

2. 课程思政内容及设计

表6-6　社会问题课程思政教学设计表

课程名称	社会问题	课程性质	选修课	课程学分	2
面向专业	慈善管理	课程负责人		课程团队	
课程教材	《社会问题（第三版）》			是否为"马工程"教材	否
教学章节	知识点	思政元素案例		培养目标	
第一章	社会问题概述	中国社会目前主要的社会问题		能用社会性这一判断标准来判断一种社会现象是不是社会问题	
第二章	社会控制与社会问题	生活中伦理道德、风俗习惯、法律规范等社会控制的案例		了解社会控制的主要形式及其重要作用	
第三章	社会秩序与社会问题	中国传统文化中古代先贤对于构建良好社会秩序的追求		引导学生树立文化自信、历史自信，树立民族自豪感，能认识到中华优秀文化的博大精深和当代传承，能认识到社会控制与社会问题的关系	

续表

教学章节	知识点	思政元素案例	培养目标
第四章	社会失范与社会问题	生活中社会失范的案例及其危害,如犯罪、拜金主义与享乐主义等的危害	引导学生树立健康的价值观,引导学生认识到投身社会、建设国家的青年责任与担当
第五章	社会问题研究方法	社会主义核心价值观与社会热点问题的关系	掌握研究的三大层次和研究视角,熟悉几种主要的研究方法和研究程序
第六章	社会问题的成因及解决方法	孟母三迁;共同富裕既包括物质财富也包括精神财富	引导学生理解差异交往论、文化隔距理论等社会问题成因的理论,鼓励学生追求知识财富
第七章	人口问题	中国的养老问题(案例形式)	通过案例分析,学生可以深入理解城市老龄化问题的复杂性,思考政府、社会和个人在解决问题中的角色和责任;同时,学生还可以提高团队合作、问题解决和创新能力,培养他们的社会责任感和公民意识
第八章	失业问题	西方国家失业率及其表现	通过案例分析,学生可以深入了解青年失业问题的复杂性,培养对就业市场、职业发展的认识和理解
第九章	农村问题	乡村振兴	通过案例分析,学生可以深入了解农村发展问题的多样性和复杂性,思考农村地区发展的挑战和可行的解决方案
第十章	犯罪问题	网络诈骗与防范策略	通过案例分析,学生可以真实感受到网络诈骗问题对个人和社会的影响,培养对网络安全的重视和警惕性;同时,学生能够理解防范网络诈骗的重要性,并思考个人在网络空间的责任和义务,提升问题解决和创新能力,培养社会责任感和公民意识
第十一章	生态环境问题	日本核污水排放入海	认识到人类命运共同体的重要意义,生态环境问题的跨边界、跨地域特点,加深学生对"绿水青山就是金山银山"的理解
第十二章	特殊群体问题	儿童问题	理解儿童问题产生的原因、儿童成长过程面临的困境,以及公益慈善能够在促进儿童问题解决方面发挥的作用,加深学生对于公益慈善意义的理解

（六）参考教材

向德平．社会问题（第三版）．中国人民大学出版社，2023.

（七）参考阅读书目

[1] 孙立平．1990 年代以来社会分层的三大趋势．2016.

[2] 孙立平．关注 90 年代中期以来中国社会的新变化．社会科学论坛，2004，1.

[3] 孙立平．权利失衡、两极社会与合作主义宪政体制．战略与管理，2004，1.

[4] 龚维斌．我国社会流动机制：变迁与问题．中国社会科学院研究生院，2004（4）.

[5] 李春玲．当前中国的社会分层与生活方式的新趋势．科学社会主义，2004（1）.

[6] 陆学艺．当代中国社会阶层研究报告．社会科学文献出版社，2001.

[7] 李强．转型时期的中国社会分层结构．黑龙江人民出版社，2002.

[8] 李强．社会分层与贫富差别．鹭江出版社，2000.

[9] 何清涟．现代化的陷阱：当代中国的经济与社会问题．今日中国出版社，1998.

[10] 李春玲．社会政治变迁与教育机会不平等——家庭背景及制度因素对教育获得的影响（1940—2001）. Social Sciences in China，2003（4）.

[11] 文森特·帕里罗．当代社会问题．华夏出版社，2002.

[12] 袁亚愚．社会学家的分析//中国社会问题．中国社会科学出版社，1998.

[13] 于小辉．社会转型期的若干社会问题探究．中国社会科学出版社，2004.

[14] 章辉美．社会转型与社会问题（社会学丛书）．湖南大学，2004.

[15] 雷洪．社会问题：社会学的一个中层理论．社会科学文献出版社，1999.

[16] 朱力．社会问题概论（社会工作丛书）．社会科学文献出版社，2002.

[17] 马基雅维里．君主论．商务出版社，1997.

[18] 霍布斯．利维坦．商务印书馆，1985.

[19] 洛克．政府论．商务印书馆，2019.

[20] 卢梭．社会契约论．商务印书馆，2003.

[21] 卢梭．论人类不平等的起源和基础．北京出版社，2023.

[22] 勒内·格鲁塞．草原帝国．商务印书馆，1998.

[23] 斯塔夫理阿诺斯．全球通史．北京大学出版社，2019.

［24］ Tilly. The Formation of National States in Western Europe Princeton Univ Press，1975.

［25］ 艾瑞克·霍布斯鲍姆. 极端的年代：1914—1991. 中信出版社，2017.

［26］ 艾瑞克·霍布斯鲍姆. 革命的年代：1789—1848. 中信出版社，2014.

［27］ 艾瑞克·霍布斯鲍姆. 帝国的年代：1875—1914. 中信出版社，2014.

［28］ 亨廷顿. 文明的冲突与世界秩序的重建. 新华出版社，2010.

［29］ 中央党校科研办公室. 中国古代史讲座. 求实出版社，1987.

［30］ 黄仁宇. 中国大历史. 生活·读书·新知三联书店，2007.

［31］ 黄仁宇. 万历十五年. 生活·读书·新知三联书店，2006.

［32］ 吴思. 潜规则：中国历史中的真实游戏. 复旦大学出版社，2009.

［33］ 奥斯特罗姆，等. 制度分析与发展的反思：问题与抉择. 商务印书馆，1992.

［34］ 奥斯特罗姆. 复合共和制的政治理论. 上海三联书店，1999.

［35］ 黄仁宇. 资本主义与二十一世纪. 九州出版社，2020.

［36］ 道格拉斯·诺思. 西方世界的兴起. 华夏出版社，2009.

［37］ 道格拉斯·诺思. 经济史中的结构与变迁. 上海三联书店，1981.

三、社会企业管理

【课程名称】社会企业管理　　　　　【课程号】0605002232

【课程英文名称】Social Enterprise Management

【总学时数/实践学时】32/0　　　　　【总学分数/实践学分】2/0

【课程类别】专业拓展课　　　　　【课程类型】□必修　☑选修

【面向专业】慈善管理　　　　　【依据培养方案版本】2023

【前置课程及说明】管理学、慈善管理学、企业管理学、组织行为学、经济学等课程。前置课程内容的学习是学习社会企业管理的理论准备，通过以上课程了解社会企业管理的基础理论、具体框架和方法。掌握好前置课程的相关知识，才能够更好地理解和学习本门课程。

【后续课程及说明】社会企业管理方向的其他相关课程。社会企业管理作为管理学的一门分支学科，和慈善管理学、企业管理学及其他专业管理学有着密切的联系。本课程强调社会企业发展的社会责任和政治方向，强调建设社会主义社会企业的重要性。

（一）课程简介

社会企业管理学是一门新兴的、具有广泛适应性的学科，是管理学专业的选修课程之一。社会企业管理是管理学的一个分支，又是一门综合性很强的应用管理学，其综合性、应用性表现在诸多方面，但其核心是研究如何优化社会企业管理效能、实现社会企业使命。

社会企业管理是普通高等学校管理学科各专业的专业方向选修课程，在整个专业体系中，社会企业管理是研究社会企业运营管理的学科。社会企业管理作为管理学的一门分支学科，和慈善管理学、生产力管理学、企业管理学及其他专业管理学有着密切的联系，学生在学完慈善管理学之后，通过对社会企业管理的学习，能够对慈善领域的管理理论与实践有一个整体的理解和把握。

本课程主要培养学生以下几方面的能力：①掌握社会企业管理的基本概念和理论；②能从管理学角度来分析一些社会企业发展过程中遇到的问题；③能运用规范和实证的研究方法对社会企业实操经营、人力资源管理、收入分配等相关问题进行定性和定量分析。

（二）课程目标

学习本课程的目的在于使学生能以管理学方法来认识和研究社会企业实操经营情况，掌握处理社会企业在经营管理过程中的各类实际问题；同时，培养学生紧密联系实际，学会分析案例，解决实际问题，把学科理论融入对企业及社会面临的实际问题的认识和实践研究之中，切实提高分析问题、解决问题的能力。

1. 知识目标

了解相关的名词概念和知识的含义，掌握社会企业基本理论和主要内容，并能正确认识和表述社会企业类型、社会企业家、智力资本、经营决策、组织结构、社会责任等。

2. 能力目标

在专业知识的基础上，能较好地理解和把握基本概念、基本方法和分析方法，能掌握相关概念、事实和方法及其区别与联系，并能针对实际案例结合书本知识进行分析应用，在学习过程中培养正确的学习方法。

3. 素质目标

（1）能够在学习书本知识的基础上，了解与经济生活和职场相关的知识和惯例，初步培养学生学习生涯和职业生涯的规划设计能力。

（2）能够在结合实际分析的基础上，培养学生职业岗位的适应能力。

（3）能够将道德的相关理论内化为自觉的意识、自身的习惯、自主的要求，提升职业实践中德行规范的意识和能力。

通过课程教学，逐步提高学生走向社会发展所需要的思想、文化、法律、职业等方面的综合素质，重点培养学生良好的职业意识、职业理想、职业道德、职业态度、职业价值观和职业纪律，牢固树立和增强政治意识和社会责任感，更好地促进学生成长成材和终身发展。

（三）课程目标对毕业要求的支撑关系

表6-7　课程目标对毕业要求的支撑关系矩阵

课程目标	毕业要求1	毕业要求2	毕业要求3	毕业要求4	毕业要求5	毕业要求6	毕业要求7	毕业要求8	毕业要求9
知识目标	H			H					
能力目标		H	M						
素质目标						M	H	M	M

注：H表示"强支撑"，M表示"中支撑"，L表示"弱支撑"。

（四）教学方法

牢固树立"教师为主导，学生为主体"的教学观念，强调学生是学习的主体，强调教为学服务。在教学方法的选择上遵循"教学有法、教无定法、贵在得法、教学相长"的原则。突破以往"填鸭式"、学生被动接受知识的传统教学模式，灵活运用多种教学方法，重视发挥学生的主观能动性，强调学生自主学习能力和创新能力的培养，激发学生的创新意识和独立思考能力。

课程运用讲授法、案例讨论法、视频资料观摩法等方法。具体教学方法包括：理论讲授法；案例分析；启发式教学法；思考题引导；合作学习法。

具体教学手段：

注重理论与实际相结合，紧贴社会热点问题；注重培养学生分析问题和解决问题的能力；利用多媒体教学手段。

（1）多媒体课件演示：主要用于课程要点、难点的讲解，图形演示等。

（2）板书：在广泛使用多媒体课件的同时，板书仍然是教学的重要方法之一。

（3）分组案例讨论：针对相关案例进行讨论。

（4）思考题：每一章都有开放性思考题目。

（五）教学内容与教学安排

1. 教学内容与安排

表6-8　教学内容与安排

章节及内容摘要	需要学时数	备注
第一章　社会企业研究概论	2	
第二章　社会企业的认证与类型	2	

续表

章节及内容摘要		需要学时数	备注
第三章	基于智力资本的社会企业创新流程	4	案例讲解
第四章	社会企业家的特征与形成机制	2	
第五章	社会企业的人力资源管理	2	
第六章	社会企业的绩效评价	2	
第七章	社会企业的商业模式	4	案例讲解
第八章	社会企业的案例分析	6	案例讲解
第九章	社会企业在中国的发展	4	案例讲解
答疑		2	
考试		2	

2. 课程思政内容及设计

表6-9 社会企业管理课程思政教学设计表

课程名称	社会企业管理	课程性质	选修课	课程学分	2
面向专业	慈善管理	课程负责人		课程团队	
课程教材	《社会企业管理研究》《社会企业运营指南》《社会企业链接商业与公益》等			是否为"马工程"教材	否
教学章节	知识点	思政元素案例		培养目标	
第一章	社会企业的概念、积极福利观	"两光之争";社会企业以解决社会问题为目标;积极福利观强调集体主义和合作精神		将个人追求与社会价值认可相互结合,引导学生树立社会主义核心价值观	
第二章	企业慈善、企业社会责任	企业社会责任的相关法律法规;公益创投机构		树立法治思维、法治意识;培养创新精神;坚守职业道德	
第三章	智力资本、社会创业	社会企业创业、社会捐赠等案例,如中国青年灾区创业等		通过让学生主动思考、查询资料、发表观点、参与讨论,学习基于智力资本社会企业创新流程,培养学生理性思维,加强专业认同感	
第四章	社会企业家	诺贝尔和平奖获得者尤努斯创建的穷人银行,以及中国深圳残友集团等案例		强化大学生的责任感、服务精神和奉献意识	

续表

教学章节	知识点	思政元素案例	培养目标
第五章	人力资源管理	企业资金和人才流失问题；招聘与甄选	理论联系实际，引导学生做正确的职业选择、培养正确的价值观
第六章	社会影响力、社会价值	公益项目长效性、可持续性问题	经济理论联系生活，引导学生树立正确的财富观念
第七章	商业模式	喜憨儿就业等复制拓展商业模式案例	理论联系实际，让学生扎实掌握专业理论，增强专业认同感
第八章	社会企业案例	格莱珉银行、残友集团、善淘网等社企发展现状	以国际视野看待社会企业发展，引导学生树立国际意识，并借鉴西方经验助力中国发展
第九章	中国社会企业	中国社会企业发展进程、发展现状	经济理论联系实际，培养学生理性思维，理解国家慈善法律、相关政策，培养社会主义核心价值观

（六）教材

[1] 万希．社会企业管理研究．科学出版社，2020.

[2] 卡尔·弗兰克尔，艾伦·布隆博格．社会企业运营指南．花城出版社，2020.

[3] 苗青．社会企业：链接商业与公益．浙江大学出版社，2014.

[4] 徐家良，何立军．社会企业蓝皮书：中国社会企业发展研究报告．社会科学文献出版社，2022.

[5] 徐永光．公益向右，商业向左．中信出版社，2017.

（七）参考阅读

1. 期刊

[1] 中国行政管理学会：《中国行政管理》（月刊）

[2] 华中科技大学：《管理学报》（月刊）

[3] 清华大学公益慈善研究院：《中国非营利评论》（半年刊）

2. 影视资料

[1]《什么是社会企业》

[2] *PlayPumps Promotional Video*

四、申论与公文写作

【课程名称】申论与公文写作　　　【课程号】0605002032

【课程英文名称】Argumentation and Official Document Writing

【总学时数/实践学时】32/0　　　【总学分数/实践学分】2/0

【课程类别】专业必修课　　　　　【课程类型】☑必修　□选修

【面向专业】慈善管理　　　　　　【依据培养方案版本】2023

【前置课程及说明】政治学和行政管理学。通过这两门课程可解政治学和行政管理学的基础理论，掌握好政治学和行政管理学课程相关知识，才能够更好地理解和学习本门课程，也为今后其他课程的学习打下扎实的基础。

【后续课程及说明】申论与公文写作是公共管理类的专业核心（拓展）课程，与学年论文、毕业论文等内容密切相关，同时为学生考试，尤其是公务员考试提供直接帮助，也为学生将来的职业生涯打下坚实的基础。

（一）课程简介

本课程是为公共管理类学生开设的专业核心课或专业拓展课程，是一门多学科知识交叉的应用型课程，旨在在学习申论和公文写作的基础上，培养和提高学生阅读理解能力、综合分析能力、提出和解决问题能力、文字表达能力和公文写作能力。这不仅能为学生参加公务员考试打下坚实的基础，也能增强学生毕业后从事和逐步适应行政职业领域的多种职位的能力。本课程的教学重点在于申论考试的各种题型和应试方法与技巧，包括对词和句子的理解、分析问题和解决问题、文字表达等方面题型的应对策略和思路，以及公文写作的基本要求；教学难点在于如何通过对申论和公文写作相关知识的学习，提升申论的应试能力和公文写作能力，真正做到学以致用。

本课程主要培养学生以下几方面的能力：①熟悉公文写作的基本概念和基本要求，以及申论考试的基本题型；②掌握主要的法定公文、事务文书和科研文体的写作方法，以及申论考试的应试方法和技巧；③能运用所学的知识和能力写好公文和应对申论考试。

（二）课程目标

本课程可使学生比较全面系统地掌握行政公文写作和申论的基本理论、基本知识和基本方法，通过运用申论和行政公文的写作规范来提高学生的阅读理解能力、逻辑思维能力、语言表达能力、分析和解决问题的能力，即切实提高学生申论应试与行政公文写作的能力，为将来参加公务员考试、事业编考试以及企业的行政助理岗位打下坚实的写作基础，以更好地适应行政职业工作的需要。

1. 知识目标

了解相关的概念和知识的含义，并能正确认识和表述。熟悉《党政机关公文处理条例》中各种公文写作的格式和基本要求，以及申论中阅读理解能力的开发与测评、综合分析能力的开发与测评、执行能力的开发与测评、提出和解决问题能力的开发与测评、论述问题能力的开发与测评五大模块。

2. 能力目标

在专业知识的基础上，能较好地理解和把握各类公文的适用范围，能正确选用公文文种，做到熟悉并掌握主要的法定公文、事务文书和科研文体的基本写法，并能运用所学知识，正确理解、分析和解决申论材料中的相关问题，实现阅读理解能力、逻辑思维能力、语言表达能力与公文写作能力的全面提升。

3. 素质目标

（1）能够在学习书本知识的同时具备处理工作实务、实际问题的经验和素质。了解舆情民意，通晓政治、经济、公共关系等实务，具备一定的解决复杂思想矛盾、工作和社会问题的原则、方法的专业素质。

（2）具备正确的政治观念、良好的政治品质、一丝不苟的写作精神等优秀的思想道德素质。

（3）初步具备与公文写作和申论考试相关的政治、经济、文化、社会、科技、伦理道德等方面的文化素质。

（4）注重养成稳定、理智、严谨、细致的心理素质。

通过课程教学，逐步提高学生应对申论考试和公文写作等方面的综合素质，重点培养学生四种素质，不仅着眼于现在，更考虑和促进学生的成长、成材和终身发展。

（三）课程目标对毕业要求的支撑关系

表6-10　课程目标对毕业要求的支撑关系矩阵

课程目标	毕业要求1	毕业要求2	毕业要求3	毕业要求4	毕业要求5	毕业要求6	毕业要求7	毕业要求8	毕业要求9
知识目标	H	H							
能力目标			H	H	M				
素质目标						H	M	H	M

注：H表示"强支撑"，M表示"中支撑"，L表示"弱支撑"。

（四）教学方法

牢固树立"教师为主导，学生为主体"的教学观念，强调学生是学习的主体，强调教为学服务。在教学方法的选择上遵循"教学有法、教无定法、贵在得法、教学相长"的原则。突破以往"填鸭式"、学生被动接受知识的传统教学模式，灵活运用多种教学方法，重视发挥学生的主观能动性，强调学生自主学习能力和创新能力的培养，激发学生的创新意识和独立思考能力。

课程运用讲授法、案例讨论法、合作学习教学法、视频资料观摩法等方法。具体教学方法包括：理论讲授法；案例教学法；项目教学法；合作学习教学法；启发式教学法。

具体教学手段：

注重理论与实际相联系、线下与线上相结合、传统教学手段与现代教学手段相融合，着重培养学生分析问题和解决问题的能力。

（1）多媒体课件演示：主要用于课程要点、难点的讲解，图形演示等。

（2）分组汇报展示：公文文种的汇报与展示并进行讨论。

（3）练习题与思考题：不仅重要内容后面都有相应的练习题，而且每一章都有开放性思考题目。

（五）教学内容与教学安排

1. 教学内容与安排

表6-11　教学内容与安排

章节及内容摘要	需要学时数	备注
第一章　申论写作能力开发与测评概述	2	
第二章　阅读资料和概括资料能力开发与测评	4	
第三章　综合分析能力的开发与测评	4	
第四章　执行能力的开发与测评	2	
第五章　提出和解决问题能力开发与测评	4	
第六章　论述问题能力的开发与测评	2	
第七章　行政管理公文写作的概述	2	
第八章　法定公文的撰写	6	
第九章　事务文书的撰写	4	
第十章　科研文体的撰写	2	
合计	32	

2. 课程思政内容及设计

表 6-12 申论与公文写作 课程思政教学设计表

课程名称	申论与公文写作	课程性质	必修课	课程学分	2
面向专业	社会工作/慈善管理	课程负责人		课程团队	
课程教材	《申论与行政公文写作能力开发与测评》			是否为"马工程"教材	否

教学章节	知识点	思政元素案例	培养目标
第一章	申论写作能力开发与测评概述	申论的含义及其在公务员考试中的重要性,《公务员法》,申论考试题设计的国际标准与中国特色	了解申论的试卷结构、题型、测评内容、思维方式、试卷评阅,以及认识申论能力培养的重要性与必要性
第二章	阅读资料和概括资料能力开发与测评	"'八八战略'充分展现了习总书记极强的统揽全局和理论概括能力";对比申论材料与当下中国实际	了解阅读的方法与步骤,掌握概括内容等三种概括题型的基本方法与技巧,并能灵活运用
第三章	综合分析能力的开发与测评	选取合适的材料,突出环境保护等的重要性;启示类题型的解答中不能完全的"洋为中用",更要注意中外的差异	了解综合分析能力的构成,重点掌握深入分析,并准确理解词、句子、段落、材料中心的方法与技巧
第四章	执行能力的开发与测评	习近平总书记强调,"不断提高政治判断力、政治领悟力、政治执行力";党的十八大以来,习近平总书记始终重视狠抓落实,多次强调"执行力"	了解执行力的概念与特点,理解执行能力开发的技巧与测评
第五章	提出和解决问题能力开发与测评	问题是时代的声音,回答并指导解决问题是理论建设的根本任务。我们坚持以马克思主义为指导,是要运用其科学的世界观和方法论解决中国的问题。习近平总书记强调,要坚持以马克思主义为指导,必须落实到研究我国发展和我们党执政面临的重大理论和实践问题上来,落到提出解决问题的正确思路和有效办法上来	了解提出和解决问题的概念,掌握提出和解决问题开发的技巧与方法
第六章	论述问题能力的开发与测评	强调写作中要引用"时代最强音";写作中要突出思想的深度与高度,尤其是习近平新时代中国特色社会主义思想	了解论述问题的概念,掌握论述问题的方法与技巧

续表

教学章节	知识点	思政元素案例	培养目标
第七章	行政管理公文写作的概述	认识到公文写作者必须具备良好的思想政治素质、严肃认真的工作态度等	了解公文写作者必备的素质、掌握构思公文的基本思路以及公文写作的各个要素
第八章	法定公文的撰写	认识法定公文的权威性与政治性；认识公文写作者的辛苦与不易	了解15种法定公文，掌握10种公文的构成与写法
第九章	事务文书的撰写	毛泽东《才溪乡调查》；"习总书记注重工作的计划性和战略性"——习近平在福州（十七）习近平总书记指出"工作中的经验是财富，工作中的教训也是财富，关键在于是否善于总结"；习近平总书记深刻指出"调查研究是谋事之基、成事之道"，多次强调"要在全党大兴调查研究之风"；习近平同志在浙江工作时，就明确提出"主要领导干部要自己动手，每年撰写1至2篇有情况、有分析、有见解的调查研究报告"	了解事务文书撰写的必要性和具体要求
第十章	科研文体的撰写	习近平总书记在内蒙古巴彦淖尔考察时强调："科研工作者要把论文写在大地上，把实践中形成的真知变成论文，当党和人民需要的真博士、真专家。"	了解毕业论文的写作要求，重点掌握文献综述的写法

（六）参考教材

［1］于秀琴，吴波. 申论与行政公文写作能力开发与测评. 清华大学出版社，2016.

［2］冯春，祝伟，淳于淼泠. 公文写作（第二版）. 北京大学出版社，2015.

［3］申论写作八讲. 新华出版社，2022.

（七）参考阅读资料

［1］《习近平谈治国理政》系列

［2］十七大报告、十八大报告、十九大报告、二十大报告等文件

［3］中央一号文件（2012—2023年）

［4］政府工作报告（2012—2023年）

［5］洪威雷，王颖. 应用文写作学新论. 武汉大学出版社，2004.

［6］《党政机关公文处理工作条例》解读

［7］行政公文写作技巧与处理规范一本通．国家行政学院出版社，2011.

［8］《人民日报》《光明日报》的评论员文章

［9］申论真题汇编

［10］国家公务员局网站

五、社区社会工作

【课程名称】社区社会工作　　　【课程号】0605002327

【课程英文名称】Community Social Work

【总学时数/实践学时】32/0　　　【总学分数/实践学分】2/0

【课程类别】专业拓展课　　　【课程类型】☑必修　　□选修

【面向专业】慈善管理　　　【依据培养方案版本】2023

【前置课程及说明】社会学概论、工作概论、外国社会学理论、社会调查研究方法、个案社会工作、小组社会工作等。通过此课程可了解社区工作的主要内容、方法、原则、功能、模式等，由此才能完整了解社会工作的三大方法。

【后续课程及说明】社区社会工作是社会工作专业的核心课程，是掌握社会工作专业知识和技术技能的基本要求。

（一）课程简介

本课程对社区工作的主要内容、方法、原则、功能、模式等进行介绍，重点介绍社区工作的模式和社区工作的一般过程与方法，分析我国社区工作的现状和主要内容，从而使学生系统地了解社区工作的基本知识，掌握社区社会工作的方法和原则，并能够运用社区工作的理论和方法开展社区社会工作，从而为将来从事社区管理工作打下较好的基础。

（二）课程目标

本课程的目的在于使学生了解专业社区工作的产生和发展过程，掌握社区工作的基本理论、模式和方法，并能够在社区工作实践中运用，为从事专业社会工作奠定基础。

本课程的教学要求：

（1）了解社区工作在西方国家和我国的历史沿革，了解社区工作的过程。

（2）理解专业社区工作的含义，理解社区工作的价值观、原则和理论基础，理解社区组织与管理体制。

（3）掌握社区发展、社区策划、社区行动、社区教育、社区照顾、社区服务的方法和技巧。

（4）理解社区工作者的使命、素质、角色，掌握社区工作过程的方法。

（5）在此基础上，学会运用相关理论和方法解决现实生活中的各种社区问题。

（三）课程目标对毕业要求的支撑关系

表6-13　课程目标对毕业要求的支撑关系矩阵

课程目标	毕业要求1	毕业要求2	毕业要求3	毕业要求4	毕业要求5	毕业要求6	毕业要求7	毕业要求8	毕业要求9
知识目标	H	M							
能力目标			M	H	M				
素质目标						M	M	H	M

注：H表示"强支撑"，M表示"中支撑"，L表示"弱支撑"。

（四）教学方法

牢固树立"教师为主导，学生为主体"的教学观念，强调学生是学习的主体，强调教为学服务。在教学方法的选择上遵循"教学有法、教无定法、贵在得法、教学相长"的原则。突破以往"填鸭式"、学生被动接受知识的传统教学模式，灵活运用多种教学方法，重视发挥学生的主观能动性，强调学生自主学习能力和创新能力的培养，激发学生的创新意识和独立思考能力。

课程运用讲授法、案例讨论法、视频资料观摩法等方法。具体教学方法包括：理论讲授法；案例分析；启发式教学法；思考题引导。

具体教学手段：

注重理论与实际相结合，紧贴社会热点问题；注重培养学生分析问题和解决问题的能力；利用多媒体教学手段。

（1）多媒体课件演示：主要用于课程要点、难点的讲解，图形演示等。

（2）分组案例讨论：针对相关案例进行讨论。

（3）思考题：每一章都有开放性思考题目。

（五）教学内容与教学安排

1.教学内容与安排

表6-14　教学内容与安排

章节及内容摘要	需要学时数	备注
第一章　社区与社区工作	4	
第二章　社区工作的历史演进	4	
第三章　我国社区社会工作的发展历程	4	
第四章　社区工作的理论基础、价值体系	4	
第五章　社区发展模式	4	

章节及内容摘要	需要学时数	备注
第六章　社会策划模式	4	
第七章　社会行动模式	4	
第八章　社区分析	4	
第九章　社区照顾	4	
第十章　社区教育	4	
第十一章　社区服务	4	
课堂讨论	4	
合计	48	

2. 课程思政内容及设计

表6-15　社区社会工作课程思政教学设计表

课程名称	社区社会工作	课程性质	必修课	课程学分		4	
面向专业	慈善管理	课程负责人		课程团队			
课程教材	《社区工作》			是否为"马工程"教材		否	
教学章节	知识点	思政元素案例		培养目标			
第一章	社区与社会工作	2022年7月12日至15日，习近平总书记在新疆考察时指出，"社区工作连着千家万户，要充分发挥社区基层党组织的战斗堡垒作用"		使学生了解社区的含义、社区的构成要素和功能、理解社区工作的含义、目标和模式			
第二章	社区工作的历史演进			使学生了解社区工作理论在国外的发展，了解社区工作实践在西方国家社会的阶段划分，进而认识专业社区工作在西方国家的产生和发展			
第三章	我国社区社会工作的发展历程	2018年4月24日至28日，习近平总书记在湖北考察武汉市社区时提出，"社区是基层基础。只有基础坚固，国家大厦才能稳固"党的十八大以来，习近平总书记五次考察湖北武汉，其中三次深入社区，要求加强社区党组织建设、加强社区服务能力建设，勉励武汉积极探索超大城市现代化治理新路子		使学生了解我国古代社会救济思想和社会救助实践，了解近现代社区工作在我国的发展历程，了解当今中国的社区建设，进而掌握社区建设与社区社会工作的关系			

教学章节	知识点	思政元素案例	培养目标
第四章	社区工作的理论基础、价值体系	习近平总书记强调,社区工作是一门学问,要积极探索创新,通过多种形式延伸管理链条,提高服务水平,让千家万户切身感受到党和政府的温暖	使学生掌握社区工作的基本价值和专业价值特征,掌握社区工作的基本原则,了解社区工作的若干理论学说以及影响社区工作的现代思潮
第五章	社区发展模式	社区是人类生活的基本单元,社区治理是国家治理的基石。习近平总书记指出,"要加强和创新基层社会治理,使每个社会细胞都健康活跃,将矛盾纠纷化解在基层,将和谐稳定创建在基层"	使学生了解社区发展的概念与历史过程,理解和掌握社区发展的基本概念,以及目标、模式、原则与路径选择,掌握社区发展模式下社会工作的角色和方法
第六章	社会策划模式	2021年2月4日,习近平总书记到金元社区考察,了解开展便民服务、加强基层党建等情况。他指出,基层强则国家强,基层安则天下安,必须抓好基层治理现代化这项基础性工作。要坚持为民服务宗旨,把城乡社区组织和便民服务中心建设好,强化社区为民、便民、安民功能,做到居民有需求、社区有服务,让社区成为居民最放心、最安心的港湾	使学生了解社会策划的含义和理论,理解社会策划的功能、特征、内容及工作者角色,掌握社会策划的基本原则和过程方法
第七章	社会行动模式	"垃圾分类和资源化利用是个系统工程,需要各方协同发力、精准施策、久久为功,需要广大城乡居民积极参与、主动作为。"2023年5月21日,习近平总书记给上海市虹口区嘉兴路街道垃圾分类志愿者回信,为推进垃圾分类工作进一步指明方向	使学生了解社会行动、策略和原则,理解社会行动的介入目标和功能,掌握社会行动的介入方法和步骤
第八章	社区分析	2023年8月26日,习近平总书记在听取新疆维吾尔自治区党委和政府、新疆兵团工作汇报时指出:"做好新疆工作,要坚持工作力量下沉,党员、干部要深入基层、深入群众,组织体系和工作力量要直达基层,充实基层一线力量。"基层是社会的细胞,社区是社会治理的基本单元。坚持工作力量下沉,做好社区工作,对于夯实基层基础、做好各项工作意义重大	使学生了解社区分析概念、社区分析的内容与方法以及社区分析工具模式

教学章节	知识点	思政元素案例	培养目标
第九章	社区照顾	让老年人安享晚年一直是党中央的牵挂。2021年8月，习近平总书记在河北省承德市考察时指出，满足老年人多方面需求，让老年人能有一个幸福美满的晚年，是各级党委和政府的重要责任	使学生了解社区照顾的发展历程，掌握社区照顾的基本内容
第十章	社区教育	习近平总书记强调，"促进人人皆学、处处能学、时时可学"，这指明了建设学习型大国的基本方向，即要让更个性化、更优质的终身学习，更好更公平地惠及14亿人民	使学生了解社区教育概念、社区教育的内容与类型以及专业社会工作介入方法
第十一章	社区服务	2019年1月17日，习近平总书记亲临朝阳里社区视察，与居民群众亲切交谈、为志愿者点赞，并对社区工作精准化精细化、保障好退役军人合法权益、志愿服务发展做出重要指示	使学生了解社区服务在我国的发展历程，把握我国城市社区服务的内容和特征，在此基础上进一步认识我国城市社区服务的运行机制

（六）参考教材

［1］高鉴国．社区工作．中国社会出版社，2002．

［2］周沛．社区社会工作．社会科学文献出版社，2002．

（七）参考阅读书目

［1］沈光辉，周瑛．社区工作实务．中国社会出版社，2018．

［2］韩秀记，赵蓬奇，魏爽．社区社会工作案例评析．中国社会出版社，2017．

［3］徐琦，等．社区社会学．中国社会出版社，2003．

［4］汪大海，等．世界范围内的社区发展．中国社会出版社，2004．

［5］殷妙仲，高鉴国．社区社会工作—中外视野中的交流．中国社会科学出版社，2006．

［6］甘炳光，等．社区工作理论与实践．中文大学出版社（香港），1994．

［7］甘炳光，等．社区工作技巧．中文大学出版社（香港），1997．

［8］莫邦豪．社区工作原理和实践．集贤社，1994．

［9］刘继同，等．社区工作宏观实务．中国社会出版社，2001．

［10］李沂静．社区工作．中国社会出版社，2010．

［11］徐永祥．社区工作．高等教育出版社，2004．

六、女性学

【课程名称】女性学 　　　　　　　【课程号】0621005839

【课程英文名称】Women Study

【总学时数/实践学时】32/0 　　　　【总学分数/实践学分】2/0

【课程类别】专业拓展课 　　　　　【课程类型】☑必修　□选修

【面向专业】慈善管理 　　　　　　【依据培养方案版本】2023

【前置课程及说明】社会学原理、普通心理学、社会工作概论。前置课程内容的学习是学习女性学的理论准备，为女性学的学习提供基础理论、具体框架和方法。掌握好前置课程相关知识，才能够更好地理解和学习本门课程。

【后续课程及说明】女性学是社会工作专业的核心课程，与社会工作实务课程有着密切的联系。

（一）课程简介

女性学课程是为社会工作专业学生开设的知识拓展课程。教学目的在于使学生了解和掌握女性学基本知识，帮助学生运用性别视角梳理传统的性别观念，正确认识两性在人类发展进程中的作用；了解女性的过去、现在和未来，明了自己的身心特点，认识自己的性别优势，挖掘女性内在心理资源，提高自尊自信，在培养平等的性别意识的同时，塑造独立自主的人格，以面对未来生活的挑战。同时还要求学生能够运用专业知识，提出、解答或者思考现实生活中的女性问题，从而使学生树立正确的性别意识，掌握社会性别分析方法，把握机遇，充分实现自己的社会价值。

本课程主要培养学生以下几方面的能力：①掌握女性学的基本概念和理论；②了解两性的性别差异与性别不平等，树立社会性别平等的观念和意识；③了解女性在政治、经济、教育、文化、健康、婚姻家庭等领域生存和发展状况等；④能够运用社会性别视角分析现实中的女性面临的各种社会问题。

（二）课程目标

女性学课程主要目的是使学生通过掌握女性学的基本概念、理论和研究范式，提高其综合素质和能力，为从事将来的工作打好理论基础。

1. 知识目标

了解女性学的基本理论，了解女性在政治、经济、教育、文化、健康、婚姻家庭等领域的生存和发展状况。理解男女两性的性别差异和性别不平等产生的根源。

2. 能力目标

运用女性学的相关理论分析现实中的女性问题；从性别的视角分析社会中的

性别问题。

3. 素质目标

（1）培养学生性别平等观，提高自身性别意识。

（2）提高学生运用性别视角分析和解决社会问题的能力。

（3）增强学生的使命感，树立男女平等的恋爱观、婚姻观和家庭观，增强自己的生活责任感和使命感。

（三）课程目标对毕业要求的支撑关系

表6-16　课程目标对毕业要求的支撑关系矩阵

课程目标	毕业要求1	毕业要求2	毕业要求3	毕业要求4	毕业要求5	毕业要求6	毕业要求7	毕业要求8	毕业要求9
知识目标	H	M							
能力目标			M	H	M				
素质目标						M	M	H	M

注：H表示"强支撑"，M表示"中支撑"，L表示"弱支撑"。

（四）教学方法

牢固树立"教师为主导，学生为主体"的教学观念，强调学生是学习的主体，强调教为学服务。在教学方法的选择上遵循"教学有法、教无定法、贵在得法、教学相长"的原则。灵活运用线上线下混合课堂、翻转课堂等多种教学方法，重视发挥学生的主观能动性，强调学生自主学习能力和创新能力的培养，激发学生的创新意识和独立思考能力。

课程运用讲授法、案例讨论法、视频资料观摩法等方法。具体教学方法包括：理论讲授法；案例分析；启发式教学法；分组讨论。

具体教学手段：

注重理论与实际相结合，紧贴社会热点问题；注重培养学生分析问题和解决问题的能力；利用多媒体教学手段。

（1）多媒体课件演示：主要用于课程要点、难点的讲解，图形演示等。

（2）板书：在广泛使用多媒体课件的同时，板书仍然是教学的重要方法之一。

（3）分组案例讨论：针对相关案例进行讨论。

（4）思考题：每一章都有开放性思考题目。

（五）教学内容与教学安排

1. 教学内容与安排

表 6-17　教学内容与安排

章节及内容摘要	需要学时数	备注
第一章　绪论：国内外女性学课程概述	2	
第二章　女性与历史	2	
第三章　女性学的基本理论流派	2	
第四章　性别差异与性别不平等	2	
第五章　女性与政治	2	
第六章　女性与就业	2	
第七章　女性与法律	4	
第八章　女性与教育	2	
第九章　女性与文学	4	
第十章　女性与大众传媒	2	
第十一章　女性与健康	2	
第十二章　女性心理与成功	2	
第十三章　女性与婚姻、家庭	2	
第十四章　女性与审美	2	

2. 课程思政内容及设计

表 6-18　女性学课程思政教学设计表

课程名称	女性学	课程性质	必修课	课程学分	2	
面向专业	慈善管理	课程负责人		课程团队		
课程教材	《女性学（第三版）》			是否为"马工程"教材	否	
教学章节	知识点	思政元素案例		培养目标		
第一章	绪论：国内外女性学课程概述	介绍国内外历史和当代不同时空、不同领域的著名女性，尤其是中国历史上的伟大女性		培养学生自尊、自信的性格品质，树立性别平等观		
第二章	女性与历史	"小脚女人"的历史原因及其影响		引导学生客观分析女性在人类历史中的地位、作用以及受歧视的根源，培养性别平等观，自觉抵制歧视女性的现象		

续表

教学章节	知识点	思政元素案例	培养目标
第三章	女性学的基本理论流派	马克思的妇女理论对女性受压迫的根源和解放道路的分析	让学生理解生活工作价值观的实践意义，增强专业的认同感
第四章	性别差异与性别不平等	思考并讨论：做男人好还是做女人好？	帮助学生理解男女的差异及性别刻板印象的危害，增强女生勇敢做自我的信心
第五章	女性与政治	思考：政治与女性的关系，如何看待"男主外，女主内"	培养学生关注国家大事、勇于参政意识
第六章	女性与就业	分析马克思主义的观点"妇女解放的第一个先决条件就是一切妇女重新回到公共事业中去" 讨论：全职太太	经济独立是女性追求自由和平等的前提和基础，培养学生自立、自强的意识
第七章	女性与法律	民法典对女性权利的保护	培养学生知法守法的观念，学会用法律武器维护自身的合法权益
第八章	女性与教育	希望工程；张桂梅华坪女子高中	通过案例分析，培养学生对女性教育的重要性的认知
第九章	女性与文学	介绍经典女性文学作品如波伏娃、玛丽·雪莱、伍尔夫、张爱玲、三毛等作家作品，并从女性视角重读《红楼梦》等国学经典名著，并进行文学评论	引导学生阅读、讨论女性文学经典著作，在阅读中丰富人文知识，并培养学生思辨能力和终身学习的习惯
第十章	女性与大众传媒	介绍媒体中宣传的性别刻板印象给两性带来的困惑 思考与讨论：贞操观为什么只针对女性？	培养学生的性别平等意识，积极参与营造有利于女性健康发展的社会文化环境
第十一章	女性与健康	女性健康面临的挑战	了解健康对两性的重要性，引导学生养成良好的生活习惯，培养乐观、积极向上的心态
第十二章	女性心理与成功	列举现实中的成功女性，寻找她们成功背后的心理素质	挖掘性别优势，提高自尊自信，在培养平等的性别意识的同时，塑造独立自主的人格，以面对未来生活的挑战
第十三章	女性与婚姻、家庭	思考与讨论如何平衡事业和家庭	激发学生创造性思考
第十四章	女性与审美	什么样的女性是美的？	培养学生正确的审美观，塑造现代女性良好形象

（六）参考教材

[1] 骆晓戈. 女性学（第三版）. 湖南大学出版社，2012.

〔2〕魏国英．女性学概论．北京大学出版社，2003.

（七）参考阅读书目

〔1〕骆晓戈．女性学．湖南大学出版社，2002.

〔2〕罗慧兰．女性学．中国国际广播出版社，2002.

〔3〕韩贺南，张健．女性学导论．教育科学出版社，2005.

〔4〕杜芳琴．妇女学和妇女史的本土探索．天津人民出版社，2002.

〔5〕罗婷．女性主义文学批评在西方与中国．中国社会科学出版社，2004.

〔6〕王凤华著．女性心理与健康．湖南人民出版社，2004.

〔7〕李小江著．主流与边缘．生活·读书·新知三联书店，1999.

〔8〕李银河．女性权力的崛起．文化艺术出版社，2003.

〔9〕西蒙娜·波伏娃．第二性．中国书籍出版社，1998.

〔10〕盛英．二十世纪中国女性文学史．天津人民出版社，2000.

〔11〕陈东．中国古代女性生活史．商务印书馆，1985.

〔12〕贝蒂·弗里丹．女性的奥秘．程锡麟译．北京文艺出版社，1999.

（八）参考材料资源

〔1〕《熟视无睹的性别偏差——媒体中的性别》，中华女子学院出版发行

〔2〕《兴办女学》《战争与女性》《先行者与后继者》《家的围城》《多元化的妇女生活》《天足运动》《生育革命》，中央电视台出版发行

〔3〕《新闻调查》，中央电视台出版发行

〔4〕《耳濡目染的民俗文化》，中央电视台出版发行

〔5〕《八千湘女上天山》，湖南省教育音像出版社

〔6〕《21世纪我们做女人——访中央电视台半边天节目主持人张越》，长沙电视台女性频道出版发行

七、组织社会学

【课程名称】组织社会学　　【课程号】0605002322

【课程英文名称】Organizational Sociology

【总学时数/实践学时】32/0【总学分数/实践学分】2/0

【课程类别】专业拓展课　　【课程类型】□必修　☑选修

【面向专业】慈善管理　　【依据培养方案版本】2023

【前置课程及说明】社会学原理。前置课程内容的学习是学习组织社会学的理论准备，通过以上课程可了解现代社会学的基础理论、具体框架和方法。掌握好前置课程相关知识，才能够更好地理解和学习本门课程。

【后续课程及说明】组织社会学作为慈善管理专业的拓展课程，和社会组织

管理及其他分支社会工作方法有着密切的联系。

（一）课程简介

组织社会学是研究社会组织的建立、运行、变迁、发展及其规律的社会学分支学科。社会组织数量增加、组织规模扩大，逐渐为人们所关注，并成为社会科学的研究对象。其主要研究对象为：①组织目标，包括组织目标的构成、分类，组织目标的确立，组织目标与成员的价值观念的关系，组织目标的置换和承续等。②组织结构，包括组织结构的类型，组织正式结构与非正式结构各自的功能及相互关系。③组织过程，包括组织决策过程、管理过程、沟通过程等。④组织冲突，包括组织冲突的原因、类型，冲突的解决等。⑤组织与所使用的技术及其他环境因素的关系。⑥组织变迁与组织发展。

（二）课程目标

本课程的学习，可使学生了解关于组织的基本理论；掌握组织结构、组织运转过程和组织发展的基础知识；培养学生的组织诊断和处理组织问题的能力，以及同组织成员一起工作的技艺。学生应掌握并记忆组织理论、组织分类、组织学的研究方法；考察组织内部的组织文化、组织目标、组织结构、组织群体等诸要素的相互作用和相互影响；了解组织的实际运转过程及在运转过程中出现的各种问题的应对方法。上述这些内容使学生能够对组织的变迁和未来的发展做出预测。

1. 知识目标

学习本学科最基本的概念、知识与原理；学习关于组织社会学的基础理论，讨论组织发展各个阶段的特点、风险因素及面临的主要问题，分析影响组织行为的各种环境因素。了解本学科最新学术研究成果。

2. 能力目标

在专业知识的基础上，能较好地理解和把握基本概念、基本方法和分析方法，能掌握相关概念、事实和方法及其区别与联系，并能针对实际案例结合书本知识进行分析应用，讨论当前社会转型期组织行为与社会变革相互关系的现实案例，在学习过程中培养正确的学习方法。

3. 素质目标

（1）能够在学习书本知识的基础上，了解影响社会行为的相关知识，初步培养学生运用社会理论分析现实问题的能力。

（2）使学生初步具有从综合性、整体性视角分析社会行为的知识与能力。

（3）使学生初步具有对多元文化的认知、理解与沟通的能力。

通过课程教学，逐步提高学生走向社会发展所需要的关心社会、认识社会和服务社会等方面的综合素质，重点培养学生合理地运用相关理论观点去解释现实的社会现象和问题，更好地促进学生成长成材和终身发展。

（三）课程目标对毕业要求的支撑关系

表6-19　课程目标对毕业要求的支撑关系矩阵

课程目标	毕业要求1	毕业要求2	毕业要求3	毕业要求4	毕业要求5	毕业要求6	毕业要求7	毕业要求8	毕业要求9
知识目标	H	M							
能力目标			M	H	M				
素质目标						M	M	H	M

注：H表示"强支撑"，M表示"中支撑"，L表示"弱支撑"。

（四）教学方法

牢固树立"教师为主导，学生为主体"的教学观念，强调学生是学习的主体，强调教为学服务。在教学方法的选择上遵循"教学有法、教无定法、贵在得法、教学相长"的原则。突破以往"填鸭式"、学生被动接受知识的传统教学模式，灵活运用多种教学方法，重视发挥学生的主观能动性，强调学生自主学习能力和创新能力的培养，激发学生的创新意识和独立思考能力。

课程运用讲授法、案例讨论法、视频资料观摩法等方法。具体教学方法包括：理论讲授法；案例分析；启发式教学法；思考题引导。

具体教学手段：

注重理论与实际相结合，紧贴社会热点问题；注重培养学生分析问题和解决问题的能力；利用多媒体教学手段。

（1）多媒体课件演示：主要用于课程要点、难点的讲解，图形演示等。

（2）分组案例讨论：针对相关案例进行讨论。

（3）思考题：每一章都有开放性思考题目。

（五）教学内容与教学安排

1. 教学内容与安排

表6-20　教学内容与安排

章节及内容摘要	需要学时数	备注
第一章　导论：组织现象和组织社会学	4	
第二章　组织与市场：一个交易成本经济学的研究角度	4	
第三章　组织与制度：一个制度学派的理论框架	4	

续表

章节及内容摘要	需要学时数	备注
第四章　组织与社会关系网络	4	
第五章　有限理性与组织研究	4	
第六章　组织中的激励问题	2	
第七章　契约的制度研究	2	
第八章　声誉制度的比较研究	2	
第九章　有限理性与组织决策	2	
第十章　组织的局限性和可持续发展	2	
讨论	2	
合计	32	

2. 课程思政内容及设计

表6-21　组织社会学课程思政教学设计表

课程名称	组织社会学	课程性质	必修课	课程学分	2
面向专业	社会工作	课程负责人		课程团队	
课程教材		《组织社会学十讲》		是否为"马工程"教材	否

教学章节	知识点	思政元素案例	培养目标
第一章	导论：组织现象和组织社会学	讨论我国社会的组织转型	介绍西方国家组织社会学的研究现状、逻辑、概念、分析工具和学术研究过程
第二章	组织与市场：一个交易成本经济学的研究角度	讨论中国改革：由"计划"到"市场"的成本分析与领域选择 案例分析：华为与中兴	学习交易成本学派的基本思想
第三章	组织与制度：一个制度学派的理论框架	讨论中国改革过程中外部环境的转变对各类组织的影响有什么不同	学习组织社会学中制度学派的基本思路
第四章	组织与社会关系网络	讨论效率机制、合法性机制和社会网络机制对我国各类组织的影响	学习社会网络关系的两个思路：齐美尔的基本思路；社会网络功利性的思路。对比效率机制、合法性机制和社会网络机制
第五章	有限理性与组织研究	讨论在理性有限的情况下，我们的改革是如何进行的	学习有限理性概念的历史回顾、有限理性的研究工作，理性组织与学习（适应）型组织的对比

教学章节	知识点	思政元素案例	培养目标
第六章	组织中的激励问题	讨论为什么不同的组织有不同的结构	学习用不同的解释逻辑可以对同一个现象做出不同的解释
第七章	契约的制度研究	讨论企业间的合同关系在中国转型社会中有哪些特点	学习效率机制、合法性机制和社会网络机制对于契约的制度的不同分析
第八章	声誉制度的比较研究	分析中国年节"送温暖"的解释逻辑	学习声誉制度的三种理论逻辑：经济学，组织或个人过去表现，取决于自我努力；社会网络理论，组织或个人在网络结构中的地位、组织间网络关系；制度学派，组织或个人在社会被承认的基础，行为被广泛社会群体接受
第九章	有限理性与组织决策	分析我国行政决策的特点与优势	学习组织决策的理性模式、有限理性与组织决策、组织研究中的"垃圾箱决策理论"
第十章	组织的局限性和可持续发展	讨论计划与市场两种资源分配方式与社会环境的关系，分析我国的改革历程中的得与失	讨论效率与适应这一悖论，分析企业的战略对策，讨论组织的局限性

（六）参考教材

［1］周雪光．组织社会学十讲．社会科学文献出版社，2003.

［2］于显洋．组织社会学．中国人民大学出版社，2020.

（七）参考阅读书目

［1］郑杭生．社会学概论新修．中国人民大学出版社，2019.

［2］迪尔凯姆．社会学方法的准则．商务印书馆，1995.

［3］费孝通．乡土中国 生育制度．北京大学出版社，1998.

［4］米尔斯和帕森斯．社会学与社会组织．浙江人民出版社，1986.

［5］理查德·斯科特．组织理论．华夏出版社，2000.

［6］李汉林，等．组织变迁的社会过程：以社会团结为视角．东方出版中心，2006.

［7］张仲礼．中国近代城市企业·社会·空间．上海社会科学院出版社，1998.